外交幹將劉瑛回憶錄

劉瑛 著

外交生涯四十年

民國八十二年操華力上將時由最高統帥退職任新希望黨黨魁（右二）邀宴作者（中）左為實業部副部長曹璧光。

作者民國七十七年任亞西司長葉司長春節晚宴前排左起薛毓麒大使、蔡維屏大使、田寶岱大使，後排左起葉剛強、作者、詹副司長秀穎。

外交部長章孝嚴訪問約旦接受榮譽博士學位。

民國七十年六月二十六日作者與錢復博士合影於沙烏地。

民國六十四年九月訪問中東，右起蕭萬長先生、張先世先生與作者。

作者與黃少谷先生合影。

李登輝總統伉儷訪泰。

泰國親王畢沙迪伉儷在其住所宴會，右為劉胡富香女士。

李總統訪問約旦時的榮譽侍衛長薛頓中將，曾任空軍司令，當時為國王軍事顧問。

泰國國王與王后在清邁王室邀請作者。

民國八十二年在曼谷舉行的台北電影節，左三為涂雪妮，右三為領隊郎雄。

中華文藝協會小說研究組同學。

民國六十六年十月二十日作者女兒劉敏，於南斐全國高中數學奧林匹亞獲銀牌獎上台領獎。

作者兒子劉政在南斐京城CBC讀高二時歷史成績全校第一獲獎杯。

女兒劉敏的南斐Loreta Convent 高三時獲南斐全國高中數學奧林匹亞銀牌獎。

①小兒劉政二十一歲南斐金山大學醫學院畢業和母親胡富春女士合影。
②女婿許朱勝、女兒劉敏、外孫女許懿中、外孫許肇中。
③三個小孫女：劉蕙、劉蒨、劉懿。

自序

嘗讀《宋史・王旦傳》和《宋賢事略》，王旦任宰相之時，寇準任樞密使。有一天，相府有一個公文給樞密院。堂吏不小心，把公文上的大印給蓋倒了。寇萊公把那一件公文特別帶到金鑾殿呈給皇上看。而且還告了王旦一狀。說：「王旦御下太過鬆慢，是以造成這種把大印倒蓋的事故。」皇帝聽了，龍心不悅。叫來王旦，不免訓斥了幾句。而且將所有失職的堂吏予以罰俸的處分。

王旦回到相府，召集承辦的堂吏。他沒有發脾氣罵人。而是和顏悅色的對他們說：「你們一時不小心，把公文上的大印給蓋倒了，寇大人把我們的公文呈給皇帝御覽。皇上把我叫去說了幾句。都怪我疏忽，害得大家要被罰俸！真不好意思。」他把過錯攬在自己身上。只口口聲聲的說：「請你們以後務必小心，要小心。不要再出錯。」

他沒罵人。承辦的堂吏們卻都覺得羞愧難當。自己被罰俸，那是罪有應得。害得宰相被斥責，真太不應該了。大家都低下了頭。

過了不到十天，湊巧樞密院給相府的公文也把大印蓋倒了。堂吏們發現了，如獲至寶，莫不欣喜萬分。都想：「這一下也可以給寇某人難看了！」於是他們聯袂向王旦報告，請王旦立刻去見皇帝，也告寇準一狀。

王旦心平氣和的說：「當日寇大人告我們的狀，你們喜歡嗎？」

大家都說：「當然不喜歡！」

王旦說：「你們不喜歡旁人在陛下前告我們的狀，為什麼卻喜歡要我到陛下面前告別人的狀呢？」

眾堂吏不敢哼聲。

王旦說：「你們都讀過《論語》吧？」

大家點點頭。

「孔夫子說：『己所不欲，勿施於人！』難道你們都不記得？」

大家又不敢出聲。

「孔夫子又說：『學而時習之。』學了，時機到了，便要予以實行。不是嗎？難道『論語』是讀來好玩的？」

「還有。」王旦繼續說：「你們認為寇大人的作法是對的還是錯的？」

大家又異口同聲說：「當然是錯的！」

王旦正色說：「你們既知道這種作法是錯誤的，你們為什麼要你家相爺也去作錯事呢？」

眾堂吏這才發現了自己的錯，又都低下了頭，不敢哼聲。

於是王旦把那件公文放在一個公文封中封好，要一名堂吏把那封公文交到寇準手上。

次日上朝，寇準見到王旦，很不好意思。囁嚅著說：「年兄好度量！」

我一直把《宋賢事蹟》中所載的這個故事放在心上。得緣便向同仁解說。我寫《外交列傳》，有的同仁說：「劉某人一定是捧他的好友，罵他不喜歡的人。」

我不敢作這種虧心無恥的事。我只是把事實寫出來，讓讀者諸君去評斷。

那一年，我頂撞了楊西崑，我在南斐任參事才一年半，他把我調到內戰一觸即發的尼加拉瓜。兒女一個唸大一，一個讀高二。他們只懂英文，不能跟我去中美。內人便只好留在南斐陪他們。我單身一人，經紐約赴任。

在紐約，我禮貌上去拜會高考同年、曾在護照科共事兩年的當時任駐紐約總領事的T君。寒暄之後，我發現他非常冷淡。我立即辭出。我任駐泰國代表時，他已退休。有一天，他到泰國探親。順道來看我。我想起同年高考、同科辦事兩年之情，我在傳統俱樂部（Heritage Club）擺了一桌酒席請他。請外交部派在泰國的同仁作陪——我認為這樣作才是合情合理的。

也是我在駐泰代表任內，楊西崑大使和梁鴻英女士由馬來西亞返國途中經過泰國。同仁們都知道他任次長時打壓了我十數年。他們認為：我應該冷落他，讓他臉上無光。

我說：「過去的事不必提！」我也是在傳統俱樂部擺了一桌酒席宴請，略申「故吏之敬。」代表處組長以上同仁陪客。

我常記得蘇東坡的話：「待人以寬，衛道以嚴。」我很尊重蘇東坡的為人，也很愛讀他的詩文。我遵守他的話，寫了這本書。

目次

第一篇

外交淺談

Chapter 1

外交部民國三十八年遷台前組織與人事略表

甲、南京臨時政府外交部

民國年次	總長	次長	顧問	參事	秘書長	外政司長	商務司長	編譯司長	庶務司長
元年	王寵惠	魏宸組	關應麟	王景春	關霽	馬良	馮自由	徐田	施紹常

乙、北京政府外交部

	總長	次長	顧問	參事	秘書長	外政司長	商務司長	編譯司長	庶務司長
元年	陸徵祥	顏惠慶		陳懋鼎		陳箓	錢寶書	陳恩厚	施紹常

	胡惟德							
	梁如浩							
	陸徵祥							
二年	陸徵祥	顏惠慶						
	曹汝霖	劉式訓						
	孫寶琦	曹汝霖	顧維鈞					
三年	孫寶琦	曹汝霖		伍朝樞				
四年	孫寶琦	曹汝霖						
	陸徵祥							
五年	陸徵祥							
	曹汝霖代							
	唐紹儀							
	陳錦濤							
	夏治霆代							
	伍廷芳							
六年	伍廷芳							
	范源廉代	伍朝樞						
	汪大燮							
	陸徵祥							
七年	陸徵祥	高而謙						
	陳菉代	陳菉						
八年	陸徵祥							
	陳菉代							

九年	陸徵祥	陳菉							
	顏惠慶								
	總長	次長	參事	政務司長	通商司長	交際司長	條約司長		
十年	顏惠慶	劉式舜					錢泰		
十一年	顏惠慶	劉式訓					錢泰		
	沈瑞麟代								
	總長	次長	參事	政務司長	通商司長	交際司長	條約司長		
	顧維鈞署								
	王正廷代								
十二年	王正廷	沈瑞麟					錢泰		
	施肇基署								
	黃郛署								
	沈瑞麟代								
	顧維鈞代								
十三年	顧維鈞	沈瑞麟					錢泰		
	王正廷								
	唐紹儀								
	沈瑞麟代								
十四年	唐紹儀	沈瑞麟					錢泰		
	沈瑞麟								
	伍朝樞								

	部長	次長	參事	秘書長	秘書	總務司長	第一司長	第二司長	第三司長
十七年	伍朝樞	朱兆莘	傅秉常	伍大光	金問泗		金問泗		徐謨
	郭泰祺代	郭泰祺	徐謨	汪希	梁鋆立		徐謨兼		
	黃郛	唐悅民		樊光					
	唐悅民代								
	王正廷								

	部長	政務次長	常務次長	參事	秘書	總務司長	國際司長	亞洲司長	歐美司長	情報司長
十八年	王正廷									
十九年	王正廷	李錦倫	張我華	劉師舜	胡世澤		錢泰	胡世澤兼	徐謨	
二十年	王正廷	李錦倫	王家楨			宋子良		胡世澤	徐謨	
	施肇基			金問泗						
	李錦倫代									
	顧維鈞									
	陳友仁									
二十一年	陳友仁	傅秉常	王家楨		吳南如		錢泰	胡世澤	徐謨	吳南如
	羅文幹	郭泰祺	金問泗		劉鍇			沈覲鼎	劉師舜	吳南如
二十三年	汪兆銘兼	徐謨								
二十四年	汪兆銘兼	徐謨	唐有壬			陳介兼				
	張群		陳介							
二十五年	張群	徐謨	陳介							
二十六年	張群	徐謨	陳介							
	王寵惠									
二十七年	王寵惠	徐謨	陳介							

	部長	政務次長	常務次長	參事	秘書						總務司	國際司	亞洲司	歐洲司	美洲司	條約司	情報司
二十八年	王寵惠	徐謨			殷茂瀾								楊雲竹				

	部長	政次	常次	參事	秘書					總務	亞東	亞西	歐洲	美洲	條約	情報
二十九年	王寵惠	徐謨			厲昭	張道行	凌其翰	田方城		徐公肅	楊雲竹		劉師舜	殷茂瀾		李迪俊
三十年	王寵惠	徐謨														
	郭泰祺	傅秉常														
	宋子文															
	蔣中正兼															
三十一年	宋子文	傅秉常														
		吳國楨														

註：民國三十二年，部中除部長、政次、常次、參事與秘書外，另有總務司、亞東司、亞西司、歐洲司、條約司、情報司。又增設了禮賓司、人事處和會計處。

	部長	政務次長	常務次長	秘書
三十二年	宋子文	胡世澤		凌其翰
	吳國禎代			張道行
				鄭震宇（並兼人事處處長）
三十三年	宋子文	吳國禎	胡世澤	董霖
		甘乃光	劉鍇	
三十四年	宋子文	胡世澤		
	王世杰	劉鍇		
三十五年	王世杰	甘乃光	劉鍇	董霖
三十六年	王世杰	甘乃光	劉鍇	
		劉師舜	葉公超	

註：民國三十七年，部長、政次、常次、參事與秘書之下，又有總務司、亞東司、亞西司、歐洲司、美洲司、條約司、情報司與禮賓司各司司長。另有會計處會計長，人事處處長。以下，我們僅列出部次長的姓名。

	部長	政次	常次
三十七年	王世杰兼	劉師舜	葉公超
	吳鐵城兼		
三十八年	吳鐵城兼	劉師舜	葉公超
	葉公超代	葉公超	董霖
	胡適	董霖	胡慶育
	葉公超		

註：（一）北伐以前，我國有北京政府和廣州國民政府兩套政府，所以有兩個外交部。

（二）民國十六年十一月五日，政務司改為第一司和第三司。第二司係總務司。

（三）民國十七年十二月八日，將次長兩名改為政務次長與常務次長。

（四）民國二十八年九月，亞洲司分為亞東司與亞西司。同月七日，歐美司分為洲歐司與美洲司。

（五）民國三十八年，政府播遷來台。不久外交部增設了一名常務次長。亞東司改名亞東太平洋司。亞西司分為亞西司和非洲司。條約司分為國際組織司和條約法律司。情報司更名新聞文化司。原隸屬禮賓司的護照科，先擴大為領事事務處，更擴充為領事事務局。中日斷交之後，成立了亞東關係協會。中美斷交後又成立了北美事務協調委員會。另在部內成立了國會連絡組。還成立了專司非政府組織的辦公室。

（六）民國一〇二年，行政院新聞局撤消了，國際宣傳工作移到了外交部。各司處又有重大的改變，因不在本文討論範圍之內。便不多贅了。

（七）陸徵祥曾五度出任外長。王正廷四任。三任兩任的很多。

（八）軍人任外交部長的，首推黃郛。其次是蔣中正和張群。

（九）孫中山先生於民國元年元月一日在南京就任臨時大總統。元月三日，孫大總統任命王寵惠先生為外交部長。孫先生二月十三日辭職，袁世凱於三月十日在北京繼任臨時大總統。三月三十日，袁大總統任命前清外交官陸徵祥為外交總長。所以，我們認為：中華民國第一位外交部長應該是王寵惠先生，而不是陸徵祥。

Chapter 2

我的外交生涯

一、四十年經歷

由於個人資質平平，所以，在外交部工作了整整四十年，升遷非常慢。說得好聽一點，叫「資歷完整」。

但，我一點也不怨。因為，拉拔我的長官，讓我倍加努力。打壓我的長官，讓我兢兢業業，更加小心。四十年平平而過，聊可自慰。

我最愉快的經歷，是在約翰尼斯堡任副領事之時，襄助總領事陳以源先生打開對南部非洲英屬三邦的關係。我以一個副領事的小蘿蔔頭，居然和三邦的元首、總理，和部會首長打交道，平起平坐。我單槍匹馬到史瓦濟蘭見史王索布胡沙二世，總理馬可西尼親王在大門口相迎。史王在會客室門口相迎。會客室三張沙發，國王坐正中，總理右手，我左手。幾位部長則坐地板上！努力三年，終於——我們和三地都建了交。

我任駐泰王國代表時，泰王晚宴，我坐主桌，中共駐清邁張總事和我的隨員張紹民顧問，農技團宋團長慶雲等七十餘人在一旁吃自助餐。主桌卻是有專人上酒席菜的。

最後一任駐約旦王國代表時，我洽得約王胡笙和王儲哈山親王同意邀請我總統李登輝先生率團共約四十人訪約，居停王宮之中，由王家禁軍衛護。空軍中將薛爾頓為榮譽侍衛長。好不風光！我甚至在王宮賓館前落地旗桿上升起了青天白日國旗。

我還安排了外交部部長章孝嚴伉儷率團訪約旦，也住在王宮中。接受約旦雅慕克大學贈予榮譽博士學位。

四十年，我在外交部任事整整四十年，全部經歷列於後：

民國四十六年七月二十三日，進入外交部任薦任三階十級科員。

四十七年七月三十一日合格實授。晉薦任九級。

四十九年十二月一日，派代理駐茅利塔尼亞伊斯蘭共和國大使館助理三等秘書。

五十一年八月廿五日，調駐約翰尼斯堡總領事館助理副領事。

五十二年五月二十三日，升副領事。

五十六年四月二十四日，升領事。
五十八年二月三日，代理禮賓司第二科科長。
五十九年三月十七日，奉派赴琉球辦理護照及簽證，並代表政府宣慰僑胞。
六十一年一月五日，借調國民大會外事科長。
六十一年二月三日，調駐波札那大使館一等秘書。
六十三年四月三日，調駐賴比利亞大使館一等秘書（未到任）。
六十二年七月二十六日，銓敘部給予簡任存記狀。
六十三年五月六日，調部辦事。
六十三年七月十一日，派代亞西司薦任副司長。
六十三年七月十一日，奉核定：暫兼二科科長。
六十四年五月二十七日，代理亞西司簡任副司長。
六十四年六月九日，奉派赴中東公幹，並順道考察駐沙烏地阿拉伯、約旦及黎巴嫩各單位業務。
六十五年五月二十一日，調任駐南非共和國大使館參事。
六十六年十二月二十九日，調任駐尼加拉瓜大使館參事。
六十八年七月三日，調任駐宏都拉斯大使館參事。
六十九年三月二十八日，調任駐約旦商務處主任。
七十四年五月九日，調部辦事。

七十四年七月二十二日，代理專門委員。
七十五年二月七日，奉派暫兼亞西司副司長。
七十五年五月五日，著代理亞西司司務。
七十五年五月七日，行政院令派代理亞西司司長。
任司長期間，三度受聘任革命實踐研究院講座。
七十五年五月二十日，部令派代亞西司司長。
七十七年六月二十九，合格實授，原具簡任十四職等任用資格予以保留。
七十八年三月十七日，部令派代駐泰國代表處簡任十四職等代表。
七十八年三月三十一日，奉部令：劉代表瑛著予大使待遇。
八十三年二月八日總統令，特任劉瑛為駐約旦代表處代表。
八十五年十一月十六日，電部請辭。未准。
八十六年二月十七日，再度電部請辭，未准。
八十六年二月二十四日，三度電部請辭。
八十六年三月二十七日，部長章孝嚴同意交人事處辦理退職手續。
八十六年五月卅日，返抵台北退職。
退休後，好幾年都受聘到外領所講課，到部編撰《外交年鑑》，審核老檔卷。到一些大學演講。
八十九年，部聘為諮詢顧問。部長為程建人先生。

九十二年，部聘為「無給職」顧問。部長為簡又新博士。

九十三年四月，陳唐山先生任部長，派本人以外交部顧問名義持用外交護照赴中東公幹。後因故未成行。

二、「貼錢作官」？

宋太祖趙匡胤陳橋兵變，黃袍加身，於是自立為皇帝。登基之後，有一天，大宴功臣。他對功臣們說：「我作了皇帝，遠不如作節度使時快樂。」

大家都說：「如今天命已定，誰還敢不規矩？」

太祖說：「人熟不欲富貴。你若受眾人擁立，黃袍加身，你會拒絕嗎？」大家面面相覷，不敢哼氣。

次日，各功臣陸續稱病，乞解兵權。

「人熟不欲富貴？」宋太祖自己不忠於君，因而認為人人都像他。都「貪富貴」。若然，歷史上多少忠貞死節之臣，難道他們都不是「人」？

這種以己度人的心理，實在是人和人相處的最大障礙！

我初到曼谷任駐泰代表之時，泰政府規定，凡科長以上的官員，都不得訪華。我從次官補開始邀請。之後泰財政部次長，訪華考察我Sales Tax作業。而後參院院長迷猜、而後，好不容易，說動國會議長瑪律‧汶納偕夫人率同參眾議員九位，和議長和夫人的貼身保鏢共十四人，訪問中華民國。在泰國，泰王賜宴之時，議長的座位尚排在國務院長（內閣總理）之前。且泰國實行內閣制，所有閣員，均係參、眾議員。今天是議員，明日便可能出任內閣部長、或副部長。在兩國沒有邦交的情形下，能邀到他們訪華，實在不容易！誰知報到部中，外交部只核准接待十人。

在不已的情形下，我說動實業部副部長耿才（華名曹壁光）和我各貼出兩張商務艙來回機票，才得到部方同意，一併接待。

我在禮賓司工作時，凡邀得外交部長以上官員訪華，駐使得返國協助接待。於是我依例申請回國。誰知外交部卻回電說：「姑予照准，下不為例。」若不是我已親口答應過瑪律議長我會回台陪他，我真想復電：「不必照准，職不擬返台。」幸好我沒意氣用事。這次訪問，我和議長建立了深厚的友誼。

後來李總統登輝率團訪泰，唯一一個由「部方」會同某財經大員安排的一個較官方的節目由國務院長午餐邀宴，臨時取消，幸好我事先已洽妥由國會議長接替。當時我和訪問團都在普吉島，我電話在曼谷坐鎮的副代表趙傳宗兄，請他立即電話劉文隆君往洽議長。劉君泰名威猜，政大畢業的僑生。他大學畢業後沒有任何正式工作，專門從事為政客們跑腿過日子。他當時假託宴會要六千美元，希望我方提供。由於情況緊急，副代表同意照付，他才答應傳話。瑪律議長承諾在先，二話不說，答應在中央酒店設宴接待李總統伉儷及隨行人員。

事後，我把劉君找到服務組邱久炎組長辦公室，當著副代表和久炎兄之面，我掏出兩千美金現鈔，和事先準備好的兩箱皇家禮炮威士忌，交給劉君，作為他跑腿的酬勞。劉君千恩萬謝的走了。

兩千美元，那是代表處當地秘書兩個月的薪水！

他當初要求六千美元，託詞是宴會費。議長邀宴，怎麼會要我方付錢？他唬副代表，他知道唬不了我。我會直接和議長溝通。所以，我只給他兩千美金。他也十分高興。

副代表和久炎兄的意思認為：不管是六千還是兩千，他們都可以副署收據，在總統訪問費中報銷，我不同意。因為，我說：「假如我們向部方報銷，即使有證據，主管次長還是會懷疑：『這是假的。是劉某捏造證明，中飽私囊！』我不在乎貼這兩千美元。事情圓滿辦成了，大家都高高興興就好。假如部方來一個『姑准報銷，下不為例。』我的臉往哪兒放？假如次長是金樹基，我一定報銷。」

我最恨有些人，「以小人之心度君子之腹。」因為，那些小人，總不相信別人會作他們不願作的事。或者不作他們會作的事。

我第二次被派到約旦作代表，我說動王儲哈山親王讓他的長公主訪華。王儲同意了。王儲妃也同意了。但王儲對我說：「我女兒年輕，希望你回台灣照顧。」

我說：「當然。」

承辦同仁張萬陸兄擬照實報部。我說：「我以休假回台。若說我應王儲之命回台，部方一定會說我是假託之詞，再來個『姑予照准，下不為例。』我可受不了。」

「來往頭等機票可不便宜呢！而且休假兩週，（因為我還要接著接待國王長子阿不都拉親王訪華），少了半個月的休假獎金呢！」

我說：「錢財身外之物，我不願有些小人在我背後指指點點。」

部方當然同意！於是我自費購票回國「度假」！

孟子說：「我豈是喜歡辯論，我是不得已。」

「我豈是好貼錢，我是不得已！」這是我的說法。

所以，我非常佩服陳以源大使。

民國五十三年，我在駐約翰尼斯堡總領事任副領事，景公（陳大使字景淵）由中美調來接任總領事。

總領館的經費少得可憐。而且我們兼辦對南斐的外交，等於大使館。總領事又兼駐葡屬東非莫三鼻克的總領事。鄰近各國，如羅德西亞、尚比亞、留尼旺、毛里西斯、賽西爾等地的僑務、領務、也由我們兼管。怪不得前任前任總領事劉宗翰先生離職時，除了平常貼出薪水外，總領事館還欠了債，他不得不變賣首飾衣物償債。

而，就在此時，外交部又來電指示：「南部非洲三個英國屬地即將獨立，希望與三邦建立關係。」至於經費，一文不給。號稱「非洲先生」的次長楊西崑，我不相信他會蠢到認為辦事都不需要錢的程度。他是存心刻薄。

結果，景公貼錢，我跑腿出力——有時也免不了要貼一點——我從未領一分錢出差費，開著我的小福特Anglea，每地都跑了不下三十次。好不容易要到他們給我們政府請派特使參加他們獨立慶典的邀請函，甚至於事先都擬妥了建交公報。終於，三地獨立，都和我建立了邦交。景公升任駐馬拉威大使。我調部辦事。

景公到約堡就任總領事時，中國商銀有存款五千美元，離任時，還是五千。他兩年來的薪水全貼光了！

那是民國五十四年五十五年的事。總領事兩年的薪水，換成台幣，當可買下東區一個五六十建坪的「豪宅」！

而非洲先生那一年由我陪同他去巴斯托蘭參加他們獨立慶典，雖然我沒看見，他報部的電報——由他的秘書所擬，我是三十幾年後看老檔卷看到的——中說，他送了若干萬美元給巴執政的國民黨！而景公貼了兩年的薪水，則是「活該」！

景公作了兩年簡任大使，還把馬總統班達（Dr.Banda）邀請到台灣訪問，但他是一清如水、軟硬不吃的真漢子，所以得不到非洲先生的歡心，硬是被拉了下來。

景公回到部裡，一肚子氣。魏道明部長是他的親戚，請他接任亞西司長，他不幹。給他顧問名義，他不要。他寧願退休。

景公一生忠、直、廉、正，他是我的榜樣，我的偶像。「雖不能至，而心嚮往之。」

景公不久謝世，硬是被混蛋給氣的。他身後蕭條。夫人陶女士，長住致遠新邨。得靠北市社會局救濟金度日。直活到九十餘歲才去世。

我也是：寧折不彎。幾度得罪長官，我寧願貼錢，也不低頭。

若不是連永平先生任部長，我不可能被派到泰國任代表。若不是錢君復先生任部長，我也不可能升特任。

但我貼錢貼最多的也是在泰國。原來當地政要，流行打高爾夫球，我請他們吃飯，他們興趣不高，請他們打小白求，他們有興趣。國內有官員、委員到曼谷，也愛打十八個洞。我為了聯繫政要，拉攏僑胞和台商，每年還舉辦一次「代表杯高爾夫球友誼賽」。參加的總在一百七十人上下。泰國外交部次長、安全會議秘書長，四顆星的將軍，九屬會館首長，來泰投資的台商，都喜歡參加。要打球，需要球證。常常向僑領們借球證總不是辦法。雖然我自己不愛高爾夫，也不會打，但我還是花了兩萬美金，買了Pinehurst球證。民國八十三年二月十五日，總統李登輝先生率團訪泰，十六日離泰。十八日，我奉到外交部轉來總統令，派我赴約旦任代表。匆促之間，忘記處理球證便離泰返國宣誓就職，轉赴安曼到差。後來託同事張紹民兄代為處理。由於泰國高爾夫球場興建太多，球證不易賣出。數年之後，我把球證送給了一位我在泰國時曾得到他大力協助的饒先生。

兩萬美金買球證，結果送了人。在某些人眼光中，絕對認為是不可能的事，我也不求別人相信！（還有不知死活的人向錢部長告我「在泰國大撈錢」！因為，他是今世的趙匡胤。）

有人問起公費。我接任駐宏都拉斯代辦，唐京軒大使交給我公費全部一百元美金。四個月後，我移交給于彭大使，共一一三三四點八五美元。由出納何國基、會計徐仲泉副署。在泰國，沈代表時，公費百分之四十為僱員薪水，公用百分之六十。我到任後，為了留住這些通中、泰、英三語文的僱員，不被新到泰國投資的國人挖走，我大大加了他們的薪水，結果，百分之六十的經費給了他們的薪水，可動用的只餘下百分之四十。部方毫不理睬！在約旦三年，我一共交回部方三萬美元的結餘。這便是我用館中經費的大概。

三、退職

在海軍兩棲訓練部任少尉編譯預官之時的同宿舍朋友當時是中尉教官的仉家彪兄，最近將他的半生經歷寫成回憶錄。在「回望華府」一章中，他寫道：

> ……警車引導著拖吊車將我救取，我驚恐之餘發現全身並無損傷。真是幸運。
>
> 此次車禍讓我認真思考未來的去從。突然間，我心中想通了：我一生從海軍到文官，到外交官，競競業業工作，此生總該有一次有勇氣站出來「說走就走」。於是我申請調返臺北辦理退休。

家彪兄無愧軍人本色，「說走就走」。

我從薦任科員到參事，一直被楊西崑打壓。因為我不肯和他同流。他十八年次長下了台，被派去南斐作大使——雖然十分不情願，我也升任了駐約旦簡任十四職等代表。其後任亞西司司長。五年後，我奉派到泰國任「大使待遇代表」。

赴泰國之初，主管次長是金樹基先生。駐處很得到部方的支持。不久，主管次長換了房金炎，便走了樣。諸事不順。例如：

1. 我好不容易邀請到地位高於國務院的國會議長瑪律・汶納伉儷和參眾議員九人訪華。另有議長和夫人的保鑣各一人，傳譯劉文隆——政大畢業的僑生。共十四人。但駐處報回外交部時，房次長只核准十人。在不得已的情形下，我和實業部副部長耿才先生掏荷包各買兩張商務艙來回機票，部方才同意一併接待

2. 部中慣例：駐在國外長以上的官員，如正副元首、正副總理、國會議長等訪華，駐使得回國接待。泰國採內閣制，閣員都是議員。（那一次訪華議員名單中，如連俊榮、曹壁光，後來都入閣任副部長。李總統登輝訪泰，唯一一個官方節目——國務院長午宴，臨時取消。一經我請求，瑪律議長立即答應由他具名邀宴，免除了尷尬。）於是我依例申請回國協助接待。不料部方的批示卻是：「姑予照准，下不為例。」無禮之極。無理之極。

後來我在約旦任代表時，邀得王儲長女蕊荷瑪公主和國王長子阿不都拉親王前後十天內訪華。王儲特別交代我：「我女兒年輕，從未去過遠東，希望你能返國在台灣照顧她。」我當然說：「好。」同我一起見王儲的秘書張萬陸兄說：「照實報部，您得回國一趟了。」

我說：「回國是要回的。因為我已經答應了王儲。但不能照實報部。我只能以度假為由回國。即使我們以王儲的話報回國，主管次長可能會認為我是假公濟私呢！我已經上過當了！」安曼回台來回頭等機票要三千餘美元。休假十天，要扣除十天不休假獎金，損失不小。但我寧願損失，不願那些以己意度人的長官說閒話。

報到部裡，當然「照准。」

3.我在泰國時，部中專電指示：（一）外館作息時間，依照駐在國政府作息時間。（二）凡國定假日，外館不得放假。（三）不得有例外。

駐泰代表處覆電請示：（一）駐在國週六不上班，本處擬即比照休息。（二）國定假日之慶典，駐館是否不可放假？

外交部電報指示：（一）星期六照常上班。（為什麼不比照駐在國政府規定？豈非例外？）（二）國慶日放假。（國慶日難道不是國定假？又是例外。）

代表處接到電報後，同仁一片咒罵聲：「混蛋！」

4.我最後一任駐約旦代表，洽妥由約旦王儲具函邀請我總統李登輝先生率團訪問，鑒於駐處人員太少，電請部方就近調派幾位通阿拉伯語文的同仁到約旦協助。結果，次長房金炎批示：派了六名同仁到阿布達比協助駐處接待總統過境。至於約旦，派完全不懂阿文的科長陳家坤隨團照料。

隨團照料，是我們又多了一位客人。完全協助不了。

同仁們先是錯愕，繼而大罵「混蛋！」

5.民國八十五年十月八日，我偕同秘書陳剛毅應召至約旦計畫部見部長哈拉芙（Dr.Rima Kbalaf）。哈氏說：「聯合國已終止給予約旦照顧境內之巴基斯坦難民。彼等居處，環境衛生太差，亟需興建排水溝、自來水設施等。每項工程大約十數萬至數十萬美元。希望中華民國政府能選取一兩項，撥款援助。」

我先告知哈部長，政府太窮，每用一塊錢，二角八分都是借來的錢。是以無法承諾。然後我說：「貴部長已允諾訪華。若在訪前提供充分的資料，並於訪華時與我相關部會首長洽談，將更有利於未來兩國各項合作之推動。」這，實際上婉轉說「不」的外交辭令。而後將經過電部。

十月十二日，《中央日報》刊出外交部發言人的話說：「聯大總辯論結束，聲援我者達二十八國。」二十八國之中，與我無邦交者只有四國。約旦赫然在這四國之內。

十月十九日，外交部致代表處西二字電報中，責備代表處不應承諾是項援助。政府既不能亦無款可撥。以巴糾紛錯綜複雜，「我不便、亦不宜介入。」（擬稿的人似乎沒看懂代表處的呈部電文，對於約旦境內巴勒斯坦難民問題更是完全不懂！）而後又在電文中說：「約旦在本次聯大總辯論中未能發言助我，本部對貴處至為失望！」（此言與發言人所說完全矛盾。）

代表處的同仁看到電文，莫不驚訝、憤怒。大罵「混蛋！」請求即電部方抗議。我說：「主管長官連『以阿問題』和『難民問題』都弄不清楚，大家罵過『混蛋』也就算了。不要計較！」

十二月，部長章孝嚴先生偕夫人率團來訪，也住王宮之中。拜會計畫部長之時，哈拉芙部長提出幫助巴勒斯坦難民問題，章部長一口答應在某個數目範圍之內可予考慮。部長可是曉事的。他當然知道：幫助巴勒斯坦難民，不是介入以阿糾紛。完全是兩碼子事。

我乘間向部長請辭，部長不准，

部長走後，我連三次上電請辭。一直到八十六年三月，部長覺得實在攔不住，在我的辭職書上批了「勉予同意」四個字。

同仁都說：「代表在約旦作得這麼好，為什麼一定要辭職呢？」

我說：「第一，假如我真如你們說，作得還不錯，急流勇退，豈不是好？萬一出了一點小差錯，灰頭土臉去職，那才難堪呢！第二，我已年將古稀。且內人兒女都在國內。我一個孤老頭，又經常患心律不整，是不是應該回國，家人團聚，享受一下天倫之樂呢？第三，你們都看到，人家是如何欺侮我的。難道我受的打壓還不夠？從此遠離煩惱，且作一個山野閒人，豈不快哉？」

所以，我終於在八十六年五月底，「說走就走」，回到台北退職。

第二篇

我追隨過的長官

Chapter 1

具仁者之勇的黃少谷先生

一、仁者必有勇

唐代的宰相，通常有三人。官位是三品。唐玄宗時，蕭嵩作宰相。他一直認為韓休很柔易，援引他為宰相。《新唐書‧韓休》載：

休直方不務進趨，既為相，天下翕然宜之。萬年尉李美玉有罪，帝將放嶺南。休曰：「尉小官，犯非大惡。今朝廷有大姦，請得先治。金吾大將軍程伯獻恃恩而貪，室宅輿馬僭法度，臣請先伯獻，後美玉。」帝不許，休固爭曰：「罪細且不容，巨猾乃置不問，陛下不出伯獻，臣不敢奉詔。」帝不能奪。大率堅正類此。初，嵩以休柔易，故薦之。休臨事或折正嵩，嵩不能平。宋璟聞之曰：「不意休能爾，仁者之勇也。」

「仁者必有勇。」一語，出自《論語・憲問》篇。孔子說：「有德者必有言。仁者必有勇。」

民國四十六年六月，我進外交部工作，當時部長是葉公超先生，翌年八月，黃少谷先生接任部長。其時，少老才五十八歲，器宇高雅，看上去就是讀書人的樣子。

他雖是「空降部隊」，卻沒帶私人進部。只用了一位簡任秘書龍運鈞。

少老接掌部長不久，部內發生了所謂「十八羅漢案」。

那是四十八年六月。外交部為杜倖進，經若干時間的研究，擬出「駐外外交領事人員條例」草案，送請立法院於當年六月八日修正通過。其中最重要的部分是外領人員任用資格。條例第三條規定：

駐外外交領事人員應就具有左列各款資格之一者任用：一、曾經高等考試外交官領事官考試及格者。二、在本條例施行前曾任相當於本條例規定之外交領事人員經銓敘合格者。

此一條例在立法院通過後，部內若干由八行書從後門進入部中的同仁。一時惶惶不知所措。條例將由總統照憲法於六月十八日公布後，這些人員便失去外放為外交領事人員的資格。當時和我一起任薦任科員的周谷兄在他後來發表的《外交秘聞》一書中說：

因此那些非正途出身者非常焦急。其中除少數有所謂家學淵源外，其餘多半是當朝顯要權貴的親戚故舊。葉公超一九五八年八月在交卸外交部長，由黃少谷繼任時，曾公開說明：他在部時別人介紹他的舅子老表女婿前來，又無法拒絕，只好照派。恐怕這批法外人士就是葉當年照派的。

少老衡量輕重，毅然在六月十六日，也就是條例生效前兩天，發表部令，外放一十八位同仁。其中十六人不具條例中的任用資格。他明知這樣一來，部中有外領人員任用資格的同仁或多有不滿。但他也不能因此犧牲若干實具才幹、而無任用資格的某些同仁。周谷兄在便是對此事不滿的同仁之一。他的《外交秘聞》一書中以「黃少谷部長大開恩科」為題記載此事稱：

一九五九年六月十六日部令發表外放名單一批有十八人之多，最後兩名是人事室科長陳學文和美洲司專門委員宋選銓，這兩位老外交官是名符其實的陪榜。其餘都是當今權貴的親親戚故舊，總務司幫辦劉邦彥，美洲司幫辦姚守中，條約司幫辦董宗山，禮賓司幫辦芮正皋，均外放為駐外使館參事。其餘部中科長專員如李裕生、馬紹棠、張世傑、馮耀曾等均派為一等秘書或二等秘書。考試及格進部升至一秘至少要十多年以上，也有未到一秘階級時，早就蓋棺論定了。這些新貴進部多則三年少則年餘，就位至高階，就外交部自詡的人事制度來說有失公平，對不起那些考試及格在外交部服務或從低級職務幹起的人。還有十多位既無使領人員資格，又無顯赫背景的聘任專員，而未在新法施行前外放，只有望洋興嘆。

當時，部中雜音甚多。有一位號稱「詩人」的薦任科員孫希中還特地寫一首長詩評論其事，他說：「群妖盡放洋！」把那一些沒有資格任外領人員的同仁稱為「群妖」。還有同仁寫黑函開罵。

當時，有一些單身同仁在部中搭伙。午膳晚膳之時，若干自命正義之士，在地下一樓的飯廳中大放厥詞批評不公。說是部長「特開恩科」。說是「鼓勵不法」！殊不知少老之所以如此作法，也是事非得已。為什麼要犧牲這十六位同仁去將就新條例呢？而這十六位同仁，不敢說個個都是人才。但至少，他們之中有好一些人才。像芮正皋博士，他在非洲二十多年，若干非洲國家背我向中共，他竟能在象牙海岸獨力支撐了一十八年之久。這是有目共睹的事實。

少老的如此處分，他何嘗不知道有人會在後面罵他？我們相信他的出發點是為國家留住人才。也是愛護同仁的表現。是為公。我們認為：這也是「仁者之勇。」

何況，這十六位同仁都不是在他任內進部的。

周谷先生又說：

> 站在愛護人才的立場來說，這十八羅漢未必不是人才。大家所不平的。乃其中多人進部不久未具外放資格，及外交部一向重視的外交經驗，初次外放就位居高位，壓在別人的頭上，其餘的人未免分外眼紅。

這也是同仁詬病十八羅漢案的原因。只是，所派人員職位高低的問題，應由人事處酌量，是屬於事務範圍，與政策無關。

民國五十九年五月，少老和沈昌煥先生互調，黃由部長轉任駐西班牙大使，沈由駐西班牙大使接任外交部長。

二、黃少谷先生身世

黃少谷先生，湖南南縣人。說國語，還帶有一點點湖南口音。前清光緒二十七年（一九〇一）農曆六月初九出生於故鄉。歲次辛丑，屬牛。他原名黃亮，因為傾慕北宋詩人黃山谷，故改名黃少谷。

少老畢業於北京師範大學，還曾就讀英國倫敦經濟政治學院。研究國際經濟。

早年，少老考入成舍我先生的《世界日報》工作。其後，轉到馮玉祥將軍的麾下。馮玉祥和蔣公中正曾經於民國十七年二月十八日在鄭州換帖，成為拜把兄弟。但實際上，兩人分分合合，時而兵戎相見，時而握手言和。馮曾發表很多反蔣的電文，據《聯合報》記者于衡先生說：都係出自少老之手。若干年後，一些政治人物才發現：少老之在馮軍中工作，原來是蔣的「佈建」。用現代的名詞來說，就是「臥底」。民國七十五年，于衡在「聯合月刊」中寫了一篇〈政治的長青樹黃少谷〉，曾有明白的交待。

少老民國二十三年赴英倫進修，二十六年，抗戰軍興，返國同赴國難。監察院院長于右任先生聘少老為監察委員。抗戰八年中，少老歷任湖南省行政督察專員、國防最高委員會處長，中央設計局委員、軍事委員會政治部設計委員會主任委員，掃蕩報總社社長、政治部副部長等要職。

抗戰勝利後，少老曾參加制憲大會。民國三十七年，當選第一屆立法委員。復任國民黨宣傳部部長。三十八年初，任行政院秘書長。協助當時行政院院長何應欽將軍處理國共和談事宜。

民國三十八年，政府遷台，少老任總裁辦公廳主任。同年，並曾隨同蔣中正總裁訪問韓國及菲律賓。三十九年總裁復行視事，行政院長係陳誠將軍。他邀少老入行政院擔任秘書長。

三、和與忍

擔任幕僚長的人，最忌Overshadow主官。同時要為主官擋風險，調和部屬的意見，完成團隊工作。

葉明勳先生最受少老賞識，也最知少老為人。他經常稱讚少老的「和」與「忍」。他說：在陳辭公內閣四年多的秘書長任內，少老協助政府推行經濟改革。從三七五減租、公地放領到耕者有其田等，計劃發展農村經濟開始，把台灣的經濟推向工業。他的「忍」和「和」，發揮了幕僚長的最大的功能。使「若干不同政見、不同利害，甚至有所挾、有所求、有所忮的反對者，大致都能諒解。陳院長的改革措施，始能突破阻力。」（葉明勳〈政治人物的風度〉。傳記文學四四七期）

四十三年俞鴻鈞先生任行政院長，也畀倚少老為秘書長。直到四十七年八月，少老繼葉公超先生之後任外交部長。其時，筆者才進部年餘，任禮賓司護照科薦任科員。

記得民國三十七年筆者在南京首都陸海空軍總醫院工作之時，國共內戰最趨激烈。若干愛國愛黨人士，眼見國事日非，不免火氣大。南京救國日報社社長龔德柏先生；號稱「龔大炮」，脾氣壞的出名。他的報，天天罵人。黨、政、軍高階主管，很少有不被他罵過的。中央日報社社長馬星野先生在他的〈我在南京辦報的回憶〉一文中說：「龔德柏在報業公會開會時，無緣無故的罵起黃少谷（時為《和平日報》社長。）來。少谷先生一笑置之。後來，當龔大炮遭到處分，營救他的，卻是少谷先生。他不但不念舊惡，而且以德報怨。」

少谷的「忍」，公私分明。筆者認為這便是「仁者之勇。」他的「忍」最令人佩服。

其次，我也佩服他的「和」。

說到「和」，我們最常聽到的一句話：「和為貴。」

少老任職陳內閣秘書長之時，周至柔將軍，時為參謀總長，因為建軍由行政院撥款，和院長陳辭公發生嚴重齟齬。少老瀝盡心血，從中化解，達成和衷共濟。

又如民國四十五年，孫立人將軍因郭廷亮共諜案受累，蔣公派陳誠、王寵惠、許世英、張群、何應欽、吳忠信、王雲五、黃少谷、俞大維等九人組成調查委員會，予以調查。少老力主「大事化小，小事化無」的原則，疏通各位委員。調查結果，以「孫立人久歷戎行，抗戰有功。特准辭去總統府參軍長」結案。

少老的謙讓，也最令人佩服。掌權、居功，一般人的最愛，他卻以謙退為準則。政府遷台之初，總裁蔣公組織改造委員會，力圖革新。其時，少老是總裁辦公廳主任。總裁交給他一份委員名單。名單中，有張道藩、谷正綱、張其昀等。少老的名字也列在其中。但沒有蔣經國。少老將自己的名字劃去，改為「蔣經國」。總裁看了，問少老：「他行嗎？會不會太嫩了一些？」

這便足以證明他是不貪大位的人。

他替政府作了許多事，卻從不宣揚。陳副總統夫人譚詳女士常對人說：「辭修（副總統字辭修）在世時，少谷幫了他不少忙，但不為人所知。」

《孫子兵法》中說：「善用兵者，無赫赫之功。」少老實深明瞭這句話的涵意。

葉明勳先生還說過：辭公兼任行政院長之時，立院開會，委員質詢，或有過分的地方，院長不便答覆，卻又不能不予以說明，少老曾条陳了三點意見，供辭公參考：

（一）人身攻擊，離間兩院關係，造成政潮，影響時局安定，拒絕回答。

（二）答覆時，請以從容態度，以平和言詞相對，萬不可發怒，致中挑釁者之詭計。

（三）政治家應付國會，應具容忍寬涵風度，舉重若輕。

少老為人，處處都保持尊嚴，中和、寬厚容忍的原則。所謂「十八羅漢」案，便足以說明他寬厚愛人的風度。他的這三個立院答詢的原則，對今日的長官到立院備詢時，都十分管用。

少老還有一個健身的法寶，足供後輩效法。他公畢坐車回家，在離家一千餘二千公尺處，即吩咐司機停車，而後下車步行。而且持之以恆，他的長壽，享年九十有六，這一個步行的習慣應該有所貢獻。

少老只作了二十個月的外交部長，之後，便轉任駐西班牙大使，三年後奉調回國，然後以國策顧問名義賦閒了一段時間。民國五十五年六月嚴靜波先生任行政院長，邀少老出任副院長。一年後，轉任安全會議秘書長。六十五年，受聘為總統府資政。六十八年，出任司法院院長。直至七年十個月後退休。

香港《自由時報》曾於民國六十二年某日刊出〈報人出身的黃少谷〉一文。文中說：「少老一生從政，卻沒有政治野心。不然，他早就有了完整的政治網」。意思是說：少老完全沒有「班底」。也就是從不培植個人勢力。

香港《自由時報》還將少老和清代的曾文正公相提並論。認為少老一生，「非常謹慎、不矜誇，不浮躁。很少官味。不失報人本來面目。而且不鬧政治情緒，或以文字傷人。」說得非常中肯。

四、宴聚

民國七十四年秋，我在約旦作了五年代表之後，請求調回台北。七十五年初夏，接任亞西司司長。其時，老長官如黃少谷先生，朱撫松先生、周書楷先生，都已退休在台。

外交部同事葉剛強兄，精於烹調。張大千先生曾三度請他到寓所掌廚。後來，他在延吉街開了一間「大千食府」。我曾經在大千食府邀宴過周前部長和朱前部長午餐，嚐葉兄親自下廚作的湘菜。另一位長輩閻奉璋先生，他是我結婚典禮上的女方介紹人。我從約旦回國任司長後，曾專程去拜會他。他常在南京西路的天廚請我們夫婦便飯。同席的經常有楚崧秋先生。

有一天，奉老和我具名，邀請黃少老和朱撫松先生到閻府午宴。我特地請剛強兄到閻府作三道他的拿手好菜：清蒸鰱魚頭，燒玉蘭片和回鍋肉。雖都是家常菜，卻不容易作得好。奉老叫了一桌某大餐館的酒席菜。

賓客中，尚有葉明勳先生和外交部新聞文化司長陳毓駒兄。還有一位賓客，名字忘記了，只記得他很會拉胡琴。

剛強兄的三道菜先上，大家都叫好。尤其是蒸鰱魚頭，差一點連魚骨頭都要被啃掉。等到餐館的乾燒魚頭端上來，整個魚頭，幾乎沒有人想吃，便叫撤去。

葉明勳先生是美食家，他直搖頭說：「吃了葉先生的魚頭，這味乾燒魚頭，實在差太遠了！」朱撫公對我說：「劉瑛，葉剛強這麼會作菜，你怎麼不早告訴我？」

我說：「我也是他開了餐館之後才知道的。他從前沒開餐館，最近才開餐館的。」

飯後，由我不認識的那位先生拉琴，大家唱京戲。

少老那時已八十開外了，他也唱了一段。他的嗓子雖然不怎麼樣，卻字正腔圓，韻味十足，頗有余叔岩的味道。

記得我自己也唱了一段烏盆記反二簧。而後，我還拉了一段胡琴，由那位胡琴先生唱了一段老生戲。

事隔多年了。少老、撫老、奉老，都已仙逝了。剛強兄也過去十來年了。那一次集會，我至今還覺得非常有趣呢。

少老和撫老，都是我最尊敬的長官。奉老是我最尊敬的長輩。記得民國八十六年六月我回國退職，奉老其時已九十高齡，還親自到敦化南路我的住所來看我呢。他的謙恭處世的態度，那能不令人肅然起敬呢？

五、求墨寶

民國七十八年，我奉派赴泰王國任駐泰代表。前任代表在曼谷所租的代表官舍，佔地九百多坪。有花園，有游泳池，主建築物為兩層樓房，有兩個大聽、三個客廳。亟需字畫點綴。我向少老報告說：「我曾祖父的大哥于潯公，號養素，曾統率江軍協助曾父正公平定洪楊之亂。戰無不勝，攻無不克。『強武為江右第一人。』清史中有記載。養素公由清廷誥授資政大夫、內閣學士、圖薩太巴圖魯。他曾親書一付對聯給我的曾祖父。這付對聯在抗日戰爭中連房屋一起被日軍焚燬了，可否請您重書賜下？」

少老說：「沒有問題。」

於是我把對聯告訴了少老：

用志不欺，游心於澹
愛花成癖，對酒當歌。

少老當即揮毫照寫了相賜。少老還特地在對聯上說明：

漫輕先生以其令先伯曾祖養素公遺聯囑書，謹為揮翰，用志景仰。

民國八十三年二月，我奉總統令派去約旦任代表。八十六年五月辭職回台灣，少老已於八十五年十月十六日仙逝。他為我所書的對聯，現今仍掛在我住家的客廳中。

哲人已矣！而他留給後人的景仰、懷念，像葉明勳先生、閻奉璋先生，每一提起少老，我們總是感念不已。他的有功不居，不矜誇，不浮躁，一直是我奉為至高的典範。可歎我卻完全辦不到！實深慚愧也。

Chapter 2

內外法三棲的魏道明先生

民國三十一年，我在江西的廣昌縣就讀省立南昌一中。其時，南昌已為日軍攻陷，一中由南昌市遷到廣昌縣的白水鎮。校長吳自強先生，訓導主任熊光國先生，在他們日常訓話中，常常提及一些一中畢業的學生。文有魏道明博士，武有桂永清將軍。都是了不起的人物。在同學心目中，他們兩人都是我們的偶像。想不到來台灣之後，我和他們都有了接觸。

三十八年進入台灣大學讀書。同學柳公露、李洪鰲和我，我們組織了江西同學會。大家都是流亡學生，我們去拜見時為參謀總長的桂永清將軍求助。桂先生竟給了我們同學——一共四十幾位江西同學——三千元新台幣。

至於魏道明先生，民國三十五年台灣二二八事變之後，層峰派他到台灣任省主席，處理善後。其前，他在民國十六年任司法部長，十九年便曾任南京特別市市長。二十六年任行政院秘書長，三十年任駐法大使。三十一年任駐美大使。三十二年，他和美國國務卿柯德爾在華盛頓簽署中美新約，廢除美在華所享受的治外法權，名噪一時。那時，我正在一中讀高一。

層峰基於魏伯公（道明先生字伯聰）多年來在內政外交上的成就，派他來台灣為第一任省主席，可說是考慮週到。

伯公三十五年五月十五日抵台，次日，成立台灣省政府，取代台灣行政長官公署。十七日召開第一次省府委員會議，到委員十三人。省府下設民政、財政、建設、教育四廳，和秘書、會計兩處。取消戒嚴，約束軍憲，從寬處理。同年十一月，台灣選出了立法委員和國大代表。

民國三十七年，上海全國運動會，在魏伯公主導之下，台灣選出選手，組成代表隊，參與競技。之後，徐蚌會戰失利，政府於三十八年遷台。其前，蔣公先派陳誠將軍到台灣，繼任主席。伯公只作了一年零七個月的省主席。雖然日子甚短，但他在平息民怨，撫平二二八留下來的傷痛，爭取台省同胞的認同祖國，功不可沒。

魏伯公祖籍江西九江，民國前十三年出生，省立南昌一中畢業後，進北平法文專修館，之後赴法國巴黎深造，獲得法學博士學位。

民國十六年，伯公任國民政府司法部秘書長。旋即升任次長，並代理部長。實歲才二十八歲。

民國十七年，北伐成功。伯公兼任建設委員會常務委員、教育基金委員會委員，庚款計畫委員會委員，同年十一月，真除司法部長。十九年，任南京特別市長，廿一年四月，赴歐洲從事國際宣傳。這可是伯公由內政轉到外交軌道的開始。

民國二十四年，伯公回國，任《時事新報》、《大陸報》和《大晚報》三家報社總經理。二十六年，中日戰爭爆發，伯公奉命任駐法大使，三十一年九月改任駐美大使，那時，正是中日抗戰最為吃緊的時候。伯公充分發揮了他的外交長才。我時讀高中，經常在報上看到他處理外交事務的報導。我大學畢業後選擇了外交為終身職業，便很可能潛意識中受到伯公的影響所致。

伯公民國十六年結婚。夫人鄭毓秀博士，廣東新安人。曾任律師、法官、法院院長、是非常傑出的女性。伯公和夫人交卸台灣省政府主席之後曾經移民巴西。其後又去巴黎住了些時，民國四十二年返台定居。夫人不幸罹患了癌症，民國四十九年十二月在加州洲去世。伯公於民國五十一年，六十四歲的高齡，續取無錫榮家的榮輯芙女士為填房。五十三年，伯公重回外交陣營，任駐日大使。兩年之後，於民國五十五年五月再度入閣，轉任行政院政務委員兼外交部長。

上任之初，香港新聞天地的卜少夫兄似乎不太賣帳，寫了一篇不太欣賞的報導：時間是一九六六年六月四日，標題是：「新聞何故使人驚異？」

此次行政院新閣人事發展，除內政、外交兩部有所更迭外，其餘一仍舊貫，即有變遷，亦幅度不大（如副院長及政務委員）。政府為了「從安定中求進步」，此固不難於理解，可是在這新閣名單發表後，魏道明氏由駐日大使一躍而為外交部長。據來自台北的外電報導，台北各方人士對此頗表「驚奇」，而以我們所知的海外觀感，也與台北幾無二致。人們所以對魏氏新命感到「驚奇」的原因，約有如下這幾點：一是魏氏曾經久別政壇，年前「東山復起」的出任駐日大使，人們已經視為「異數」，但以歷任駐日大使多不得人，人們亦姑且讓他出而「比較」。但在魏氏任內，他的「清靜無為」並無多大成就，於中日邦交亦少有明顯改進，現在卻獲升遷責重事繁的外交部長，如此安排，誠不能使人無所「驚異」。二是國人所希望於政府的政治革新之一，是多用新進有為之士，少用垂老顢頇之人，冀以新陳代謝的機能，打開國家困守的局面。而魏氏年高七十，對當前的國際關係既未必有過人卓識，而其精神心力之遜於少壯又不待言，以此條件而居此職位，是否適宜？誠不能使人無所疑惑，而國際對我的觀感如何，尚在其次。三是今日政府最重要之官職，人皆知為國防與外交兩部，國防部主管反攻大計，整軍經武，為日不遑，其重要已無待解釋。但外交部面對當前國際的複雜鬥爭，天天作戰，時時作戰，每有重大問題發生，外交部長常須午夜運籌，以求解決，誠所謂折衝樽俎，匪異人任。魏氏是否能夠勝任這種繁劇，不獨國人無此信心，恐怕連他本人，亦難有此自信。而此三點，殆亦足夠國人對魏氏新命深感「驚奇」，引為意外了。

後來，《新聞天地》有一期的封面，是伯公在聯合國大會開會時打瞌睡的鏡頭。老實說：聯合國開大會，七嘴八舌，吵吵鬧，聽眾能不打瞌睡實在不容易。

伯公任部長時，我在禮賓司任典禮科長。期間還曾兼任了三個多月的交際科長，我卻認為：伯公任部長，頗有大臣之風。《論語。子路》篇中，仲弓為季氏宰，孔子說：

先有司，赦小過，舉賢才。

這三點，伯公可以說全都作到了。

先說赦小過。他任駐日大使時，館中一秘黃新壁，犯有小錯，伯公知道他頗有才能，把他調部任機要秘書。結果勝任愉快。

先有司，伯公尤其有一套。他只問重大政策，一應事務，全委諸各司處司處長。而且他真有大臣風度，從不疾言厲色，責罵同仁。

他信任部下。舉凡大小事務，都委之政務次長楊西崑。他也識賢才，把時任駐紐西蘭大使的蔡維屏先生調部任常務次長。

其時，博愛路的外交部辦公室實在太小，部次長辦公室和禮賓司、人事處，都搬到公園路的台北賓館。蔡維公在他的回憶錄《難忘的往事》第二七九頁〈六四•外交大樓籌建經過一〉中說：

回國後，部令發表我出任常務次長。上班第一天，魏部長對我說：「現在本部分開在台北賓館和博愛路兩處辦公，很不方便。而博愛路辦公處又已十分侷促，亟需另建大樓，合署辦公。建築大樓事，已籌劃多時。希望你加緊推動。愈早完成愈好。」我表示：「願全力去辦。」

蔡維公於是著手擬計畫、找建地、請款、找建築師設計、繪圖、送核、招標、動土、建造。大樓十三個月建造完成。蔡公把功勞歸諸伯公的信任，同仁的協助，尤其總務司司長劉達人和司中同仁的傾力配合。

就這一件事，便能看出伯公的識人善任。

伯公法語文精通。英語文造詣也甚佳。他宴請黎巴嫩一位部長，使用法語。宴請史瓦濟蘭教育部長，使用英語，兩次宴會，我都叨陪末座，親見他應付素未謀面的賓客，以他的智慧、口才，控制宴會氣氛，十分得體。而英法文措詞之雅，說話的風趣，尤令我佩服。

伯公一任部長作了將近五年，一般同事都覺得他能創造政通人和的局面。其時，伯公已年逾古稀，毅然提出了辭呈讓賢。當時的《中日報》，針對伯公的辭職，於六十年三月十六日，有一段報導說：

【本報訊】外交部部長魏道明氏請求退休，業已獲得有關當局的同意，一俟其繼任人選確定，他就要交卸其主持了五年的外交部職務。

去年九月間，魏部長率領我國代表團前往紐約出席聯合國大會時，適逢他七十歲的壽辰，由於他一向不做壽，當時只有總統府秘書長張群寄了一首詩向他道賀。

十月間，嚴副總統應邀參加聯合國成立廿五週年紀念大會，魏部長曾對副總統表示，外交工作過於繁重，切盼能在這次大會結束後，辭卻外交部長的職務，並請嚴副總統轉呈總統。聯大結束，回國以來，外交事務倍加忙碌，魏氏益感身心疲乏過度。

魏道明接掌外交以來，先後五次率領我國代表團出席聯合國大會，勞心焦思，不屈不撓，以確保我國在聯合國的地位。尤其是他第一次出席聯大時，正值一九六五年，聯合國大會表決所謂「中國代表權」問題，出現四十七票結果的後一年，情勢相當艱鉅，但在他的努力下，與友邦密切合作，成功的維護了我國的代表權，粉碎了親匪國家「牽匪入會」的陰謀。

在這五年間，他並曾多次出席亞太理事會；去年聯大會議結束後，他以我國慶賀特使的身分，參加墨西哥新任總統就職典禮，並召集我駐中南美洲使節會議。

魏氏在部長任內五年，針對國際形勢，從容肆應，但求有益國家，不矜功伐，每日工作時間恆在十四小時以上，而星期例假，亦常在部裡加班，其工作之辛勤非一般人所能想像。而工作之繁劇，必須年富力強的人始克擔當。這也是魏部長堅決求去，以開賢路的原因。

伯公個子矮小，卻氣度不凡。我第一次看到他，便想起古時齊國的首相宴平仲。「身高不滿七尺，而心雄萬夫。」有一次，孫科先生奉派任特使出國，他在機場送行。還有總統府副秘書長鄭彥棻先生。三人走在一起，從後面看上去，三人之中，還以伯公最高呢。

伯公已仙逝多年了，外交部老一輩的同事，每談起伯公，無不豎起大拇指，說一聲：「一代人龍。」他的信任部下，不搶功、不攬權、不發脾氣，至今為同仁所樂道。

Chapter 3

「科學怪人」周書楷先生？

一、外交人事派系

歷史學家周谷先生，畢生研究近代外交使。他在《外交秘聞》一書中說：政府遷台後，我外交部漸次形成了兩個人事派系。他說：

一九五〇年南京中華民國政府臨時遷到台北後，外交部初在台北花街柳巷立足。政局初安後，十數年間部內漸次形成由外館勢力進入部內的，兩個神龍見首不見尾的人事派系，操縱外交部中下級人事大權，以致影響外交部正途出身人員的升遷。胡慶育一九三一年七月六日以第一屆高等考試外交官領事官考試優等第一名及格入部，後來成為外交部老次長。他常常在部內公開說，外交事務工作應重視正途出身者。他說正途出身就是經過國家公開考試及格，進入外交部服務者，正途出身即使一時語文能力，較後門八行入部者稍差，但可以訓練培養，此為中國歷朝歷代用人之良制。

這兩個部內地下派系，均由外交部非正途出身的人幕後影響。一是當年外交部常務次長繼任外交部政務次長，後任外交部長的周書楷，不知不覺漸次形成的「菲幫」；另外一位也是外交部常務次長後升外交部政務次長楊西崑的「非幫」。周書楷和楊西崑差不多同時出生，同在國立大學畢業，均非外交正途出身，同自外館入主外交部，先後同任外交部常務次長、政務次長，同時先後掌握外交人事、經費等大權，這兩個看不見的派系影響台北外交部多年。

楷公——我們同仁對周書楷先生的尊稱——曾任駐菲律賓大使館公使，他調回部內辦事，升任常務次長，最後作了一年多的部長。他曾確實拉拔過一些他在菲律賓工作時的同事，周谷先生稱他為「菲幫」的龍頭，似乎不十分正確。遠不如在部中任次長長達十八年之久的楊西崑，只要他喜歡，他能把一個科長派出去作大使。那才是真正的非幫頭子呢！但部中同仁的嘴裡，卻不曾饒過這位強勢的長官——楷公。說他是菲幫頭子。眾口鑠金，也是事實。

二、初次接觸

民國四十六年六月，我剛進外交部，派在禮賓司護照科工作，承辦外交護照、公務護照、國人和華僑再出國加簽、雙重國籍、和外國人簽證。護照科櫃台設在地樓。櫃台內，緊靠櫃台的是薦任主事回部辦事盛秉安。他旁邊是專司受規費，由總務司出納科派在我們護照科工作的薦任主事卞壽昌。稍後是我和雇員張貴祥，分坐面對面兩張辦公桌。

有一天，一位日本人經某公介紹到外交部見時任常務次長的楷公。辦簽證。科長不在，楷公叫我到二樓他辦公室解說。那位日本朋友英文說不清，我在大學學了三年日文，當時本省同學都操日語，是以，我對於平常應酬日語還能應付。於是我用日語回答那位日本朋友的問題。事情圓滿解決了。我也就告辭下樓。楷公沒有說一句「謝謝」的話。可能他認為我也是本省人，所以會一點日語吧。我四十九年底外放法語非洲國家。當時我拼命在楷公面前秀日語，可說是白費！

直到八年之後，我奉調回部任禮賓司典禮科長，才第二次和楷公有了接觸。

三、科學怪人

楷公是由駐菲律賓大使館調回部升任常務次長的。他在菲律賓時，由於他的頭腦非常快而且非常正確，譬如說，要向他借用釘書機，他隨手便能拿到。要找什麼案卷，他會告訴你：「在左邊櫃子最上一層由右數第五個案宗便是。」絲毫不會出錯。

但他的脾氣奇大。若同仁犯一點小錯，被他發現了，便是一頓臭罵。於是，同仁在又敬又怕的心理下，給他取了一個「科學怪人」的雅號。意思是：楷公頭腦精細、記憶力強，作事講究實在。

說到楷公的脾氣，他任部長時，許多司長都被他罵得狗血淋頭。禮賓司長吳文輝外放了，新任司長還未到任，薦任副司長陳企堯暫代。每次部長的工友來：「報告副司長，部長請你上去一下！」陳副座大概是被罵狠了，一邊穿上西服上衣，一邊在發抖。給嚇的。

楷公任駐教廷大使時，有一次，要赴美渡假。對於館務，交代了又交代。同仁被囉唆得受不了。公使項仕揆向他說：「大使放心，我們會努力維持的。」

誰知楷公竟一拍桌子，罵道：「老實說，我就是不放心你！」

當著館員的面，項公使一臉通紅，又羞又氣，卻不敢哼聲。其他館員們面面相覷，噤若寒蟬，真是，大氣都不敢透。空氣似乎都凝固了。——由此可見楷公脾氣的驚人。

四、訓斥一次

民國五十八年初，我由駐約翰尼斯堡總領事館領事調部任禮賓司科長，當時，部長是魏道明先生。我們外交部分博愛路總部和公園路的台北賓館兩處辦公。部次長辦公室，人事處和禮賓司，都遷到台北賓館。

其時，外交大樓即將完工。魏伯聰先生辭去部長職務。楷公由駐美大使調回台北繼任部長。伯公任部長時，他信任司處長。他只管大事，一般Routine工作，都由司處長負責。楷公上任後，卻完全不同。他是事必躬親。

外交大樓落成了，遷入大樓的第一天，他便罵人。罵次長。常務次長蔡維屏博士是建大樓的第一大功臣。他為了建大樓可說是費盡了心血。例如牆壁與地板交界之處，他要建築商修成圓形，不是直角。如此，掃地擦地板方便，不會藏灰。

但楷公對大樓似乎「非常」不滿意。

蔡公的《難忘的往事》一書中說：

> 遷入後正式辦公的第一天，周部長連續接聽記者們打來的電話，使他深感困擾，他便撥電話給我，接聽的是我的秘書，他便囑轉告我立即前往。當我步入部長辦公室，部長劈口問我：「何以我的電話，外間可以直接打進來，而你的電話卻要由秘書轉接？」
>
> 我表示歉然，我還未曾來得及向部長的秘書解說：在部長電話機旁有按鈕，撥向一面，可以直接對外，撥向另一面，就要先經過秘書。
>
> 部長又說，聽說新裝的電梯，已經不斷的要修理，是什麼道理？他接著忿然的說：「這大樓，簡直蓋得一塌糊塗！」說著便把手中的鉛筆重重向桌面一擊，頓時筆尖折斷，飛出桌外。我簡單的說明，電梯在裝置之初，要試車，所以這兩星期內，電梯工人不時來校正。

部長工友卻說：「摔壞的不是筆，而是楷公手上戴的名貴手錶。」後來手錶拿去修理，花了不少錢。

其時，我當禮賓司第二科科長。有一次，我的一位科員擬了一個以總統名義向西班牙元首賀國慶的西班牙文賀電。內容不錯，但國名卻給弄錯了。我當時不懂西班牙文，司長副司長也是。我們都在電稿上簽了字。送會地域司——歐洲司，歐洲司司長、副司長、科長，也沒有發現錯誤，都簽了字，而後送呈部次長核。電報係寄由我駐西大使館轉。薛毓麒大使卻一眼便看出了錯誤，電報呈部，請求改正。書公收到電報後大怒，將所有在電稿上簽了名的同仁全予申斥。司長以次人員，無一倖免。部次長也有簽名，卻無事。

記得葉公超先生任部長時，一位傅姓科員走在一位穿短裙的女職員身後上樓梯，一時情不自禁在那位女職員大腿上摸了一下。經告到葉公處，人事處要給傅君記過，葉公說：「記過，將在他履歷中永遠留下一個污點。太苛了。我已面斥過他，就此打住吧。」

由這一點，我們不難看出超公和書公處事的風格不同。

我已經退休十七年了，每次看到自己的人事記錄——外交部人事處發的——上面那個「訓斥一次」的記載，總覺得難堪！

五、所謂菲幫

其實，「菲幫」是不存在的。或者說：「尚未定型」。只是，楷公任部長時，對於在菲律賓曾跟隨過他的人，有點印象。升官、外派，他會給他們一些優先。

譬如說：禮賓司第一科專門委員兼科長宓維炘，他的父親宓錫龐曾在菲律賓某領事館任館長。宓科長是在菲讀的大學，討得一位華僑小姐作太太。楷公派他到菲律賓某總領事館任總領事，卻發生一些情況，維炘兄改在大使館任參事。

繼宓兄任科長的祁鈺，也是駐菲律賓領事館領事出身。楷公派他到瑞典任駐瑞辦事處主任——也是有一點牽強。

周谷先生的《外交秘聞》中卻說：

周書楷以外館公使回部，一九五六年漸次升任外交部常務次長主管人事、經費等工作，三年後又升任外交部政務次長，從此大權在握任所欲為。一九六〇年六月沈昌煥自駐西班牙大使調任外交部長，周書楷始黯然離開外交部，轉任行政院僑務委員會委員長。周書楷對外交人事極有興趣，兼之對外交部人事又極為熟悉，好惡之分又深。所以他在兩任次長任內，在外交部中下級人事上，幾乎操有殺生大權，威震部內外，人人為之側目。周書楷在次長任內對於駐菲使領人員，頗多愛護升遷快速，並福延他們的子弟，真乃一人得道雞犬升天之謂也。因此，部中人常誇稱這批回自菲律賓的新貴為菲幫，其勢不衰歷時二十年。

一九七一年三月三十一日，周書楷自駐美大使任內調升外交部長，菲幫勢力達於頂點，但因周部長喜愛人事，對部內部外人事調動頻繁，震驚整個外交部。行政院副院長蔣經國聞訊遂於一九七二年五月二十九日，解除周書楷的部長職務，專任行政院政務委員。周書楷不得不揮淚離開他一生相依為命的外交部，菲幫也隨之無聲無息。

五、楷公的身世

周書楷，一九一三年生，湖北安陸人。民國二十四年南京國立中央大學畢業。同年參加全國第三屆外交官領事官高考，名落孫山。後經外交部常務次長徐謨先生拉拔，於民國二十七年被派到英國倫敦駐英大使館任甲種學習員。不久轉派至駐曼徹斯敦領事館任副領事。民國三十四年調回外交部辦事。其時，部長係王世杰先生，王部長也是湖北人，對周特別提攜。先派周書楷為秘書，民國三十九年，擢升為駐菲律賓大使館參事。民國四十二年又升任公使。他的受徐次長賞識，得王部長的青睞，當然是由於他的才識出眾。在菲律賓時，同事背地裡給他起了一個外號，叫「科學怪人」。「科學怪人」不是譏笑他無能，而是讚美他：事事井井有條。無任大小事，他都能一一處理。規矩一立，再不會隨時變更。他辦公室中案牘文具的放置，一絲不亂。要找什麼案卷，拿什麼紙筆，隨手即可拿到。整個人像一部機器，從不出錯。大使陳質平只管外交和政務。一應館中事務，都是周包辦。大使放心，他也真沒出過錯。也就是因為他的「科學」管理，不久便被部長黃少谷先生相中，調回部中任常務次長。

周書公的元配夫人湯錚訓女士，為他生了四個兒子。依次為周鴻特、周亞特、周維特和周香特。周書公派去英倫時，湯女士未隨他去英倫。民國三十三年，病逝故鄉湖南衡山。周書公不久與張莉小姐在重慶結婚。（湯錚訓女士的生平曾見柳如絮所撰〈歲暮天寒憶舊遊——記湯錚訓女士〉。刊在一九六七年二月一日的《藝文誌》第十七期。和一九八〇年三月《藝文誌》中的〈記周書楷與湯錚訓一段戀緣〉。)

書公任駐教廷大使之時,張莉女士又已故世。他和外交部同仁賴家球的遺孀屠雪貞女士第三次結婚。屠女士是曾任外交部人事處幫辦屠恆嵩先生的女公子,素有美女之稱。書公說屠女士一直是他的夢中情人。

有一次,我們一些朋友在大千食府午餐聚會,與會的曾任中央廣播電台董事長的朱婉清女士說:她和一批政府高官訪問義大利,周書公以駐教廷大使身份設午宴招待。周夫人屠女士親自開車。到了餐館,一行人先上餐館二樓,點菜、聊天。等了很久,屠女士才姍姍來到。周書公問她「怎麼停車花這麼久的功夫?」屠女士說:「因為很不容易找到一個不違規的停車位。」書公罵道「我們是外交特權車,隨便停哪裡都不礙事,為什麼要浪費那麼多時間?」屠女士笑笑,沒有回話。

大家聽了朱婉青女士的述說,覺得屠女士不但端莊大方,而且守規矩,識大體。不濫用外交特權。她的舉動,倒彰顯出書公的急躁脾氣。

六、任駐美大使的楷公

楷公民國五十四年五月發表任駐美大使,五月下旬抵華府到差。直等到七月初,還沒安排上向美總統呈遞到任國書,心中很急。他曾報告政府,說明遲未能遞國書的原委。

當時在楷公大使手下任三等秘書周谷,在他所著《外交秘聞》一書中說:

依照美國白宮習慣，各國新使呈遞國書，一般多不單獨辦理，集合若干新使同時進入白宮。每一新使呈遞國書時大致五分鐘，美國總統一面接受新使國書及頌詞，一面交付美總統簽字的書面答詞予新使，待攝影後就算呈遞國書完成，其間相互並無多少言詞。周書楷遲於同年七月八日，等待幾達五週之久，始向美國總統詹森呈遞到任國書。依慣例新使呈遞國書後，始能正式展開對外活動。蔣廷黻當年呈遞國書時係單獨辦理，並與甘迺迪總統在場閒話國際局勢，已非容易，蔣的後任就不易常與國務卿及其下高級官員保持密切關係。

至於楷公在大使任內的作風，周谷兄說：

駐美大使館在周書楷任內，大異前幾任作風。周書楷常喜愛單獨一個人前往美國國務院洽商中美問題，政治參事亦是如此，並將洽談結果逕予報告政府。其間是否報告如實，語氣是否能如洽談當時情形，不無令人可疑之處。前任葉公超、蔣廷黻常由公使或參事陪同到美國務院或白宮，無論對方地位高低均係如此。返回辦公室後，如由大使擬稿仍先交同去之公使或參事校閱簽字後，始能急電台北，如由同去之公使或參事擬稿，葉、蔣兩大使對之均不另加意見或改動，簽字後即電外交部。有時大使不在辦公室而有急事，公使或參事須逕往接洽時，電稿則呈大使核定或大使不在時逕予先發，事後補呈。

周大使處理公事，對內事無大小，要親自處理，一切公文無論收文發文均須詳細過目，有時還能指出錯誤。他說他是小職員出身，對下級了解極多。由於他這個文化背景的影響，他任駐美特命全權大使以後，還把自己看成小職員，把大使這一崇高職位當小職員來做。

一九六五年六月周書楷大使到任，同年八月二日吳世英公使奉派來接替沈公使高升後遺職（吳一九七〇年十一月五日高升離職），周大使仍要鄭參事繼續兼看館中各組公文，最初相安一時，鄭參事後來發現他所簽逕「發」的公文，周大使依然令收發室再彙呈他，再簽後再予繕發。鄭參事認為他的授權未被尊重，堅決推謝了這項兼差。周大使仍要他為此事為國珍重，鄭參事仍再度回絕了。鄭的事情一少，我也為之輕鬆多矣。

周大使對吳公使批發的公文，似乎不甚滿意。因之館中對外行文，吳公使無論批發與否，周大使都要事事親簽，事後還要再看已發各件。周大使常為此責備吳公使「劃黑稿」，這是周大使萬萬不能容忍的。

一九六九年元月二十日美國第三十七任總統尼克森就職，事前一個月美國務院則略請各國駐美大使館謂新任美總統就職請以各國駐使代表各國元首致賀，不必分派專使。館中擬稿員原稿則摘錄來呈請外交部鑒察，即是說由周大使代表慶賀。不意稿上李參事善中在「等語下」加上一句「可否由職（按指周大使）代表之處……」

經李參事善中加擬意見，由吳公使世英簽字後送呈周大使核發。「可」還不要緊，「否」如何能交代？於是嚴詞責備吳公使太漫不經心。這樣的公事怎能簽字？

我們相信周谷先生的敘述是真實的。因為，楷公任部長時，他的「事必躬親」，「不信任部下」，「脾氣奇大」，「開口罵人」，筆者曾親歷其境。

由周著來看，書公似乎斤斤計較一些小節，對一般同仁都不太信任。而且脾氣壞，開口罵人。但從他尊敬「少老」一點來看，黃少谷先生任外交部長把他從駐菲公使拉拔回來任常務次長，書公似乎念念不忘舊恩。

我們讀《淮南子》，其中有一段書說：

> 昔堯之佐九人，舜之佐七人，武王之佐五人。堯、舜、武王於九、七、五者，不能一事焉。然而垂拱受成功者，善乘人之資也。

意思是說：輔佐唐堯治理國家的有九個人，虞舜帝七人，周武王五人。對於這些輔臣所作的事，三個皇帝是完全不會作的。但三個皇帝卻都有善於利用他們輔臣的本領，使天下太平。三位皇帝毫不費力的都得到了成功。就好譬一位建築商，他擁有一流的木工、水泥工、電工等，還有一流的建築師和工程師。他自己既不懂工程，更沒有木工、水泥工們的技巧，但他卻善於駕馭這些專家，獲得成功。若是他要親自動手去和水泥、砌牆、裝門窗、舖地板，他一定會把事情搞糟的。

所以，在《論語》中，仲弓問孔子如何為政，孔子說：「先有司，赦小過，舉賢才。」「先有司」便是把職責分清楚。任何事發生，必命主管當局去處理。不可把所有的權力、責任都集中在自己手上。要像堯、舜、武王一樣，任用有司，達到垂拱而治。

書公好譬是建設公司的老闆，他經常干涉水泥工的和泥、木工的削、切、電工電線的配置，即使他十分內行，也不過落得個疲於奔命而已。不可能成功的，所以，他部長只作了一年多不到兩年便被調走了。

七、和楷公面對面

我第一次和楷公「短兵相接」，是任科員的時候，他任次長。我到他辦公室為他對一位日本訪客用日語解說有關簽證的問題，他對我完全沒有留下一點印象。第二次是我任典禮科長之時，他是部長。

有一天，周部長清晨要搭飛機赴某國（忘記是哪一國）。為慶賀特使，到機場送機的有該國及美、日兩國共三位大使。那時還沒有桃園機場。國際機場在台北松山。周部長一向不許開貴賓室的，因為要花錢。我五點半起床，六點半左右趕計程車從北投宿舍到台北松山機場，剛自電扶梯上樓，不一會兒，便見到三位大使先後到來。我不好意思讓他們站在走廊上等候，因此臨時開了貴賓室，請他們到貴賓室中落座，喝咖啡。而後，我又趕到機場大門口恭候周部長。

差不多等了一刻鐘，周部長終於來到。我迎接他上電扶梯。正上扶梯之時，我向他報告說已開了貴賓室。

他突然板起臉孔。罵道：「開貴賓室幹什麼？」

我一早起床，滴水未進，趕來機場，為公奔走，不但未得到一句安慰話，倒是先挨罵！不覺氣往上衝。我說：「美國大使、日本大使，還有某國大使，早已到了。我實在不好意思讓他們站在走廊上等部長！」我的聲音，最後一句話提得頗高。

他看看我，沒有哼氣，匆匆走向貴賓室。三位大使已經在貴賓室門口迎候他。

此事已過去好幾十年了。想起來，還如昨天呢！

第三次是民國七十年代末，我在部中任亞西司司長之時，同事葉剛強先生，在延吉街開了一間「大千食府」中餐館。

剛強兄湖南人，作得一首好湘菜。張大千先生曾好幾次邀他過府作菜。一時聲名大著。此公好客，只以自己不過高中畢業，在部中又是一個微不足道的起碼委任官。他有時興起，打我的司長名號，或大使名號請客。有一次竟邀請到前後任外交部長周書楷先生和朱撫松先生到大千食府午餐。我這位陪客竟作了名義上的主人。兩位部長都已退休，但都精神奕奕，上下樓梯，步履平穩。

朱撫公不改往日瀟灑。周書公卻沒有往日的霸氣了。

楷公和撫公都是湖北人。

公超先生任部長時，楷公是次長，撫公任行政院發言人，兼外交部情報司司長。

但席間我們只話家常，不談外交部。談話之間，我發現楷公也有很深的人情味。

那是我最後一次見到他。不久，我奉調任駐泰王國代表。民國八十一年七月三十一日，楷公病逝台北。結束了他不平凡的一生。

Chapter 4

創李二郎外交理論的沈昌煥先生

民國四十二年我考取外交領事人員高等考試。四十三年九月到外交部實習三個月。時任外交部次長的沈昌煥先生，剛從中南美訪問回來。他召集我們實習的學員訓話。

沈昌公有名的能言善道。很深的理論，他卻能用淺近的故事表達出來。讓人容易瞭解，容易實踐。他當時說了一個故事：

南美一銀行家有子獲得哈佛博士學位。其子返國後，銀行家盼望兒子能當外交官。因此囑咐兒子往見其好友外交部長。會見之時，外交部長問此一年輕博士：「假如你住在一家豪華大旅社中，誤走入他人之睡房，其時，房中只有一身材噴火、面目姣好的女郎，裸體躺在睡床上休息。你將如何？」這位少年博士說：「我會假裝未看清楚。說：『對不起，先生。』而後走出，當然隨手關門。」外交部長未置可否。但說：「過幾天再聯絡。」而後便無消息。月餘之後，銀行家和外交部長在一酒會中相遇，銀行家認為其子頗有急智，對外長未能予以錄用頗為不解，外長說：「令郎品學俱佳，一表人才，但有點老古板。現今辦外交，有任何機會都不能放過。令郎在這一點上似乎太拘謹了一些。」銀行長無言以對。

故事的主題是：當外交官的，有任何機會都要把握。不可錯過。

民國六十三年三月，中波（札那）斷交。我時任駐波札那大使館一等秘書。奉命以臨時代辦身分處理關館工作。我和三秘謝棟梁、劉好善兩位把館中的公文、動產全處理完了，只有館產，是一個難題。開始時，我們委託一家地產公司標賣，但開標時只有一位華僑出價五千美元，剛剛是底價五萬美元的十分之一。地產商說：「依照國際公法，你不可以賣館產，所以沒人投標。」那天晚上，波總統府秘書長莫槐來打聽拍賣的情形。我告訴他：「流標了。」他只說：「你們的房子在我們總統官邸旁，將來承購的人，一定要得到總統府的同意。」我說：「好，請即來一封正式的公函。」莫氏答應照辦。

筆者任駐南斐約翰尼斯堡總領事館副領事時即與莫氏相識。事實上，中波建交，便是我開著自己的小福特跑了不下三十次到波京去見他──那時他是外交部次長──終於達成的。他的女兒和小女在當地中學同班，經常來我們家作功課。雙方走得很近。

第二天，莫氏把信拿來，我送了他一箱黑標約翰走路。筆者拿這封信，雞毛當令箭。勸說當地一位白人富商承購。我對他說：「你們總統府已允許我們賣屋。而足下又是總統好友，那還有什麼問題呢。」結果，這位白人波札那公民買下了我們的房產。我所使用的謀略，便是根據沈昌公「絕不放過任何機會」的外交哲學。

民國五十九年元月，沈昌公已升任部長。在同仁新年晚餐會中，他又說了一個故事。他說：

我（指沈昌煥）前一陣與老部長（指戰前外交部長張群）談外交人才的培養與選拔。老部長問我：「你看那一省的人最適合辦外交。」我說：「四川人。」老部長問我：「何以見得。」我如果說不出一套理論來，就有一點趨炎附勢了。我當時就對老部長說：「我到四川後，曾去過四川灌縣，並參觀過舉世聞名的都江堰。都江堰有個二郎廟，二郎廟的序文，就是最好的外交理論。」我並且一一加以分析，老部長頻頻點頭稱讚。

現在我來把這篇序文讀給大家聽聽（用四川話讀，神味十足）：「夫天下之至善，莫善於積德，積德莫善於修廟。修廟莫善於修二郎廟。夫二郎者，老郎之子，大郎之弟，三郎之兄也。廟前有樹，人皆曰樹在廟前，我獨曰廟在樹後。廟有鐘鼓之聲，叮叮咚咚，咚咚叮叮，是為序。」前段便是外交理論，一切要有根有據，才能立於不敗之地。第二段妙在二郎雖有交代，二郎究為何許人也，無人能知其底細，說來頭頭是道，卻不曾留有把柄。第三段事體則一，說法不同，要出顯個人與眾不同的見解。最後一段說辦外交要有聲有色，希望大家注意這種理論的運用。（周谷《外交秘聞》第六九頁）

這種理論，在辦外交上，還真有用。

筆者第二次任駐約旦代表時，安排由約旦王室出面邀請我外交部長章孝嚴訪約，晉見胡生國王，接受國立雅慕克大學頒贈名譽博士學位，並居住王宮中，作為王儲的貴賓。誰知行期前一週，亞西司司長途電話對我說：「請交涉胡生國王訪華。國王若同意，部長即去面邀，若不同意，部長即取消訪問。」我一口回絕：「辦不到！」司長說：「那部長便不去了！」我說：「沒有關係。」其實大有關係。

我立即驅車到王儲辦公室訪見辦公廳主任哈馬尼博士說：「部長因國內發生許多大事，可能要延期訪約。」（我沒把話說死。）哈馬尼雖表示沒有關係，但我仍然發覺到他有不愉快的神情。

過了兩天，亞西司長又來電話通知我：「部長如期訪約。」這次輪到我不高興了。但，上命難違，只好照交涉。我立即再往見哈馬尼。我對他說：「那天我和你對談後，立刻回了一個電報給我們部長，再三強調中約關係的重要性，希望他摒除其他事務，如期來約旦訪問，今天接到部長回電，他尊重我的看法，同意如期來訪。」

結果一切順利。

我由駐約旦簡任代表回國任亞西司司長時，有一天，蔡維屏博士邀芮正臯博士和我聯名，在福華飯店的江南春宴請業已退休的沈昌公暨夫人，和他們的公子沈大川兄。昌公還是滔滔不絕，妙語如珠，談笑風生。談古說今，閒談家常。十分親切。賓主可說是盡歡而散。

作了四年多司長，部長連永平博士要我去泰國任代表。部令發表了，我立時想起曾任駐泰大使的沈昌公，請人事處安排我去拜見昌公請益。這一請益，竟花了昌公一個多小時。

沈昌公談話的重點，第一，不要爭功。尤其不要與同事爭功。他舉「孫子兵法」中的話：「大將無赫赫之功。」為座右銘。其次，他強調合作。把同仁都看成是同一個球隊的球員。要求勝出，全靠合作。而不要以為自己是大使，高高在上。

我在泰國任大使待遇代表，一任五年。我嚴守沈昌公的教訓，總算平安的度過了。升任駐約旦特任代表。

沈昌公才華洋溢，深得蔣公信任。他作了兩任外交部長，共十二年半之久。可說是有史以來作部長作得最久的一位。他已經仙逝很多年了。于衡先生曾於民國五十五年六月六日沈公交卸部長後在《聯合報》刊出一篇報導稱：

> 外交部的同仁不論職位高低，現在都特別對沈昌煥依依不捨，因為在沈昌煥任期內，特別重視同仁的待遇，替他們謀了不少福利。同仁們對沈昌煥本人的常常徹夜工作，公而忘私的精神，也都念念不忘。

前幾天和王飛、劉恩第、黃傳禮、甯紀坤等幾位老同事相聚，談起沈昌公，幾位大使都感念不已呢。

第三篇

大使列傳

Chapter 1

學者風範的蔣廷黻大使

讀大學的時候，同學們都關心我國在聯合國代表權的問題。蔣廷黻先生時任我駐聯合國代表團常任代表。以他的學識、機智、口才，始終能履險如夷，保住了我國在聯合國中的代表權。

那一年，他回到台北。我曾聽過他演說。一口濃重的湖南鄉音，聽起來，只覺得此公樸實無華，令人起敬。

廷黻先生民國前十五年（一八八五年）十一月二十一日（農曆）出生於湖南省邵陽縣黃陂橋巨竹村，字綬章，乳名全青。留學美國時，結識也是留學生的唐玉瑞小姐，並在美國結婚。民國十二年，廷黻先生取得哥倫比亞大學博士學位後，返回祖國。唐夫人為廷黻先生生了兒子懷仁與居仁，女兒志仁與壽仁，但夫婦感情並不太好，經常爭吵。而且有日益惡化的趨勢。

民國十八年，廷黻先生開始在清華大學任教授，直至二十三年，已任滿五年，依例可出國休假一年，由學校負擔旅費及安家費。廷黻先生乃以調查散失的明代《永樂大典》為目的，出國考察。當年八月十六日，他從北京啟程，經東北、西北利亞到蘇聯，在莫斯科停留了兩個多月。十一月十日，他才離蘇前往歐洲。

民國二十四年，由國外考察回來不久，廷黻先生回到南京，任行政院政務處長。二十五年十月，奉命接替顏惠慶先生任駐蘇聯大使，實際年齡才四十歲。剛到任不久，國內發生「西安事變」。行政院副院長孔祥熙先生電蔣大使「即向蘇聯外交部提出嚴重抗議，抗議蘇聯干涉中國內政。」

大使館參事吳南如建議：先向外交部請示。但蔣大使未同意，便立即備妥一應文件，於民國二十五年十二月十七日親自往見蘇外長李維諾夫。表達抗議之意。李氏甚為不快，堅說「蘇聯與此事絕無關聯。」並將蔣大使的抗議書丟進字紙簍中。廷黻先生從字紙簍中撿出抗議照會，放在李氏書桌上，隨即離去。廷黻先生初任外交大使，尚未弄清楚外交門路，弄得灰頭土臉。殊不知李維諾夫還令他駐南京大使向我外交部抗議，而我外交部尚不知有這麼一回事。部長張群先生當即電令蔣大使：「嗣後無外交部指示，不得擅自行動。」可說兩面得罪。而此後蘇外交部所舉辦的各種活動，概不邀我們的蔣大使參加。

一年之後，廷黻先生回國，重任行政院政務處長。後來，他在聯合國任常任代表。在華府任駐美大使，便養成了十分謹慎的習慣。

廷黻先生於民國三十四年底，抗戰勝利後不久，轉任善後救濟總署署長。任內，他認識了署中編審處處長沈維泰的夫人沈恩欽女士。兩人竟墜入情網中，無法自拔。後來，廷黻先生要和元配夫人唐玉瑞女士離婚，但唐女士不同意。離婚官司由上海打到紐約，最後鬧到墨西哥。民國三十七年，廷黻先生委任律師，為他在墨西哥法庭單獨辦妥與唐女士的離婚手續。沈女士卻更早便和先生離了婚。於是廷黻先生和沈恩欽女士於民國三十七年七月二十一日在美國的康州（Connecticut）舉行婚禮，正式結為夫妻。

但唐玉瑞女士不同意離婚，認為廷黻先生重婚有罪，一狀告到紐約法庭。紐約法庭認為廷黻先生是外交官，有外交豁免權，無法受理。唐女士不甘心，又鬧到聯合國。民國三十八年三月合眾社二十四日紐約電說：

> 中國駐聯合國常任代表蔣廷黻的夫人唐玉瑞女士，二十四日曾請求聯合國人權委員會協助解決其婚姻糾紛。伊要求該會調查伊其夫蔣廷黻（四個孩子的父親）間的糾紛云。聯合國的主要目的在解決國際間的糾紛，此事純屬私人家事，也就不了了之。

這一件家庭糾紛，多少為廷黻先生帶來一些困擾，也在他的令名上沾了一點墨。男女互相愛戀，一旦發生，互相犧牲性命都會不在乎，彼此難以自拔，這種感情的事，只能歸之於前世的緣，或者今世的孽吧！

廷黻先生任善後救濟總署兩年後，發生「血清」案。當時政府窮，把美國捐贈的血清賣給醫院使用，遭到美國派員來華抗議。此事經當時外交部政務次長葉公超先生擺平。但廷黻先生仍自動請辭。以示負責。然後擬回大學教書。

其時，我駐聯合國常任代表原任外交部長的郭泰祺先生，三十六年六月初患重病，一時不能執行職務，政府給假三個月，並將在上海賦閒的廷黻先生派往紐約，暫代代表職務。郭泰祺先生後調任駐巴西大使，廷黻先生奉令真除。

民國三十八年，大陸變色。九月，廷黻先生根據三十四年八月十四日中蘇之間所簽訂的中蘇條約，向聯合國提出「控蘇案」，而且獲得通過。充分表現出廷黻先生的學識、機智、口才與果斷力。

民國三十八年十一月二十五日（西元一九四九年），控蘇案在聯合國第一委員會討論時，蘇聯代表維辛斯基搶先發言，否認以廷黻先生為首的中國代表團。

這是「中國代表權案」的首次在聯合國中提出。從三十八年到五十四年，十七年之中，廷黻先生絞盡腦汁，年年為衛護中國代表權，在政府的大力支持、幕僚們的全力協助和駐各國大使館通力合作之下，表現出他過人的智慧，廣博的學識，優美的口才，舌戰群儒，保住了代表權。在國際尤其在美國外交界，建立的極高的聲譽。在國內更是家喻戶曉的大外交家。

十七年之後，他以近古稀的六十九歲高齡，轉任駐美大使。把駐聯合國常任代表的棒子交給了劉鍇先生。

廷黻先生是民國五十年受命出任駐美大使館特任特命全權大使的。其時，他還兼任駐聯合國常任代表。是以，他在民國五十年十二月二十日，聯大閉幕後，他才收拾行囊，於民國五十一年元月初，由紐約乘火車到華府上任。元月十二日，向美總統甘迺迪呈遞到任國書。不但快，才數日而已，而且是單獨呈遞。通常，新任駐使向美總統呈遞國書，都是好幾位大使一起。周書楷大使到任五週後才呈遞國書。

其時，廷黻先生已年近古稀，體力略不如前。但處理對美外交，還是游刃有餘，深受美朝野器重，甘迺迪對他敬佩。國務院自國務卿魯斯克以下，提起TF. Tsiang，無不肅然起敬。他們和蔣大使晤談中美間問題時，常向廷黻先生就蘇聯、中共、越戰等重大問題，徵詢廷黻先生的意見。國際間發生重大事件，魯斯克常約見廷黻先生密談。廷黻先生也都竭誠表達自己的意見，言無不盡。是以，魯斯克對廷黻先生也十分敬佩。

美國的學者名流，也常與廷黻先生接觸，就中國歷史文化問題，有所請益。

總之蔣大使在美國聲望之高，儕輩無出其右。其時，我剛進外交部工作不久，一直把廷黻先生作為我的偶像。記得當時，《新聞天地》創辦人卜少夫先生說：「作外交官，一定要通歷史。」因為廷黻先生是學歷史的。卜少老，我們也算是「酒肉朋友」，每次他由港來台，《傳記文學》的劉紹唐先生邀宴，或者何景賢博士伉儷邀宴，我經常是叨陪末座。所以，我們每次都是喝酒吃肉的場合見面，紹唐先生也是。我戲稱這些長者都是我的「酒肉朋友。」因為看了卜少夫先生的《新聞天地》，我特地買了全部二十四史，幾十年來隨我東奔西走，公餘閱讀。才促成了我後來寫了好些有關唐代文學史的書。

我的讀唐史，便是嚮往蔣廷黻大使的豐功偉蹟。也是同意卜少夫先生的說法。我之所以把這點寫出來，乃是希望可以給年青一輩從事外交同仁作參考。

我們現在來看蔣廷黻先生是如何作大使的。

第一，大使是辦外交的。至於僑務、領務、經貿、情治、文教、尤其是總務、會計、人事之類，他充分授權給各組組長，完全不過問。有人問孔子如何「為政」。孔子說：「先有司。」（《論語》）也就是說，不要把所有的事情都攬到自己一個人身上，要授權給各級主管。一人獨攬大權，結果是所有的事都辦不清楚。例如：經貿有經濟參事，領務有總領事，會計、出納、尤其不宜經手。

他將一應外交交涉以外的事務，全交由政治參事鄭健生先生擔當。一切經費的報銷，全部來文，各組公文稿，鄭參事決定後即簽發，且不必呈閱。

鄭參事是外交部有名的幹將，廷黻先生是知人善任。鄭參事是盡心盡力，以報知遇。上下一心，十分融洽。各事辦來也十分順利。

第二、蔣大使向政府報告，分析外交情勢，必出於肺腑真誠之言。既不賣乖邀寵，也不報喜不報憂！

記得在波札那任一秘之時，國慶酒會，波總統卡瑪偕夫人蒞臨。祝酒致詞前，卡瑪總統尚和英籍夫人爭論：「中華民國的總統是蔣、還是毛？」還是英籍夫人再三提醒他，才沒出錯。當我國某大員訪問波札那致電向外交部報告訪問經過時，卻一再強調卡瑪總統對我先總統蔣公如何如何崇敬之情。我翻電報時，只差沒笑出聲來。

還有空降大使，自恃有好幾顆星，電報直接以「總統鈞鑒」拍發。參事或問：「要不要分電外交部？」他還不屑的說：「給外交部幹什麼？」這才真是不知分寸！

第三，廷黻先生無論是到白宮或到國務院訪見美國官員，無任對方地位高低，他總攜同公使或政治參事一同前往。回到大使館，擬電呈部，他自己擬的稿，一定先讓陪同往訪的公使或參事過目。若由公使或參事據實擬的稿，廷黻先生常是不添加任何字便劃行。

有的長官，往見駐在國或訪問某國時，常單打獨鬥。訪見後，所擬呈政府報告，其中情形，是真是假，無人得知。他說向對方送出一數或二數的錢，既無收據，更非外人能知。這種報告的真實性如何，只有寫報告的人自己知道。

第四，他並不認為自己一定什麼都比人強。辦一件公文，常恐有不週到之處。是以他親擬的文件，無任是中文或英文的，他都不直接批「發」。必定先交給公使或政治參事過目。公使或參事如有意見，可面見大使，商量應否修改。他擬的文稿，如有別字，他再三囑咐公使和政治參事，「直接修改。改過後，立即發出，不必再呈閱。」

所以，他擬好的中英文稿，都是由公使或參事過目後批「發」。或「先發」。館長的稿由館員批「發」，這種氣度，恐怕是前無古人，後無來者的。

第五，他作常任代表也好，作大使也好，他沒有一點官氣凌人的官僚氣。完全是學者之風。讀書人的風度。說話總是滔滔不絕。有條、有理，而且言之有物。他既得到國人的尊敬，也同樣受到西方人的推崇。我常想：假如廷黻先生不作官，而在學術上從事研究，相信他一定也能得到非常高的成就。

第六，他每天早上十時到大使館上班，中午十二時半離開。下午若無要事，便不到館。自週一到週五，天天如此。其餘同仁則按規定時間上下班。

他不全天候盯著同仁上班，是由於他對同仁的信任。同時，他不浪費時間在「空坐」上。而是在家細讀文件，查考資料，思索對策。

我們一位大使，不許外交部發給他夫人赴任的外交護照。他每天一早到班，晚上七、八點才離開。他在辦公室時，全體同仁都得奉陪。不得擅自離開。直到他找到一位Official Hostess住進官邸，他才按時上下班。真是既猖狂，又自私無恥。

當然，廷黻先生也不是聖人，不可能百分之百都對。譬如：他在任時最大的缺點是忽略了華僑。廷黻先生任駐聯合國常任代表時，因為職掌關係，與僑界甚少往來。在紐約，我們設有駐紐約總領事館。一應僑務，都是由駐紐約總領事館處理。所以，廷黻先生在紐約工作了十數年，和紐約僑界可說完全沒有親密互動。

調任駐美大使後，保僑護僑，雖然也是大使館工作之一。但他老人家認為：大使館有專管僑務的官員，他何必多管「閒事」？因之，他只著重外交，很少參加僑團活動，也不親自處理僑務案件。這麼一來，僑界對他便十分不滿意。

例如：民國五十二年七月，政府應天主教樞機主教于斌之請，決定贈勳協助天主教輔仁大學在台復校有功的波士頓樞機主教庫興（Cardinal Cushing），訂於五十三年三月二十五日下午三時在波士頓主教公署內舉行頒贈儀式，飭令蔣廷黻大使親往頒贈。廷黻先生認為此事並非重要外交事件，不想前往，擬交由公使江易生前去主持。江公使深明其中消息，建議大使：「我為您著想，還是大使親自去比較妥當。」

廷黻先生聽從了江公使的勸告，才決定親自前往。江公使還特地拜託了中央社派往採訪贈勳新聞的記者范同仲代為從旁照料。

在台北，我們讀到《中央日報》航空版中范同仲記者的報導說：

【中央社波士頓二十六日專電】中華民國政府贈勳波士頓樞機主教庫興，是在這個新英格蘭城中五千多位華僑引為榮幸的一件大事。麻薩諸塞州有華僑居民六千七百四十五人（華僑人數僅次於加利福尼亞、紐約和夏威夷）其中大部分是在波士頓城內及近郊。當今日波士頓報紙盛載昨日舉行的贈勳儀式報導以及新聞照片之時，他們無疑地感覺非常榮幸。蔣廷黻大使特地前來波士頓，代表中國政府，主持對這位受到高度尊敬的宗教領袖贈勳的儀式。

昨日華僑領袖們的計劃和行動，充分表現熱烈的情緒。他們表示希望蔣大使參加昨晚華埠的一次宴會，但是，由於蔣大使預先安排的繁重日程，此項希望未能實現。當蔣大使昨日午後抵達波士頓機場之時，中華會館主席阮半澤，安良聯合會主席黃高秀等華僑領袖，紛紛趨前歡迎，並握手為禮。但是由於程序安排上的偶然疏忽，這些波士頓華僑領袖們，錯過了參加在樞機主教寓所舉行的贈勳儀式。

實際上，范君的報導和事實有點差別。

蔣大使啟程前，大使館一等秘書兼理領事事務彭啟平先生特地打電話通知當地僑領到機場去迎接大使，以表示大使的人望。是以當廷黻先生抵達波士頓機場之時，中華會館主席阮半澤、安良聯合會主席黃高秀等華僑領袖都在機場迎候。當天下午，彭啟平一秘接到波士頓僑領們的電話，說大使下機後，只和老美握手，對於華僑正眼也不看，隨即和那些老美離去。受勳儀式在何處舉行，也沒人知道。他們表示對蔣大使十分不滿。

彭啟平除了道歉外，無話可說。對大使此行也感覺到非常失望。

廷黻先生民國五十四年十月九日病逝紐約。十一日，美國各大報都有刊出這個悲哀的消息。對於蔣氏畢生在外交方面的成就，無不齊聲推崇。

哲人已矣。開弔時，唐玉瑞女士和沈恩欽女士分坐靈堂左右答禮。次日，由唐女士在舊金山《少年中國晨報》刊出謝啟，向與祭人士致謝。廷黻先生在世與兩位女士的恩恩怨怨，隨著他的逝去，也都劃下了句點。但我們相信，他對國家的豐功偉蹟，青史流芳，是永遠會流傳下去的。

曾在廷黻大使館中任三等秘書的歷史學家周谷先生，在他所著《外交秘聞》一書中，有一段對廷黻先生的讚美之辭說：

> 蔣廷黻所秉賦的個性、學識、才智都特別為西方人所喜，尤其他正直、誠懇的作風，使人更易與他相處，但也給他帶來處理外交事務和人事上的麻煩。他主持會議總是滔滔不絕，很難令他

人有發言機會的餘地。而他又始終堅持對一個問題的一貫看法，他不是一個容易被說服的人。他對政治外交等問題，有其一貫的歷史見解，像泰山一樣絕難動搖的。他做官沒有中國傳統氣勢凌人的官氣，完全是中國傳統士人的風度。所以他既能受國人的尊敬，又能受西方人士的推崇。像這樣一位可親的學者，在學術上，四十歲後未有更大更多的貢獻；在事業上，身為欽差，未能有機會貢獻其智慧，於國家政策的制度，十分可惜！人總難很完善完美的。

周谷先生還說：

他老先生腦筋中從來沒有華僑的觀念。自始至終，他認為他自己只是辦外交的。所以一些熱愛祖國的華僑，始終不能諒解這位在學術上、觀念上令人尊敬的大使。

這也是蔣廷黻先生任大使時一般館員對他的看法。

Chapter 2

拼命三郎杭立武大使

筆者民國四十六年進外交部工作時，杭立武博士時任駐泰王國大使。其實，我還沒進部前，剛剛大學畢業不久，他的哲嗣紀東兄便帶我和陳銘生、江鏡忠兩位同學一起去見過杭大使。杭大使似乎有鑑人的特異功能，事後，他對他的獨生子紀東兄分析給他聽我們的性情和前景，對我們三個，關懷有加。每一想起此事，筆者至今對杭大使還是敬佩之外，想念不已。

杭大使是有名的「拼命三郎」。他任大學教授，任教育部長，和任大使時，都是「工作第一」。從前週休只禮拜天一天，他可是禮拜天還照常到班工作。他對國家的貢獻太多，且舉幾件最了不起的事：

一、保護難民。丘引女士著《劉達人外交傳奇錄》中載：

民國二十六年中日戰爭爆發，南京於十二月十三日淪陷，當時杭立武是金陵大學的教授，也是基督教會的總幹事，經由他和其他教會人士斡旋，將南京劃分了三個難民區，可容納二十五萬人。日本佔領南京後，屠殺強姦搶劫事件很多，把俘虜過來的國軍排在河邊開槍打死，連押俘虜的工人也一併滅口。七千名在金陵女子大學難民區被保護的婦女也被侵犯了，南京大屠殺，引起國際聯盟秘書長的呼籲與阻止，這是杭立武結合不同的基督教會人士保護國人的功勞。（頁九三）

二、對國寶的保存。丘女士同書中說：

民國二十六年，杭立武利用中英庚子賠款和海關撥款，將一萬九千五百五十箱故宮文物，從南京水運運到湖南，再運至貴州，最後到重慶，十年後，這批古物又回到南京。一九四八年國共內戰失利，他又要搬遷到台灣來，當時反對聲浪很大，左派分子及多數人民認為古董不宜運出南京，經過他和同仁的奔波，從中挑選了二十五萬件運來台灣。中央圖書館、中央研究院和外交部的全部檔案，受此影響全搬了出來。故宮這批文物暫存台糖糖廠，一九四九年遷到霧峰，由亞洲基金會協助建館，直到一九六五年故宮博物院成立，這些古董才有了安定的家。除此而外，歷史博物館也於一九四八年十一月，從重慶空運了三十八箱文物及張大千的六十二件敦煌畫作，杭立武與之條件交換，來台後，部分要給歷史博物館，（張大千的敦煌模仿畫目前市價是二十五萬美元），海軍連眷屬撤退船都撥出來運送這批國寶到台灣。（九十三頁）

我故宮博物院的蒐藏，傲視全球。若非杭大使及時救出，這些國寶若陷在大陸，在經過文化大革命的黑暗時期，恐怕難得留下來幾件呢。

三、他任大使時（先後駐泰、菲律賓、希臘等國），愛護僑胞，不遺餘力。劉達人大使的回憶錄中說：

杭大使任駐菲律賓大使之時，菲京馬尼拉的七層樓怡美大廈於六十八年八月發生大地震倒塌，死的人都是華僑，這棟樓是華裔青年分期付款創業買的，全都崩坍了。菲律賓調了一團的工兵，我們也從美國基地借來很多起重機搶救，足足花了一個月時間，才清理出來。杭立武片刻不得閒，率領使館人員二十四小時日夜守候，以防菲籍不肖人士搶拾僑胞的財物，不辭辛勞的組織華僑童軍及使館人員維持秩序，幫助僑民從瓦礫堆中站起來。（頁九十四）

四、他任駐泰大使時，為僑社完成了興建介壽堂、大使館官邸。

民國三十五年九月九日，我首任駐泰王國大使抵達曼谷履新。在機場歡迎的僑胞，竟超過萬人。場面真是空前的盛大。

李大使指示僑胞捐建介壽堂，一則表示對國家元首的崇敬，一則顯現僑社僑胞的團結。

大使館召集各僑團到館中開會，由武官卓獻書任臨時主席。經選出三十一個僑團為興建介壽堂籌備委員會委員。名單如次：

1. 中華總商會
2. 中華會館
3. 潮州會館
4. 廣肇會館
5. 海南會館
6. 客屬會館
7. 福建會館
8. 江浙會館
9. 台灣會館
10. 紗布公會
11. 建築公會
12. 銀信局公會
13. 五金公會

17. 火礱公會
18. 火鉅公會
20. 報德善堂
21. 香叻汕公所
22. 金璇公會
23. 聯華藥業公會
24. 木業公會
25. 有益公會
26. 中華贈醫所
19. 潮安同鄉會
27. 罐頭京菓公會
28. 皮業公會
29. 茶商公會

14. 米商公會
15. 天華醫院
16. 潮陽同鄉會

30. 土產佣行公會
31. 印刷公會

籌委會又推選了十一個常務委員：

1. 主席：中華總商會
2. 副主席：暹羅華僑救濟祖國糧荒會
3. 正財政：潮州會館
4. 副財政：紗布公會
5. 宣傳：三民主義青年團中央直屬駐暹區團部
6. 秘書：中國國民黨駐曼谷直屬支部
7. 正募捐：廣肇會館
8. 副募捐：客屬總會
9. 設計：火礱公會
10. 建築：建築公會
11. 審核：海南會館

建堂工作，卻拖了十幾年。民國四十五年九月，杭大使到任之後，他自任籌委會名譽主席，召開委員會，調整人事，指示會務之進行，終於建成了美奐美輪的介壽堂。杭大使又利用堂旁多餘的土地，建成了大使館辦公室和大使官邸。其間所經歷的艱難，實非局外人所能想像得到。

介壽堂的土地，原由伍竹林先生代表籌委會出名過戶。後來中華總商會主席黃作明接管，便將產權過戶給黃作明。民國七十五年，黃主席生病住院，僑界推選出鄭午樓、謝慧如和周鑑梅為代表，請黃交出產權。但黃拒絕交出。七十六年初，謝慧如先生出資四百五十萬泰銖，另鄭午樓博士、林炳南先生、謝子昂先生、丘書亮先生和姚宗俠先生等各出一百萬銖，共湊了一千一百五十萬銖給黃，黃才同意交出產權。（沈克勤著《使泰二十年》頁二四五）

民國七十八年六月我到曼谷任駐泰王國代表時，介壽堂已經過了三十個年頭，但經介壽堂慈善委員會主席李光隆先生的經營，仍保持一定的風華，係曼谷地標之一。

而督導興建介壽堂的，正是杭立武先生。

我民國八十六年退職。不久，杭大使病逝台北。開弔之日，還有好一些泰國僑領特地長途電話請求我代為購送花圈。真是令人感動。

五、《世界日報》。民國七十八年六月到曼谷履任之初，曼谷一地的華文報紙，有中華、京華中原聯合報、星暹、世界、新中原、工商日報等七家中文報紙，一九六幾年他儂元帥與巴博元帥當政之時，實施反共條例，嚴禁親共言論。其時，我與泰國尚有邦交，當時只有四家日報，像新中原，後來才有的。四家日報都支持中華民國。中泰建交之後，形勢便大不相同。

曼谷《世界日報》於一九五五年七月二十六日，在當時警察總監乃炮上將大力支持下，由盤谷銀行董事長陳弼臣出資創立。創設的目的，乃在宣揚自由民主，反對左傾言論。惜經營不善，創辦兩年，即虧損了三百餘萬銖。陸軍總司令乃沙立上將發動政變，乃炮失勢，被放逐瑞士。陳弼臣打算放棄報社。杭立武博士時任駐泰大使，認為泰華僑社不能沒有一份支持中華民國的報紙。杭大使得到政府的同意，僑界的支持，新聞界的協助，由我方接收了《世界日報》。來自台北的謝起任社長。馮志翔任總編輯，僑界老黨員鄭衍烈任總經理。

但歷時三年，仍然虧損。

其後經過僑領林來榮先生的慷慨解囊，駐泰代表沈克勤先生的從中斡旋，中央黨部秘書長馬樹禮先生的主持下，說動我報業鉅子王惕吾先生接辦。於民國七十五年一月三十一日正式移交，由聯合報系派《聯合報》總編趙玉明先生借用駐泰代表處秘書名義，任《世界日報》社長兼總編輯。《世界日報》終於在曼谷立定了腳跟，轉虧為盈。而且，以趙玉明先生的辦報魄力，一時被目為報業界鬼才。撼動了泰國華文報界。沈克勤先生在他的《使泰二十年》一書中引述曼谷《星暹日報》社長李益森先生的話說：「今後泰華社會恐怕只會留存星暹和世界兩日報了。」（按：李益森先生是萬金油胡文豹先生的女婿。）

直至今日為止，《世界日報》在曼谷華文報界還是佼佼者，但若非杭大使的遠見，這份能為中華民國海外喉舌的報紙早就沒有了！

六、杭大使精研心裡學。遇到問題，他總能運用巧妙婉轉的外交手法，予以擺平。劉達公說：

另外，菲國總統馬嘉柏臯要求我國在馬尼拉市倫尼杳國家公園（Luneta National Part）建立一座中國式花園，那兒是菲國國父黎剎被西班牙人槍斃之地，被視為殉難之處，是聖地，因此菲國人民非常反對，因而日本、韓國都沒法去蓋，只有我國不惜從花蓮空運大理石、琉璃磚瓦前去。杭大使運用外交手腕，以黎剎和孫中山並列，說他們在同時出生，也同在國外習醫，又同是流亡海外，一九六八年兩人同時蒙難；一個被滿清關在倫敦大使館要遣送回國，被他的老師康德黎救走，而黎剎則被西班牙送回菲律賓卻遭槍決。杭大使把兩國國父同時代出生的關係，變成中菲共同的紀念地，菲律賓人因而同意了，如今這個公園早已成為馬尼拉市重要的觀光景點。（同書九十四頁）

辦外交，一定要尊重對方，想到對方，顧及對方的立場、利益，才能成功。所以說：外交乃是互相協調（Compromise）。所謂快刀切豆腐，兩面光。沒有輸贏的問題。只有平衡的問題。

七、杭大使學問淵博，卻好學不厭。每奉派出使某一個國家，到任之前，他一定把這個國家的歷史、地理、風習、經濟環境、政治現象，乃至於人民的好惡，社會的風氣等，先作一個徹底的研究。例如：他奉派赴希臘任大使時，他堅持要派農耕隊前往希臘，協助希臘，改善農作。當時，外交部主管司的同仁都不以為然。總以為，歐洲非常發達，希臘發展最早。殊不知希臘的農業卻不怎麼樣。亟需我們發展精緻農業的經驗作借鏡，予以開拓、發展。

國內其他有關機構對杭大使的看法也頗有閒言。

後來，劉達人大使奉派任駐希臘代表，到了希臘，他才深深體會到：杭大使的作法是十分正確的。

八、由以上所述，我們便可看出：杭大使對工作是如何認真。而且他精力充沛，努力不倦。同仁一週工作五天半，他卻天天到班。星期天也不例外。一早到班，下班則是全館中最後一個。他的「拼命」工作，同仁暗地裡給他起了一個「拼命三郎」的外號。

九、他精於冰鑑之學，能識拔人才

記得我在外交部任司長之時，杭大使每次請吃飯，有我陪客之時，我經常發現一些年青小夥子。飯後，主客走了，我們聊天，他常對我說：「這些年青朋友都將是國家的棟樑之材。」

我不願提名字，我只舉一個例。

有一次宴會，坐在末座陪客的是一位某大學副教授。我看他談吐不凡，一口標準英國口音英語，不但流利，而且用字非常優美。

果然，此公後來作了大使，還作過部長。現在還是方面大員呢！

Chapter 3

號稱「亞聖人」的劉達人大使

一、出身世家

劉達人大使二十三歲進入外交部工作，從委任四級科員作起，經過外交部領事人員高考及格，五十三歲開始任駐賴索托王國大使，其後還曾出任過駐菲律賓與駐希臘代表，七十五歲回國接任北美事務協調委員會主任委員，迄八十歲正式退休，其間還擔任過總務司長與情報（後來改稱「新聞文化司」）司長兼發言人。一生奉獻外交，待人處世，謙和公正，獲得「亞聖人」外號。深得同仁尊敬。大家都以「達公」相稱。

達公祖籍貴州，民國八年十二月二十四日在上海出生。民國九年，始由父母揹回貴州，認見祖父劉顯世。

劉家是書香門第，顯世公十八歲便考中秀才。民國初年，任貴州護軍使，位官陸軍中將。當時，袁世凱一心想作皇帝，拿爵位和金錢想買通顯世公的支持。但顯世公置之不理。民國五年元月，他宣佈貴州獨立，並參加討袁。

民國五年五月二十日，黎元洪繼任大總統。顯世公因護國有功，受任貴州督軍兼省長。民國六年，溥儀復辟，顯世公又出師靖國，任滇、黔、川、湘、鄂、豫六省靖國聯軍副總司令。

廣州非常國會組織軍政府，孫中山先生任大元帥。民國九年八月，顯世公與中山先生、唐繼堯、蔡鍔、岑春煊、李烈鈞、陸榮廷等七人由國會選為總裁。十月貴陽政變，顯世公下野。他很看得開，帶了家眷，暢遊江南和華北。民國十二年，顯世公再度被推舉為貴州省長。兩年之後，他又卸任赴雲南省的昆明市靜養。在任時，他為貴州建立了七十多所小學，作育英才，造福後代。

達公的父親劉燧昌先生留學日本，曾應中山先生聘任大元帥府參議。民國十七年國民政府成立。十九年，燧昌先生由教育部派往日本，任留日學生監督。其後，他曾協助何應欽將軍和外交部長黃郛將軍處理對日外交事宜。民國二十四年任河南省政府秘書長。再後任內政部民政司長。

達公的母親卻是浙江吳興人。外祖父李松筠，經營絲綢茶葉致富。富甲一方。他把絲綢和茶葉出口到日本長崎，卻從日本進口了第一個太太——日本小姐。因為有錢，李松筠討了四個太太。他不但會經商，也懂政治。他來往的，如陳英士——陳立夫陳果夫的父親，和北洋政府內閣總理胡惟德，沈瑞麟，都結了親。蔣公中正當時是陳英士的參謀，也經常出入李府。達公的母親英語學校畢業。和劉家結親，也是因為劉家是貴州的望族。

國民政府要人如何應欽、谷正倫、王伯群、王文華、袁祖銘等，都曾是達公祖父顯世公的部屬。何應欽且是顯世公大姐的女婿。顯世公任督軍時，何應欽是他手下的步兵團長。

二、求學

達公早歲讀私塾，七歲時入昆明女師附小。十歲時，隨父親赴日本，改入東京法國天主教教會所辦的曉星雙語小學。十二歲畢業，回國進入上海光華大學附屬中學。民國二十三年，十五歲，初中畢業。當年九月隨父到北平，改入北平育英中學高中。次年又回上海，仍入光華大學附中。二十六年高中畢業。

達公原考上浙江大學史地系，當年──民國二十六年，中日抗戰開始，達公隨學校播遷，先到江西泰和，再到貴州遵義。後來還是隨父母遷居重慶，改入已搬到重慶沙坪壩的中央大學讀政治系。民國卅一年大學畢業，由教授李惟果的推介，和其他同學十二人，進入外交部任委任四級科員。翌年參加外交領事人員高考，以優等第一名錄取。

民國三十四年，達公趁派在駐紐約總領館任隨習領事之便，公餘在紐約大學研究院政治系夜間部攻讀碩士學位，次年，獲得學位。

民國五十七年，達公任駐菲律賓大使參事兼理總領事事務時，申請入聖托瑪士大學博士班攻讀。民國六十年十二月獲得博士學位。

由達公求學的經過，我們知道他是秉承「學而優則仕，仕而優則學」的求知精神，令人敬佩。外交部有很多同仁都是公餘攻讀學位的。筆者小學只讀了五年，初中兩年，高中一年半，只有大學唸了四年，拿到一張畢業證書。在南斐駐約翰尼斯堡任事之時，公餘在南斐大學讀國際政治。碩士通過了，讀博士（D. *phil et* Litt）時，第一次交了費，因調部辦事而放棄。第二次派在南非的波札拉共和國，申請復學，校方的Senate通過了我的論文大綱，甚至指定了指導教授（Promoter）剛剛要交費，我們和波札拉斷交，只好放棄。第三度派到駐南斐大使館任參事，再申請復學，指導教授也指定了耶魯大學博士Dr. Denis Worral，剛擬好研究大綱，獲得指導教授的同意，誰知我在斐京還沒待滿一年半，即被部中當權者將我調去中美的尼瓜拉瓜。因此又得作罷。W教授後來任南斐駐英大使。他曾來台灣訪問過。事後我曾同他見過面，他也覺得惋惜。看到達公攻讀學位的順利，不禁悲從中來。

三、外交生涯

雖然是世家子弟，達公卻是經由外交領事人員高考及格的正途出身從事外交工作的。而且部內從委任四級科員作起，外館從隨習領事（後改為「助理副領事」，再後取消了，初次外放即是副領事。）作起，道地的科班出身。

在部內，達公曾由委任科員作起，歐洲司二科科長、專門委員、副司長、總務司長、情報（後更名「新聞文化司」）司長兼發言人。北美事務協調委員會主任委員。駐外方面，從隨習領事作起，而副領事，一秘、參事、駐賴托王國大使、駐菲律賓與駐希臘代表、堪稱資歷完整，學歷完整。

筆者認識達公是他任總務司長、我任禮賓司典禮科長之時，那是民國五十八年，我奉派赴琉球宣慰僑胞、簽發護照、加簽、與簽證。隨同我出差的有薦任科員潘明兄和科員寸時嬌小姐。

論算，琉球事務由北美司主管，赴琉球辦理宣慰僑胞與簽發護照的工作同禮賓司的關聯很小。當時常務次長蔡維屏先生了解我在南斐辦理對南斐三邦聯絡工作辦得不錯，他特地給我一個出差的機會。還有就是：當時省政府外事主任出缺，蔡公有意讓我借調去省府，但我們司長吳文輝先生不同意，結果派了副領事回部辦事，派在禮賓司工作的李光億去省府，蔡公堅持要我去琉球，吳司長沒有理由再拒絕，只好同意。而我在奉派赴琉球前，部中有同仁叫我「最好拒絕。」他說：「去琉球，前程有限，後患無窮。你一旦去了琉球，嗣後自琉球回台洽商貿易的僑胞，你都得一一接待。當然得自掏荷包。豈不是後患無窮？」「前途有限？」我不予計較。「後患無窮？」我卻認為，能結交朋友，花點錢也不要緊。達公任歐洲司副司長期間，曾經三度赴琉球宣慰僑胞。是以我特別到總務司向達公討教。

達公為人開朗，待人和氣。他對我說：「只要看到護照上有劉某人簽字的地方，你只管給持照人延期、簽證。」他還特別對我說：「部方真有意思，派去琉球宣慰僑胞的，總不外劉、關、張。」在我前面去琉球的，達公之後，有關振宇先生和張慶衍先生。

最後，他鼓勵我：「只管放心的到琉球去，絕無麻煩。」

我們去了兩週，我們大都依照達公的指示行事。一切都很順利。

只記得有一間茶行的老闆，台灣人，似乎姓張，找過我兩次。還有一位蒯先生，一位Henry應。

還有他們華僑公會的理事長，似乎都是上海人。名字記不起來了。總之，全無後患。

達公任總務司長期間，由於當時的常務次長蔡維屏博士深知達公，蔡公受部長魏道明博士的託付，主持興建外交部大樓；於是他特別將在駐菲大使館任參事的達公調部任總務司長，搭檔興建大樓的工作。

大樓藍圖是由魏部長推薦的首任外交總長王寵惠的公子王大閎建築師擔任。內部設計和裝潢、隔間、監工都是由葉前部長公超先生推薦的張德霖建築師擔當。台北榮總和馬偕醫院便是他建築的。松山機場大廈和國父紀念館、教育部也都是由他設計的。

蔡公和達公，任勞任怨，外交大樓終於在民國六十年夏於限期內完成。原分博愛路台銀倉庫和公園路台北賓館兩處辦公的同仁及時遷入一處辦公，非常方便。只是，當大樓即將完工之時，魏道明部長卻辭職離去，遷入大樓辦公的，卻是新任部長由駐美大使調回國的周書楷先生。

至今，同仁在舒適的大樓中辦公，較資深的同仁，莫不欽敬蔡、劉二公的努力的成果。

可大樓還發生過一件驚人的事：

當眾同仁誇讚蔡常務次長之時，政務次長楊西崑，有一天把蔡公找到他辦公室，說：「大樓正大門右手牆壁上的國父孫中山先生的墨寶「禮運大同篇」，全文裡漏了一個字，甚為不妥。讓工人立即將雕刻挖下來，予以更正後，重新安上去。」

蔡公聽了，大為震驚。他是一位十分謹慎的人。當初設計時，有人建議用「蘇武牧羊」，有人建議用「三羊開泰」等圖畫，最後才決定用國父墨寶。其中國父漏寫一字，也經過幾位元老斟酌後同意使用。當初雕刻，用了一百多塊大理石砌成，施工也極為複雜。每塊石背用鋼絲扣牢在一些特別配置的鋼筋上，然後用水泥覆蓋於牆壁之內。若要撬開，修改、再復原，那可是一項大工程。還有，蔡公不免蒙上了「疏忽」之過。

蔡公當即請求楊西崑暫緩命令總務司進行施工，等查詢清楚後再處理。原來中山先生寫這幅字時，原就少寫了一個字。最後請到國父哲嗣孫科先生和另兩位黨國元老到現場勘察，都決定維持現狀，經呈報當時的部長沈昌煥先生，才告確定保留。

達公任總務司長時，適逢六十年十月我退出聯合國，一時和我斷交的國家有二十個之多。我關閉了二十個大使館，八個領事館。關館的事務方面的工作，如館產的處理、公物、公費的處置、員工的安排分配宿舍等，大大小小，頭疼多多。達公和人事、會計、國際組織和地域司密切配合，其中艱苦，實非外人所能瞭解，還有對方政府扣留我館產，當地暴民搶劫我人員財產的種種惡劣行動，尤使總務司人員疲於奔命。

四、派赴非洲

終於，諸事都告一段落了。六十一年六月，達公因功調升駐賴索托大使館特任大使。他是司長派出去任特任大使的最後一位。其後，非洲司長鄭健生派任駐史瓦濟蘭大使卻是簡任。鄭大使是司長派出去任簡任大使的第一人。後來，外交部司長派出去，都只是簡任了。

原駐賴索托首任大使是關振宇先生。關先生調部升任常務次長，館中原有一位三等秘書，關大使調部，新舊任大使不能也不可以在駐在國交接。在新舊大使交接的空檔間，理當由三秘代館。但主管非洲事務的次長楊西崑認為不妥，特地從鄰館調了一位他的親信一等秘書前往代館。關大使抵達部中時，和達公見面。告訴他：「館中有各式洋酒上百瓶，南貨如香菇、雲耳、海參、魷魚等也很多。還有火腿和香腸。」後來，達公抵任之時，發現館中只剩下洋酒數瓶而已。南貨雲腿全不見了！

不久，我奉調到波札拉，任駐波大使館一秘。和新任駐史瓦濟蘭大使鄭健生先生，達公，都有往來。

駐波大使劉新玉係非洲司科長由楊西崑提拔，先放駐馬爾地夫大使館一秘代辦，不久升任參事代辦，而後升任駐波大使。我到波時，發現兩國關係越來越遠，甚為擔憂。因為波、賴、史三國與我建交設館，是由我開始建立關係的。曾任非洲司長的鄭健生大使知之甚詳。他寫信給我，說達公到史國小住，兩人談起中波關係，都有些擔心。要我詳告實情。我把兩國最近的發展簡略告訴了他們。那是民國六十二年六月的事。次年三月，波政府宣布與我中止外交關係。

而達公在賴索托的工作，正是可圈可點。

我是第一個踏上賴索托國土的中華民國外交官。那時，賴索托還是英國的殖民地，叫巴蘇托蘭（Basutoland）。Ba，是「人」的意思。Suto，是索托族。巴蘇托蘭，意謂「索托人的土地」。當時，最高酋長（Paramount chief）是莫削削二世（Moshowshow II）土人政府由左傾黨派的首領莫克赫勒領導。其後大選，國民黨大勝，黨魁約拿旦（Cbief Lebua Jonathan）才繼任總理。我們駐約翰尼斯堡總領館奉命要和巴蘇托蘭打交道，以便他們獨立之後，能和我們建交。總領事陳以源先生，指派我這個副領事——卻是首席館員——承擔連絡的工作。

經由南斐友人的介紹，我首先認識了後來出任外長的查爾斯•莫拉坡和乃特特酋長。莫拉坡和約拿旦實際上是堂兄弟。經由莫拿坡，我才認識了約拿旦。

獨立前大選十分激烈。但我們一直遊說南斐政府幫忙國民黨。南斐極度反共，不應容忍在他們的心臟地帶有一個共產政權的存在。結果南斐採取了積極的政策介入。第一，他們以乾旱為由，資助國民黨三十萬包玉米賑災。第二、巴蘇托蘭有人口一百萬人左右，卻有三十萬人在南斐工作。南斐准許國民黨人到南斐境內作競選活動，莫克赫勒的人卻被禁止。第三，大選前三天，在南斐境內工作的巴蘇托公民由雇主放他們三天假回國投票，薪水照給。第四、南斐政府免費提供火車供他們回國投票，結果，國民黨當然大獲全勝，約拿旦酋長乃順利當選為內閣總理。

巴蘇托蘭獨立為賴索托王國前數日，我已經、在跑了三趟賴京馬色路之後，和約拿旦總理商定了兩國的建交公報。簽署公報的是後來奉派為慶賀賴索托獨立的特使楊西崑。我首任駐賴索托大使關鏞先生到達南斐之時，我已升了總領館的領事。我陪同關大使趁車赴賴索托，介紹他認識外長莫拉坡（我常稱他C•D）司法部長迫蒂迫蒂酋長、副總裡馬色里奔酋長、內閣秘書長C•M莫拉坡（外長的長兄）、還有參議員乃特特酋長等。他們都是國民黨的核心份子。關大使離任後，又把達公託付了給他們。索托人重感情。C•D莫拉坡任外長，一直到他去世前，每一年，我都會收到他的聖誕卡，由我駐賴大使館轉寄。而關大使又交了好些朋友，達公到任後，以他作人的魅力，他交的朋友越發多了。是以，中共以「中華民國給一千元，我們給兩千元援助」的金錢誘惑，在達公用盡渾身解數解套之下，中共未能得逞。

賴國是君主立憲國家，理論上，國王統，總理治。但國王和總理不太協調，他被總理放逐到荷蘭、英國等地好幾次。外交使節當然不可以選邊，這也是達公面臨的問題之一。

據為劉達人大使寫傳的邱引女士所說，達公使用而且能制勝的辦法，包括：

一、台灣集體移民：白金貿易公司的董事長陳安瀾先生，是外交官出身，曾兩度和達公共過事。受了達公的請託，老家朴子的安瀾兄，帶領了姊夫林金標、姑丈陳嘉言、飯店老闆鄭兩家、孫克仁、陳麗等一行九人，浩浩蕩蕩到賴索托投資。包括設立成衣針織廠、磚瓦廠、建築公司、觀光飯店、甚至高粱酒廠。投資金額數百萬美元。達公往見約拿旦總理說明投資計劃，約拿旦本擬轉與中共建交的，也打消了念頭。他很高興的對達公說：「哪可好。一兩年之內，我們可以穿到索托人自己縫製的衣服，自己建築的磚房，自己釀製的酒！」

約拿旦總理曾四度訪華。第一次訪華時，我才當科長。由於我和他是布衣之交，所以，他的訪問全程由我陪同。只有見老總統時不是。見副總統兼行政院長嚴家淦先生時，嚴先生頗為詫異。問明原因後，當晚他的宴請約總理宴，才把我也列入了陪賓之中。

其次，我派遣到賴國的專家，都是針對賴國人民的福祉為首務，目的在從基層紮下兩國友誼的根。如農耕隊，為農民改善耕作，增加收入。電訊顧問，為賴國通訊的普及，使人民間的互動增強。警察顧問，為人民的安全提供更大的保障，工程顧問，提供專業見解，改善各項建設工程。機動部隊顧問，進一步提供警察機動力，打擊犯罪，更為有效。

第三，藉由移民，使兩國人民的互動頻繁，擴大兩國民間友誼。這種人民友誼，根深蒂固，最為可靠。我國移民尚有與賴人通婚者，造成中賴一家的局面，尤為難能可貴。

至於達公本人，據當地移民說：「劉大使沒有脾氣，沒有官架子，沒有歧視，沒有距離，只有笑容，只有親切的問候。只有努力的協助。他是活菩 薩大使。」

達公之所以如此為人稱道，全在他的心誠意正。

其實，在部內，對長官，對同仁，他也全以誠待人。他從不忘記讚美別人的長處。卻從沒聽見他說過別人一句閒話。他在駐賴八年期間，他之能夠維持兩國邦交之日趨密切，他把功勞全歸之於他的同仁，歸功於農技團和八大顧問。他不但稱讚他的同事如楊進添和蔡文森。甚至三等秘書林金雄和李伯芬，主事黃秋雄和伍正才，都算在內。他的「功歸於下」的作法，深得同仁肯定。於是部中同仁為他取了一個「亞聖人」的外號。

五、再回菲律賓

達公在賴索托撐了八年，之後調部任情報司（現名新聞文化司）司長兼發言人。那是民國六十九年七月。三年後，轉往美國任駐洛杉磯辦事處處長。七十七年八月，再回到菲律賓，任代表。其時離開他任駐菲律賓參事時已二十一個年頭了。二十一年前，菲律賓較台灣富裕。不少台灣人到菲律賓打工，甚至作幫傭。二十一年後，我國已非常富裕繁榮，菲律賓和若干其他國家反而要到我國來打工，作外傭了。

貧富的情形易勢，外交的情勢也變了。菲律賓和中共建立了邦交，互設使館，和我們卻中止了外交關係。

達公的前任是劉宗翰先生，外交部有名的「聖人」。達公之所以屈居「亞聖」，便是「聖人」頭銜已由劉宗翰先生獲得在先的原故。

劉宗翰先生在菲律賓一任作了十三年，風評甚佳。和菲律賓朝野，乃至於華僑，關係都非常良好。他和當時總統柯拉蓉‧艾奎諾（Corazon Aquino）關係也不錯。他特別陪同達公往見柯拉蓉。而達公和柯拉蓉的已故丈夫艾奎諾也曾經是好朋友，柯拉蓉總統對達公非常友善。

在達公努力之下，當年十二月我駐菲單位由「太平洋經濟文化中心駐馬尼拉辦事處」改名為「駐菲律賓台北經濟文化辦事處」。菲駐台機構也由「亞洲交易中心」改為「菲律賓經濟文化辦事處」。都有了「官式」的味道。

但，惱人的問題也來了。

一是兩國航權問題。華航和長榮來往台菲間每月載客八九千人次。班次多，經菲律賓轉赴其他國家城市的轉乘旅客自然也多，影響菲律賓航空公司的生意，使菲航面臨倒閉的窘境，菲方要華航和長榮減少到每月三千人次。雙方無法談攏。民國八十六年九月一日，中菲之間便斷了航空往來。這樣一來，台菲間機票漲價甚多，票價較原來高出三分之一。菲勞來往台灣，負擔太重。我旅客也不願去菲國旅遊。結果是兩敗俱傷。還好，斷航不久，菲方經不起各方壓力，五個月之後，終於恢復通航。

一是菲勞問題。

筆者七十八年三月奉派到泰國任駐泰王國代表，鑒於我與泰國交涉沒籌碼，於是建議政府准許輸入泰勞，蒙部內長官核准。菲律賓有菲勞問題，泰國也有泰勞問題。

首先，若干有勢有權人士輸出勞工賺大錢，他們想盡各種辦法對我們施壓。甚至賄賂同仁。國內也有大老進口外勞圖利，一個電話給我，我便得想法應付。還好，他們都是萬事俱備，一切合法，只是要我們及時發簽證而已。我們駐泰代表處，由副代表趙傳宗先生把關。而後，下面有顧問兼領務組組長錢剛鐔兄專業把關。他下面有尹新垣、楊美照、兩位秘書守頭關。更有移民局派在代表處工作的專員邱丕成兄過濾。要想走旁門到台灣打工或賣春，幾乎完全不可能。駐菲代表處在達公率領領務人員嚴格控管之下，同我們駐泰處當然一樣，達公比我辛苦。因為，他經常受到人情包圍。如國會議員、省市長、政府部次署長等關說，疲於應付。筆者還好，沒受到這些壓力。一般關說組長早就抵制住了。再上還有副代表嚴守最後一關。筆者只在一切合法、趕辦簽證時，請領務組同仁加個班，我只花一點點加班費給他們，或請他們吃飯而已。

據說達公回國在立法院備詢時，有一位立委居然指著達公說：「你收了好處，所以給別人簽證。究竟收了多少？」

而達公仍然能不慍不火，詳細解說。

筆者還好，沒有經歷這種場面過。

達公在菲時，於一九九〇年七月十六日，碰上馬尼拉六點三級的地震。他和同仁正在辦公樓上，連站都站不穩，只好坐在地板上。地震過後，他們的辦公大樓列為危樓。辦事處只好搬家。

民國八十年，地區協調會報在曼谷舉行，我駐印尼代表鄭文華，駐菲律賓代表劉達公、駐汶來陳富雄、駐馬來西亞殷惟良、駐星加坡陳毓駒，同他們的夫人都到曼谷參加。菲律賓的華僑超過百萬。有五家中文報紙，泰國中文報紙更多，單曼谷一地即有七家中文報紙，至於泰國的華僑，正確數字沒有，但估計，最少在五百萬以上。我們除商討一般外交方針外，也研究爭取僑胞等問題。

其後達公轉任駐希臘代表。

民國八十六年五月底，我返國退職。其時，達公任北美事務協調委員會主任委員。他對我說，他自任駐賴索托大使起，即係八〇〇俸點特任官。二十多年後，現在還是八〇〇俸點。他問我多少俸點退職。我說：「九〇〇。」

我為他抱不平。他只笑笑。

由此可見，他從不為自己的官階或俸點爭取。真了不起。

八〇〇與九〇〇有什麼差別？

我第一次任駐約旦代表，簡任十四職等。作完司長後到泰國，仍然十四職等。主管次長說：「不要爭特任。搶這個位子的人多呢！」我說：「我不在乎簡任特任。」我真的不在乎。但我到任之後，部方卻特別給了我一個「大使待遇」的銜名。

泰國五年之後，我再被調往約旦，雖係特任，但仍支八〇〇俸點薪。八十六年三月，我數度辭職，部方已同意。我正整裝待回國之際。人事行政局長陳庚金先生訪約旦，我對他說：「我已辭職，所以，我不是為自己爭薪點。但八〇〇俸點的簡任十四職等代表，每年有兩個月的考績獎金，八〇〇俸點的特任代表，因為沒有考績，所以沒有獎金。也就是說：同是八〇〇俸點，特任代表的薪水比簡任代表少，比例為六比七，實在不合理。我因為辭職已照准了，我為特任官爭一個公平。但不是為我自己。」

陳局長說：「了解。」他回到台北，立刻把八〇〇俸點的特任代表全改成九〇〇，而且回溯及當年元月。

所以，我雖然不是為自己爭俸點，倒也受了一點小惠。我五月三十日起退職，外交部補了五個月的俸點差額給我。

九〇〇俸點的薪金，較八〇〇每月多出一千美元多一點。十二個月下來，多了一萬三四千美金。但八〇〇俸點的代表，每年有兩個月的考績獎金。比起九〇〇特任官，全部薪俸還要多一點點。但在心理上，九〇〇俸點的特任官卻很安慰了。（註：簡任十四職等的代表不算政務官，有考績。考績甲等，可拿考績獎金。九〇〇俸點的特任官屬政務官，沒有考績，所以沒有考績獎金。）

Chapter 4

初次外放即任館長的鄧備殷大使——「萬里須臾夢」讀後

同仁說：「Y次長絕對有任部長的能力，卻沒當上部長！」又有同仁說：「F次長更有當部長的背景和能力，也和部長職位擦身而過，真可惜！」

一件事的前因後果，本來難以一個人的推測來斷定。殊不知任何社會事件的發生，或者不發生，事後都可找出理由。只知其一，不知其二，如何能判斷正確？當然機運也是重大的因素。一旦機運臨到你頭上，你若不能把握，也是枉然。例如：將一位少尉排長升成團長，他若不能勝任，遲早會出事。除非他果有過人的將才。Y次長和F次長，雖有能力，卻沒機運。而他們的背後，還可能有些別的不為人知的因素也說不定，所以未能當上部長。

而外交部薦任科員鄧備殷先生，第一次外放，即任館長，而且在龍蛇混雜、環境非常複雜的香港，一任竟達十八年之久。雖說他的任命是由機運造成，但他若沒有相當的智慧、學識和能力，也是辦不到的。他的前任，據說被港府密謀（Framed），驅逐出境。他的後任，也因不能適應環境，被逐出境。鄧君以一介三等秘書身分開始，主持駐港業務一十八個年頭。這其間哪有什麼僥倖，當然是他果然具備作館長的能力，雖然，機運也是一個原因。

是以，那兩位未能升任部長的次長，雖然他們使盡渾身解數也升不上去，這豈是事出無因？又如：一位同仁被同館的另一位同仁控告到坐牢。一位張大使對李大使說：「其人未免太過分些！」

李大使答：「小時讀『昔時賢文』，裡面說『平生不作皺眉事，世上應無切齒人！』張三要把李四告到坐班房，很可能是李四對張三作了令他難以釋懷的『皺眉事』呢！」

李大使聽了，覺得也有道理。

所以，在我們未說鄧君「政積」之前，先找出他成功的原因。

第一，他有慈愛的雙親。鄧君回憶錄《萬里須臾夢》中有下列一段記載：

我在小學的時候，最喜歡上勞作課，敲打黏貼，手藝功夫甚巧，看起來頗有匠工天份，對於其他課業都缺乏興趣，到了初中，智竅依舊未開，初三那年終於嘗到留級滋味。留級雖然是有辱家聲，但開明的父親及母親見我愚拙，並未多所苛責，反而鼓勵有加，讓我在重讀初三的一年，成績有了顯著進步，令人意外的是，一九五八年高中聯考放榜，我居然還能攀附榜末，獲錄取分發至極負盛名的省立台南第一中學。

這是多麼了不起的父母！他們的表現完全是「愛的教育」！

筆者小時的一個鄰居，他們的獨生女讀初三時為一大男生引誘而懷了孕。父母不能原諒這位可憐的小女生，先是把她吊起來打個半死，然後逼她退學。不管是吃飯或家人團聚之時，總要出言諷罵。這位小女生禁不起父母的日夜羞辱諷罵，結果赴水而死。真可憐！

孩子們出了偏差，父母不能說完全沒有責任。事情若發生了，作父母的應予補救。要鼓勵他們改過自新，否則，孩子們怎能回頭呢？

其次，鄧君有個幸福的家庭。從他的回憶錄所載，我們知道：他和同學嵇燕兒小姐因橋牌而結緣，而相戀，而成為夫妻。他們伉儷情深，他們的恩愛，在《萬里須臾夢》的每一個篇章中都讀得到。他們不但是終身的伴侶，還是終身的橋牌搭檔。「相互配合良好。曾獲得多個獎項。此一共同嗜好，為生活增添許多樂趣。及老，仍為每週不可或缺的消遣。」（原書十九頁）

常言道：「成功的男人後面一定有一個女人。」鄧君的成功，夫人功不可沒。

第三，鄧君遇事沈著，判斷正確。以「中華旅行社」——我駐港單位的名稱——的存在而言，他便以沉著、機智，打勝了一仗。

他到任才一個月，由於主官被驅逐出境，新派主管又不被港方接受，港方有意要矮化我駐港機構，香港商業登記處突然來函要求「中華旅行社」必須於兩個月內向該處登記。

鄧君心想：「旅行社」若真登記，不但矮化了自己，而且，旅行社完全是一個商業單位，如何簽發簽證，辦理護照？「中華旅行社」原有的收發外交郵袋的運作、同仁的持用外交護照，都將成過去式了。

於是他展開一連串行動，一定要港方放棄這項「迫害」。他所持的理由：（一）香港的國泰航空公司飛航台灣，而且享有第五航權，利益相當可觀。若無「中華旅行社」居中為港台對話的橋樑，這一條航線勢必取消，港方損失太大。（二）港方既要「中華旅行社」登記，當無「趕盡殺絕」之意。應該有政治迴旋的餘地。（三）若無這一個港台溝通的「次」官方管道，港府在防止非法移民、打擊犯罪、及非法入境移民的遣送諸問題上，便無橋樑可通。

於是，鄧君乃積極的循各種管道交涉。最後，港方商業登記處一位官員電話告知鄧君說：「登記一事，你可以不必理會。」（You may ignore.）換句話說：港方默許「中華旅行社」的運作。但不肯用書面答覆而已。「口頭傳話」，是若干和我無邦交國家或地區經常對我派遣單位所用的手法。

由此可見，鄧君對此案的假定各點完全正確。

最後一點，也是最重要的一點，鄧君得到部方的信任，部方給予全力支持。就以「商業登記」案來說，鄧君呈部的電報明白表示：「我們用『旅行社』的名義在港運作，已經十分委屈。若再要向港方登記，何異自甘矮化？」他堅持：「絕不登記！」寧可撤守。部方回電同意他的看法和作法，指示他「審慎與港府溝通。」

十八年之後，鄧君終於調回了台灣。他先任領事事務局副局長，繼接任外交部號稱第一司的亞太司司長。充分表示他得到長官的信任。

在亞太司司長的任內，他安排總統李登輝先生訪問印尼、菲律賓和泰王國三個都與我無外交關係的國家，而且和三國的元首都會晤歡談。

他又和印度建立了關係，促成兩國互設辦事處。

作了三年多的司長，鄧司長於八十四年九月出任首任駐印代表。民國八十七年八月，鄧代表轉任駐索羅門群島大使，且兼任駐吐瓦魯和諾魯兩國大使。一人任三個大使之職。五年之後，於民國九十二年七月調部，其時部長為簡又新博士。簡部長指定鄧大使出任主任秘書。

民國九十四年四月，鄧主任秘書因女公子在美病重，夫妻兩個商量好要赴美陪女兒，他向簡部長提出辭呈。但簡部長只准他休假兩週，退回辭呈。

就在他夫妻兩留美探視女兒期間，簡部長去職，由陳唐山先生繼任部長。他返國後，仍擔任主任秘書。他的回憶錄中說：

> 陳部長同樣在人事問題上受到關說請託的困擾，我曾以其初來外交部的首要工作，當係儘速建立自己的威望，人員的升遷或調動，必須公平，才可服眾。我忠於幕僚之責，很幸運地得到他的信任，曾擋下了一些關說請託的案子。也許因為他經過台灣選舉文化的洗禮，自然有他的人情包袱，我也受到了壓力。記得當時的行政院長游錫堃曾為了被我擋下的某人事案向一位次長

抱怨，話傳到我的耳中，感覺極端不好。我開始懷疑自己的角色，常常悶悶不樂，有幾次面對立法委員粗糙醜陋的問政，更是不知所為何來。

鄧主秘原有辭職的意思。換了新部長，這個「意思」似乎日趨明顯。他回憶錄中說：

在我監督的單位中，常常受到同仁們的議論的是人事處的業務，尤其是解嚴之後，社會脫韁開放，大家講究個人權益。人性使然，也無可厚非。以往外交部的人事有其傳統規範，唯自一九九〇年代中期以後，被納入了人事行政局的運作體系，設置了遴薦評審的機制，也斟酌實情，須行了輪派至艱苦地區服務的內規，同時三申五令禁止關說請託，理論上，有關人員的升遷調派佈署，三位次長及主任秘書雖可建議，但在實務上，部長掌握人事權，自有其全盤考量。

沒想到我去國八年，外交部的風氣已大不同，以往大家按部就班，而眼下看到的是爭先恐後。一些待升簡任的同仁，也有幾位盼能接任科長的年青同仁，跑來找我毛遂自薦，我本樂意多瞭解他們，可是聽到他們禁不住道人是非，心中不免反感。不過這些蜚短流長，也讓我意識到升遷調動，必然有諸多不平之處，不平則鳴，但又如何能擺得平呢？此外，還有另一種壓力，就是次長們公差出國，主任秘書常須頂替前往立法院外交委員會應詢，這是我最最……厭惡的工作。

有一天，鄧主秘和夫人遊台北植物園。看到含笑花，而後，他們在元曲中找到白樸的〈度東原〉：

忘憂草，含笑花，勸君　早宜冠掛。
哪裡也能言陸賈、哪裡也良謀子牙，哪裡也豪氣張華。
千古是非心，一夕漁樵話。

兩人玩味再三，商量及早退休。於是鄧主秘提出了辭呈。較退休年齡早了四年。急流勇退，退休回家。

綜結鄧備殷大使三十餘年的外交生涯，確實為國家作了很多事。他一直得到長官的肯定和同仁的合作。從他的回憶中，我們還發現，他常把功勞歸諸同仁。他這種功歸於下的作風，令人心折。

此外，他的回憶錄中還有許多論點，值得年輕一輩的外交同仁參考。茲略舉數例於後：

事實上，政務單位亦有許多事務工作，需作周詳考慮及調理安排，而真正之訓練即在學習如何處理這類工作。例如接待訪賓，看似簡單，實則不易。依照外交部的分工，禮賓司專責接待有邦交國家元首、國會議長及外交部長；其他訪賓則由相關的政務司自行接待。通常僅有承辦科員在科長監督下，一人獨自作業。雖有一套制式接待手冊，但細密繁瑣，舉凡訪賓訪問旨趣、拜會對象，參觀單位，會談議題，談話參考資料，訪賓簡介，首長宴會、飲食習慣（禁忌）、陪客名單（請柬）、禮品清單、班機抵離、通關禮遇、住宿旅館、車量調度、警車開道、安全警衛……等等，每一項都各有要點，稍一不慎，即有出錯可能。

筆者禮賓司出身，曾身兼交際和典禮兩個科的科長，對宴客的種種細節最為熟悉。在外館任館員時，館長不接受建議，邀請國防部長，竟然事先也不弄清楚，把部長的死對頭參謀總長請作陪客。結果，本已晚到的主客——國防部長，一進門便看見參謀總長已在座，他招呼也不打，立即上車離去，弄得場面十分尷尬！

還有一次，筆者任禮賓司科長之時，賴索托總理約拿旦應邀來訪。因為筆者和他是布衣之交，我們司長要筆者全程陪訪。筆者陪同約拿旦總理晉見我副總統兼行政院長嚴家淦先生時，副總統問行政院交際科長：「今晚本人宴會有沒有將外交部科長列入？」交際科長說：「沒有！」因為副總統請客，科長地位實在太低了。作陪客都不行。副總統立即交待：「一定要列入！」像這等小事，承辦人員疏忽，還要副總統親自指示，已是略遜一籌了！

鄧大使任亞太司長時，在司務會議中建議：

> 部次長宴訪客時，陪訪的科員應准為陪賓。

這雖是小事，實際上卻是對訪賓的尊重。這是一個很有見地的建議。後來呈請部次長核准，列入接待外賓的「標準作業程序」（SOP— Standard Operating Procedure）

其次，我們常見有同仁主張以停止進口勞工或對外投資等為籌碼和特定國談判，且看鄧大使對此二事的評估。他在回憶錄中寫著：

後來我們檢討總統出訪全案，對於泰國總理爽約，未能信守承諾，感到十分惱火，曾一度想停止引進泰國勞工，以示不滿。然而經過仔細評估，我們發現國內當時的經濟活動，對於外籍勞工的依賴漸深，尤其在建築及營造業界，泰國勞工勤奮，普遍受到歡迎，大多認為泰國勞工應聘在台灣工作，係協助紓緩了台灣勞工短缺的迫切境況。這樣的觀點，實已不容許我們將引進泰國勞工當成外交籌碼了。

無獨有偶，此時印尼方面竟也傳來類似的說法：「台灣又不是慈善事業機構，假如印尼的投資環境不佳，無利可圖，台灣資金也不會進入印尼。」其實，此話甚有道理，正是無情地道破了我國以經貿為籌碼來推動外交的局限。

說得十分正確。

最重要的一點，許多外交部或其他部會外派的人員，總秉持我國為經濟大國的態度，不衡量整個國際的環境，辦理對外交涉，有如富家子弟追求貧家小姐，忘記了彼此的對等地位，辦起事來，鮮有成就。殊不知有些事，涉及敏感。一經曝光，便很可能胎死腹中。鄧大使之能在香港揮灑達十八年之久，便是他能深深了解國際情勢。知己知彼。凡事「鴨子划水」，只作事，不張揚。深得老子所說「良賈深藏若虛，君子盛德若愚」的道理。

一位網友在讀了鄧大使的回憶錄後，寫了「有為有守」四個字的讚語。十分恰當。我們對《一個外交老兵的回憶》也有一個讚語：「知其所止」。

筆者沒有同鄧大使同館或同司辦過事。而且年齡上，比鄧大使大了十幾歲。讀了他的《萬里須臾夢》，覺得有幾句話要說，總希望年青的外交同事，在處理對外交涉時，在沒運作前，必須先作詳細的評估，認清自己的立場，才能無往不成功。

鄧備殷大使，祖籍廣東，民國三十二年出生於四川。五十四年政大外交系畢業。五十八年獲外交碩士學位。五十九年外交特考及格。同年進入外交部工作。歷任科員、駐香港代表、司長、駐印度代表、駐索羅門大使、主任秘書。民國九十三年退休。

Chapter 5

結緣南太二十年的甯紀坤大使

有些同仁，無任派到哪一個單位工作，都會得到長官的信任，欣賞。乃至於倚重。大家都會恭維他：「長才處處見珍」。我所認識甯紀坤大使，便是處處見珍的同仁。

紀坤兄十八歲便進入行政院工作。那是民國三十八年六月。院長是閻錫山將軍。地點在廣州。十月，行政院遷重慶。不久，又遷往成都。當年十二月九日，行政院再遷來台灣。當天，行政院職員八十二人，分乘兩架包機，自成都鳳凰山起飛，直飛台北。八十二人中最年輕的一位，便是甯紀坤兄。

翌年二月，陳誠將軍接掌行政院，紀坤兄仍在行政院交際科工作。四十三年五月，陳辭公（陳誠將軍字辭修）當選中華民國第二屆副總統，甯兄隨辭公到總統府。民國四十七年七月，辭公又兼任行政院長，甯兄再回行政院，就任交際科長。四十八年，甯兄公餘攻讀中興大學社會系畢業，取得學士學位。他以二十七歲的青年能當上行政院的交際科長，他並曾於五二年三月跟隨辭公分訪越南和菲律賓兩國。乃是辭公愛才的緣故。不久辭公免兼院長，甯兄時已考取外交領事官高考，於同年四月轉入外交部任事。

五十三年三月，我駐美大使蔣廷黻先生返國述職，甯兄以外交部專員身分，奉派為蔣大使的臨時秘書，深得蔣先生青睞。返任後，即電請部方派甯兄去駐美大使館任一等秘書。當時，甯兄已獲部次長賞識，改派到秘書處任部長的秘書。是以部方未能同意。由此也可見當時部次長對甯兄工作的肯定。

之後，甯兄於五十五年七月外放駐教廷大使館任二秘，旋升一秘。五十八年調駐聯合國代表團一秘。連三年參加我出席聯合國常會代表團任秘書。民國六十年，我退出聯合國後，改任駐紐約總領事館領事。六十五年調部任總務司副司長，不久升司長，且兼任檔案資料處處長。由副司長直升司長，司長另兼他司處主官。這在部中很少見到。可見甯司長的表現甚得部次長欣賞。

民國六十九年十二月，甯司長奉派任駐斐濟亞東貿易中心主任，相當總領事，接替林尊賢兄。從此，甯主任開始了對南太平洋諸島國的工作。

在斐濟任主任時期，雖然兩國沒有邦交，他卻能促成斐濟總理馬拉訪華，總督為他到任舉行歡迎茶會，斐政府邀他出席總督就職典禮。馬拉總理邀請甯主任全家到他家鄉歡度週末。斐政府自總督、總理以次政要每年均參加中心舉辦之國慶酒會，也邀甯主任參加政府舉辦之各項活動。邀請到斐濟司法首長、國會議長、外交部長等分別訪華。還說服斐濟在亞洲銀行案中支持我國。促成斐濟政府自一九八五年三月起，予我駐斐濟人員免稅待遇，免辦工作證，免辦公司登記等、等於斐濟承認了中心的官方地位。

或許有人質疑，「這有什麼了不起！」殊不知，我在某些無邦交國家的代表，別說元首、總理，連駐在國的外交部長都見不到呢！要發展到和他們互相往來，非個中人不能了解其中艱苦。

還有，甯主任任駐斐濟亞貿中心期間還曾密集訪問索羅門群島，促成中索兩國於民國七十二年三月二十四日建交。

民國七十年六月，駐斐濟亞貿中心更名為駐斐濟代表處，甯主任改任代表。直至七十四年十二月，受任為中華民國駐索羅門群島大使館首任特命全權大使。

一任五年之後，甯大使返國接任總統府第一局局長兼典璽官。在任局長期間，卻未中斷與南太諸國之連絡。

民國八十年八月十日，甯局長率同外交部亞太司科長趙麟赴索羅門群島就兩國關切事項與索總理馬瑪羅尼（Mamaloni）會談。同年八月初，斐濟總理馬拉（Mara）訪華簽署中斐技術合作協定，甯局長參與接待。

八十二年七月中旬斐濟產業部長Dreunimisimisi訪華，甯局長也參與接待。

於是外交部再度爭取甯局長回部，民國八十二年五月，由總統特任甯局長為駐斐濟代表。

甯代表在斐濟最大成就，乃是於民國八十五年十月四日，促成中斐兩國互相承認，在台北簽署聯合公報，我駐斐濟機構正式名稱為Trade Mission of the Republic of china，正式列入斐濟外交官領事官銜名錄中。

甯代表於民國九十年十月退職，計服務公職達五十二年之久。

為便於瀏覽，茲將甯大使與南太島二十年間結緣的大事列表於後：

民國六十九年十二月駐斐濟亞東貿心主任。

民國七十年六月改任駐斐濟代表處代表。

民國七十一年五月赴索羅門群島Solomom Islands訪問與Hon.SS Mamaloni總理會談

民國七十一年五月赴索羅門群島訪問，代表政府捐贈該國風災款二萬美元

民國七十一年五月赴萬那杜Vanuatu訪問與Api George Sokomanu總統會談並視察Santo漁業基地。

民國七十一年七月赴大溪地Tahiti訪問並參加大洋洲華僑團體聯合會第六屆年會。

民國七十一年九月赴索羅門群島訪問，與索政府各部門會談

民國七十一年十月赴索羅門群島訪問，陪同Hon.SS Mamaloni總理一行首次來華訪問。

民國七十一年十一月赴索羅門群島訪問，接洽索總理Hon.SS Mamaloni訪華後續事宜

民國七十二年一月偕同農業專家兩位赴索羅門群島就農業技術合作事宜作實地考察

民國七十二年二月赴索羅門群島，與索外長Lulei洽談兩國建交聯合公報初稿

民國七十二年五月陪我首任駐荷尼阿拉總領事孫希中赴索履新並開館

民國七十二年五月赴巴布亞紐幾內亞Papua New Guinea訪問就發展兩國關係事首次與The

Rt.Hon.Michael Somare總理舉行會談

民國七十二年八月赴索羅門群島訪問，協助我總領事館推展館務

民國七十二年十二月陪外交部亞太司沈仁標司長赴索羅門群島與Hon.SS Mamaloni總理會談

民國七十三年三月赴索羅門群島與Hon.SS Mamaloni總理會談

民國七十三年四月赴索羅門群島協助我總領事館接待海軍敦睦艦隊訪索

民國七十四年七月在駐在國首都Suva參加大洋洲華僑團體聯合會第九屆年會

民國七十四年十二月改任駐索羅門特命全權大使

民國七十七年三月擔任「中華民國赴斐濟共和國經濟暨技術合作考察團」團長，率團赴斐濟訪問並與馬拉Rt.Hon. Ratu Sir Kamisese Mara總理會談，斐濟政府同意將我「駐斐濟亞東貿易中心」地位提升為「中華民國駐斐濟商務代表團Trade Mission of the Republic of china」（請參閱本書第七三頁）

民國七十七年九月率員訪問巴紐PNG與Namaliu 總理會談

民國七十八年四月出席太平洋經濟合作理事會（PECC）南太平洋島嶼國任務小組代表團（團長辜濂松）顧問April 1989，Suva，Fiji

民國七十八年六月偕同外交部官員訪問巴紐PNG，與Somare外長及巴紐PNG外交部會談

民國七十八年十一月訪問斐濟Fiji，與馬拉Mara總理會談

民國七十九年三月訪問斐濟Fiji，洽邀甘穀勞H.E.Ratu Sir Penaia Ganilau總統當年五月訪華參加

我總統就職大典

民國七十九年九月離職，旋任總統府第一局局長。

民國八十年八月在國內服務期間奉命偕同外交部官員專程赴索羅門群島訪問，就兩國關切事項與Mamaloni總理會談

民國八十二年五月月調任駐斐濟特任代表

民國八十三年二月訪問萬那杜Vanuatu與Hon.Carlot Maxime總理會談

民國八十三年八月出席第二屆中華民國／台灣——論壇國家對話會議代表團顧問Second Taiwan／Republic of China—Forum Countries Dialogue Auguest1994, Golden Coast, Australia

民國八十四年七月訪問Western Samoa與西薩政府有關部門會談，並訪問South Pacific Regional Environment Programme（SPREP）總部及南太平洋大學University of South Pacific（USP）Apia分部

民國八十四年九月出席第三屆中華民國／台灣——論壇國家對話會議代表團顧問September 1995, Port Moresby, Papua New Guinea

民國八十五年七月出席第五屆太平洋島嶼領袖會議觀察員Observer, Fifth Pacific Islands Conference of Leaders（PICL）

民國八十五年九月出席第四屆中華民國／台灣——論壇國家對話會議代表團顧問September 1996, Majuro, Republic of Marshall Islands

民國八十五年十月出席南太平洋委員會South Pacific Commission（SPC）組織下之政府暨

行政代表委員會第二十五屆會議暨第三十六屆南太平洋會議觀察員Observer, 25th Meeting of the Committee of Representatives of Governments and Administrations and 36th South Pacific Conference 1996, Saipan, Commonwealth of the Northern Mariana Islands

民國八十五年十一月出席吐瓦魯Tuvalu交通建設援助方案會議中華民國政府代表November 1996, Suva, Fiji

民國八十六年二月偕同外交部官員赴大溪地Tahiti訪問，拜會自治政府主席H.E Gaston Flosse, President, French Polynesia、法國駐波里尼西亞高級專員並分訪各僑社

民國八十六年五月出席南太平洋委員會South Pacific Commission（SPC）組織下之政府暨行政代表委員會第二十六屆會議觀察員

民國八十六年七月赴萬那杜Vanuatu訪問，與Soksok外長舉行會談

民國八十六年八月應斐濟政府邀請以貴賓身分參加Pacific First Ladies Conference Nadi Fiji

民國八十六年九月出席第五屆中華民國／台灣——論壇國家對話會議代表團顧問.September 1997, Raroton Cook Islands

民國八十六年十月出席南太平洋委員會South Pacific Commission（SPC）組織下之政府暨行政代表委員會第二十七屆會議暨三十七屆南太平洋會議觀察員Canberra, Australia

民國八十七年七月出席南太平洋論壇秘書處主辦之Pacific Island Countries Development Partners Meeting Taiwan／ROC代表9 July 1998, Nadi, Fiji

民國八十七年七月出席12th Melanesian Spearhead Group Summit高峰會議觀察員23-24 July 1998, Warwick Hotel, Fiji

民國八十七年八月出席第六屆中華民國／台灣——論壇國家對話會議代表團顧問August 1998, Pohnpei, Federated States of Micronesia

民國八十七年十一月出席太平洋社區Pacific Community（SPC）組織下之政府暨行政代表委員會第二十八屆會議觀察員November 1998, Noumea, New Caledonia

民國八十八年七月出席南太平洋論壇秘書處主辦之Pacific Island Countries／Development Partners Meeting Taiwan／ROC代表5 July 1999, Nadi, Fiji

民國八十八年十月出席第七屆中華民國／台灣論壇國家對話會議代表團顧問October 1999, Koror, Republic of Palau

民國八十八年十二月出席太平洋社區Pacific Community（SPC）組織下之政府暨行政代表委員會第二十九屆會議暨太平洋社區大會第一屆會議觀察員Observer of the Committee of Representatives of Goverments and Administrations and the First Conference of the Pacific Community December 1999, Tahiti, French Polynesia

民國八十九年十一月出席太平洋社區Pacific Community（SPC）組織下之政府暨行政代表委員會第三十屆會議觀察員November 2000, Noumea, New Caledonia

民國八十九年十一月出席第八屆中華民國／台灣論壇國家對話會議代表團顧問November 2000,

Tarawa, Republic of Kiribati

民國九十年一月出席第六居太平洋島嶼領袖會議觀察員Observer, Sixth Pacific Islands Conference of Leaders（PICL）January—February 2001, Honolulu, Hawaii, USA

民國九十年四月出席Fourteenth Regional Conference of Permanent Heads of Agriculture and Livestock Production Services Taiwan／ROC代表April—May 2001, Nadi, Fifi

民國九十年八月出席第九居中華民國／台灣——論壇國家對話會議代表團顧問August2001, Aiwo, Nauru

至於南太國家元首、總理、外長等應邀訪華時，外交部經常令甯大使返國協助接待。而甯大使在外任時，外交部每年南太島諸國駐使協調會報，甯大使也從未缺席，參加會議，提供意見。

總之，二十年來，甯大使竭盡心智，為我國與南太諸島國間之關係，貢獻甚多。直至退職後，和南太友人，還經常保持聯繫。

甯大使紀坤，祖籍河南省沁陽縣。農曆民國二十年正月十七日生。國立中興大學社會系畢業。國立台灣大學外文系肄業。國立政治大學行政管理研究班結業。全國性普通行政人員高考及格。外交官領事官高考及格。平生經歷，橫跨府、院、部。處處為長官所看重。任駐外使節時，和駐在國朝野相處都十分融洽。平時不苟言笑，從不批評別人。和同事相處，以誠相待，深得長官倚重，同事敬愛。是我外交界非常特出的幹才。

Chapter 6

我所認識的房金炎大使

一、初任駐泰代表時

民國七十八年三月，連戰博士任外交部長，金樹基先生任政務次長。蒙他們的錯愛，將時任亞西司司長的我派去曼谷任駐泰王國大使待遇代表。金次長還特別提醒我：「不要爭特任，想得到這個位子的人正多呢！」

前外交部政務次長楊西崑先生就說過：「劉代表是作事的。」一語中的。我生平只曉得作事，不會作人，不會作官。特任、簡任，沒有什麼差別。我真的一點也不在乎。

我到任之後，請求部方派曾任駐汶萊代表的趙傳宗兄為副代表。不久，又請求部方轉調在華府任組長的錢剛鐔兄任代表處顧問兼領務組組長。部方都一一同意照派了。現在想起來，還覺得自己有一點要求過分，因而更加佩服當時部次長的胸襟。

我六月到差。七月，連永平部長偕夫人及女公子來泰訪問。我費了九牛二虎之力，總算安排上部長和夫人晉見泰王。我和內人陪見。又安排上由泰國外交部副部長（閣員）林白攀（名巴博。華裔）邀宴。記得宏國集團的林謝罕見女士也是賓客之一。

飯後，部長在代表官舍休息之時，覺得官舍家徒四壁，不但沒有像樣的桌椅，沙發也只有一套泰國土製的木沙發。更沒有擺飾。再三囑咐我編列預算，呈部請款，予以修繕、添置。我向部長報告說：「館中有經費，應該可以分期慢慢整理。」

部長說：「家具要添購，房屋要修繕，館中經費有限。還是趕快編列預算呈部請款。早日修繕為是。」

我只能說「是」了。

我又向部長報告：「官舍中原有古董五件，主管館產的乃張說：前任代表時，遭小偷給偷走了。曾經報部備過案。」

部長笑笑。說：「小偷還真識貨。」

（按：代表官舍佔地近一千坪，主建築物為一兩層樓房，有相當大的游泳池，有花園，車房，一個落地的鳥亭，裡面養了一隻會說話的九官鳥和一隻珠雞。）

屋後方另有一棟較小的二層樓建築，供保鏢二人，女傭四人和女廚師一人居住。

連部長到泰國視察之時，主建築物大客廳中只有一套五件柚木沙發，據說是大使館時代留下來的。另一間小客廳則是空空如也。牆壁髒亂。大餐廳中有一個木圓桌和十來把木椅。小餐廳中也是空空如也。

二樓是寢室。包括三個半套房，一個電視房，一個小書房。大廳中也是空空如也。電視房中既無電視，也沒有家具。部長看了，覺得實在太寒酸，所以要我請款添置家具，粉刷牆壁。可部長還不知道，官舍中沒有成套的瓷器，沒有成套的刀叉，也沒有成套的酒杯。

我曾追隨過陳以源先生任副領事。陳公一清如水。他從不向部方申請額外的經費。我十分崇拜他，決心步他的後塵。儘可能從公費中勻出錢來添置用器，不向部方請款。部長回部三個月，我已從公費中擠出了一些錢，買了宴會用的英國Royal Albert正餐瓷器，奧地利Riedel水晶玻璃酒水杯。本來擬緩緩添置家具，不向部方請款，部方卻來電催促說：「部長訪泰時，曾再三交待編列預算呈部作為修繕購置之用，希即遵辦。」

因此，我只好請總務組代理組長邱久炎兄和庶務員張育生兄斟酌，編列預算，呈部核辦。部方如數撥了款。我和服務組的同仁，以比價方式，購買了紅木鑲貝殼的大餐桌和椅子，小客廳用的全套紅木沙發，還有陳列櫃。我又從公費中勻出款項添置了法國克里斯多夫銀刀叉和咖啡、茶壺、奶壺、糖罐等。牆壁也都換了新的壁紙。

二、更名

一切很順利。只是，我們在曼谷的機構叫「遠東商務處」，完全不像一個外國政府的官方單位。同時，我們也沒得到泰方同意免稅進口煙、酒和汽車。為此，我向泰方交涉了好多次，都得不到要領。最大的原因是：我沒有交涉的籌碼。

當時我國和泰國的關係，鄧備殷大使在他的回憶錄中說得很好：

亞太司早就對我國與泰國之間的關係作了深入研析。當時我國與泰國之間，雖有每年一度的副部長級經貿諮商會議，且已有萬餘名泰國勞工在台就業，台商在泰國的投資亦為數不少，雙方實質往來關係尚不算差。可是泰國不同於印尼及菲律賓，一向對中共十分在意，主要原因是泰國與緬甸、寮國及東普寨，時有邊界糾紛，而中共在這三個國家有相當大的影響力，泰國自不免常常要看中共臉色。（頁一七六）

其時，他是亞太司司長。他還說：

七〇年代中期，我國與泰國斷絕外交關係之後，泰國受到中共干擾，不同意我方以任何名義在曼谷設立代表機構，我方只好將所派人員寄籍於中華航空公司駐曼谷辦事處內。經多年交涉爭取，直到八〇年代末期才脫離華航，以台北經濟文化辦事處的名義，另立門戶。可是一直不能享有完整的公務禮遇，顯示當時泰國的態度仍然是相當保守的。

過了一些時，部中忽然來文指示：「我國早已給予泰國駐華單位免稅進口汽車及煙、酒，希即洽泰方給予我駐泰單位同等之待遇。」

開館務會議時，一位同仁俏皮的說：「我追求張小姐。我送她鑽石戒指，我送她貂皮大衣，可她就是不理我！她怎麼可以？」

我說：「部方指示，照辦就是。不要亂說話。」

不久，我獲得泰方同意，我可享受進口煙、酒。（但免稅進口汽車，直到我離任前不久才獲泰方首肯。）

「遠東商務處」，確實不像官方機構！我曾試著交涉好幾次，要求改為「中華民國商務代表處」，卻完全得不到回應。而後，部方來電指示：「即洽泰方，我辦事處宜改名為『台北經濟文化辦事處』。」

幾經交涉，泰方只同意我使用「台北經濟文化中心」的名字。我立即報部，並特別說明：「交涉不易，但一定在最短期間達成目標。」可是部方根本不理會，來電指責說：「『中心』完全沒有『官方』的意味，越改越糟，希即再洽！」

為改名事，我曾四處奔走，多方請託，找人關說。潮州會館主席周鑑梅先生深知我的痛苦。他對我說：「『巧婦難作無米之炊』，你已經盡力了。我們有機會，一定替你推一把。」

米出口商公會主席胡玉麟博士對我說：「現在外交部長是我好友，中東最近遣返許多泰工。我知道，台灣正引進外勞，你們若開放引進泰勞，則不失為一個好籌碼。我可以介紹你去見外交部長。」

結果，我政府宣佈開放進口泰工，我去見外交部長。泰方同意我使用「辦事處」（Office）代替中心（Center）。我報部結了案。

三、邀訪

之後，又發生了一些讓我難堪的事。

我七十八年到泰國任代表之時，當地秘書曾告訴我說：「泰方不許代表的汽車開到泰外交部。當然更不可開到國務院。還有就是：泰國不許科長以上的官員訪華！」

為了打破這些禁忌，我從邀請泰國外交部次官補開始。再邀請到泰國財政部次長訪華考察我們的Sales Tax作業。民國八十一年底，我說動泰國參議院議長迷猜暨夫人率領參議員共九人訪華。迷猜曾任國務院副院長。他是華裔，姓盧名自陶，他有一位同胞兄長名盧明烈，是我國警官，在日月潭工作。

我在禮賓司任科長之時，部中有規定：凡是駐在國外交部長、議長、正副總理、元首等訪華，我駐在國使節必須返國協助接待。迷猜由副總理轉任參議院院長，我也就順理成章的獲准返國陪訪。

民國八十二年秋，在好友實業部副部長曹壁光先生和夫人吳淑珍女士、還有政大校友會理事長劉文隆兄等的協助之下，我又說服了國會議長瑪律・汶納先生率國會議員組團訪華。在泰國，國會議長地位尚高於國務院院長。泰王賜宴，他的席位排在國務院長之前。

議長伉儷有男女保鏢各一人，另有參眾議員九人，共十四人，規模很大。於是我電呈部方，請求依例返國協助接待。不料部方覆電稱：「一、訪團十四人，政府只接待十人。二、代表可回國接待，但下不為例。」

看了電文，心中很不是味道。我若要求對方刪減四人，訪問團便不可能成行。還有就是：部方明顯的暗諷我「假公濟私，回國渡假。」為了確保議長一行可以順利成行，曹副部長答應和我各買兩張機票。部方終於同意接待十四人。

我初到泰國任事時，部方對我有求必應。為什麼忽然變了樣？原來是主管的次長換了房金炎。

感謝亞太司，訪問節目排得很好，包括晉見總統、部長邀宴、還去了一趟金門。

我和內人陪同訪問團住在信義區的凱悅（現名君悅）大飯店。訪問團抵達的當晚，我在凱悅設宴為貴賓洗塵。我們還請到曾任駐泰大使的馬紀壯將軍、華航董事長烏鉞將軍和中泰賓館董事長林明群先生等陪客，賓主共二十八人。花了千餘美元。用我們代表處的交際費，當然。

飯後，我們夫婦陪同議長伉儷回房休息。議員九人，則由林董事長陪同去「血拼」。劉文隆君隨團訪問，他也跟去作翻譯。

次日晨，我們一行去中山南路參觀台灣手工藝品展覽館。議長夫人看中了一個大花罇。內人陪同在一旁。她對我說：「議長夫人喜歡那一個花罇。」於是我替她付了錢。我說：「內人想買一件東西送給您作紀念。這個花罇是她相中的。我們送給您表示一點心意。」

我還特別向陪在一旁的亞太司三秘鍾文韜先生說：「我們回國不是假公濟私來度假，我們是來辦事的。」

泰國是採行英國君王立憲的國家、所有內閣部長、副部長、都是議員。（泰國華僑稱「副部長」為「助理部長」。）今日是議員，很可能明日便是部長。我之所以巴結議員，實在也有「燒冷灶」的意思。後來僑委會委員長章孝嚴和外交部次長房金炎先後訪泰，我都洽得議長同意在議會中借用他們一間大會客室，供兩位使用，接見泰方官員。李總統訪泰，原訂國務院長川・呂沛午宴，因為中共大使抗議而臨時取消，我立即請瑪律議長接手邀宴，議長二話不說，同意照辦。足見邀他訪華是十分值得的。

但是，促成迷猜訪華，促成瑪律訪華，曹璧光先生、吳淑珍女士伉儷出力甚大。我初到泰國座車不能開到外交部，當然也不能開到國務院。吳淑珍女士親自陪我到國務院拜訪副院長拋・沙拉辛。又陪我到外交部見部長阿舍・沙拉辛。打破這一個禁忌。為了感謝他們的協助，我曾有意邀請他們賢伉儷訪華。我先試探部方的意見，不料主管次長不同意。部方認為，曹璧光是實業部副部長，把球踢給經濟部。由經濟部邀。而經濟部卻只同意安排節目，不肯花錢。後來，我任駐約旦代表，返國述職途中經過曼谷時，曹氏已改任內政部副部長。百忙中，他和夫人還應邀參加了當地僑領歡迎我的宴會。看到他們的熱情接待，想起他們對我的支持、協助，至今還有虧欠之感！

四、經費

初到之時，代表處的經費，大約百分之四十是用來支付三十多位雇員、司機和工友、女傭的薪水。這些雇員，大都能操國、泰、英三語。其時，國內到泰國投資者日眾，他們亟需三語人才，於是，有些不肖之徒便用高薪到代表處來挖人。當年泰國政府又大大的增加了公務員的薪資。為了加強代表處雇員的向心力，我給他們增加了百分之三十的薪資。每月舉辦一次慶生會，壽星都有禮物。不時還舉辦郊遊、餐會等活動，我自己掏腰包買獎品給他們抽獎。代表處的經費，百分之六十左右要拿來支付他們的薪資。可用來作經常開支的，已不足百分之四十了。但緊一點用，還是可以維持。那年七月，外交部調整各駐外館處經費，會計處傳出話來，長官說「劉代表很會撈錢，所以駐泰代表處的經費分文不加！」代表處的會計吳錦秀小姐要打電話去部內抗議不公。我說：「不必，我們問心無愧。經費不加就算了，緊一點用，我們的經費還可以支付。小小的貼一點，我也貼得起。實在貼不起，我還可以辭職不幹呢！」

不久，我返國述職。在部中，有人告訴我：「有一位姓章的，到泰國訪問，回國後向部長告你大撈錢！」

我往見錢部長君復博士。錢公向我提及章某告狀的事。我對部長說：「不需要任何證據，只要有人說出我如何可以撈到錢，我立即辭職，而且放棄退休金。」

錢公是台大晚我三班的同學。他看我氣得站起身，連忙按捺我坐下。說：「老大哥，莫激動，莫激動！」

錢公是解事的。主管次長似乎傾向於聽信謠言，而且深信謠言。甚至有散布謠言之嫌。想起孔子說的「浸潤之譖，膚受之愬」，一段話，相信裡面一定有文章。

原來有一位同仁，他貪汙有據，司調局派在曼谷的專員要揭發其事。我把兩人找到辦公室勸說，要那位同仁自請調回國內，要司調局同仁放他一馬。大事化小，小事化無，豈不是好。卻不料哪一位同仁居然不領情，事後反倒打我一耙呢！真是好人難作。

五、台商歸化案

在泰國一任五年的期間內，有一件事我最不願碰。那就是：有很少數的幾位在泰國投資的國人，他們向地主租得土地，建立廠房。一旦賺了錢，地主便無理的漫天加租錢。為了避免受地主的勒索，他們希望一勞永逸，歸化為泰國公民，而後便可以自由購買土地，建設工廠。不致受制於人。他們一方面向泰國官員交涉，一方面也找代表替他們向泰國主管其事的內政部溝通。

試問：一個國家的大使或代表，向駐在國政府要求把自己國家的公民轉變為駐在國的國民，是否有點不合情合理呢？甚至乎也不合國際公法。

若是我國所有駐外大使、代表交涉成功把全國的國民變成駐在國的國民，那這些代表、大使所代表的人民都沒有了，他們還能成其為大使、代表嗎？

當然，要求歸化的只是極小一部分人，對於我們整個人口來說完全不受影響。但是，人民和土地都是一個國家存在的基本因素。我們要求把本國的人民歸化給駐在國，是不是和交涉把自己國土的一部分送給駐在國一樣荒唐？

話雖如此，這種事情又有箭在弦上、不得不發的苦處。於是我便帶了一位泰語譯員，到泰國內政部找部長操華力上將交涉。操華力上將卸任最高統帥之後自組新希望政黨，並任黨魁，和我彼此邀宴多次，頗有友誼。我當下把若干在泰投資的國人願意歸化成泰國國民、公民的情形向他說明，希望他能夠和有關部會商量出一套辦法來，使這些投資者能夠擁有土地、房產、安心設廠投資、增資，促進泰國經濟的繁榮。

我一共提出了四大理由。雖然時過境遷，但為了某一些原因，這四大理由還是不能一一寫出來。大致上說，一言以蔽之，以對泰國有利益為前提。

交涉經過，我當即以電報呈部。誰知過了十數天之後，部方居然來了一個電報打官腔。電文中大意說：「最近有若干在泰國投資的國人向部方請求協助歸化為泰國國民。這種事情，該處允宜主動辦理！」

換句話說，代表處拍回去的電報，部方似乎沒有人看過。我乃是科班出身，稍一揣摩，便知道問題出在擬稿員身上。他一定把代表處拍回去的電報不當一回事，不是搞丟了，便是歸錯了卷。甚至根本沒詳細看過，也沒歸卷。而且在辦稿的時候，連查一下舊卷的意願都沒有。一味的欺騙長官，閉門造車。（司長，科長居然也馬馬虎虎的沒注意到，真怪。）

還有就是：電文中例舉了四大理由，要代表處據以向泰方交涉。這四大理由如下：

一、我投資人應享受美、日等國投資人同樣的待遇（美、日投資人沒有一個人要求歸化的，為什麼中華民國的投資者要求歸化？當然沒道理。）

二、我投資泰國，已多少億美金，泰方應給予我投資者優待（投資的外人利用當地廉價勞工賺錢，享受進口免稅，若干年不必繳稅等待遇，受惠已太多）。

三、我每年有六萬人到泰觀光。（泰國一直以能提供外國遊客以低廉價格，高等品質的休閒去處為榮，買賣雙方均蒙受其利。銀貨兩迄，誰也不欠誰。）

四、我雇用泰勞若干萬人。（若無泰方廉價而品質又超過的勞工協助，台灣的若干工廠早已關門大吉。泰勞改善台灣工業之競爭力，功不可沒。）（註）

我實在受到太多「長官」的無理壓制，毫無根據誣我撈錢，暗示我利用公費返國，不批准是我好友的泰國官員訪華等。於是我狂氣大發，不惜求去。我回電外交部，責罵長官不看外館的公文，亂打官腔。把部電所列四大理由批駁得一文不值。最後說：「希望部內長官多多審核文稿，莫讓毫無經驗的承辦科員閉門造車。」

電報一到部中，主管次長果然大為光火，來電糾正。

註：括弧中所列各點，都是代表處同仁的意見。最近鄧備殷大使回憶錄《萬里須夷夢》書中，也有提及印尼人士對我在印尼投資的評語說：「台灣又不是慈善機構。假如印尼的投資環境不佳，無利可圖，台灣資金也不會進入印尼。」和第二點括弧中所說的理由不謀而合。鄧書中

又說：「（李總統訪泰，泰總理原定當日中午午宴，臨時取消。）曾一度想停止進口泰國勞工（以為報復），經仔細評估，我們發現，當時國內的經濟活動，對於外籍勞工的依賴漸深……泰國勞工之應聘在台工作，係協助紓緩了台灣勞工短缺的迫切境況。」

開館務會議時，一位年青的同事不愉快的說：「這是老羞成怒。」我說：「不要亂說話！」

六、李總統訪泰

民國八十二年十二月某日，泰國國會議長瑪律・汶納囑咐其親信劉文隆君密告我稱：議長得悉我國李總統伉儷有印尼之行，也擬邀請總統伉儷到泰國渡假一週，全部費用由泰方負擔。

我聞悉之下，極為興奮，當即答應電部請示後回覆。

議長係華裔泰人，曾任部長，又是民主黨的元老。國務院院長呂基文（泰文名川・呂沛）雖係民主黨黨魁，對議長卻十分尊敬。我到任後，經友人特為介紹認識。其後劉文隆君又居間安排議長夫婦率團共十四人訪華。訪華之時，議長夫婦曾蒙我總統接見，相談甚歡，是以有投桃報李、邀請我總統伉儷赴泰渡假之舉。

泰國的國會議長，地位崇高。泰王賜宴，議長的座位還排在國務院院長之上。當時議長率十四人訪華，我曾大費周章，部方僅同意接待十人。其後我另行籌措餘四人之來回機票，部方才核准一併負擔此四人在台食宿。議長後來得悉箇中內情，對代表處特別友善。以他的地位邀請我層峰往訪，實在不錯。我正預備草擬密電呈部，當日卻收到部電，說是政務次長房金炎、亞太司司長鄧備殷將於次日抵達曼谷，拜訪泰國國務院副院長林日光氏洽公，因之我決定，俟房次長抵曼谷時面陳，以免電報洩密之虞。

房次長和鄧司長翌日搭華航班機按時抵達曼谷。在機場，我悄悄將瑪律議長欲邀請我總統訪泰事密告。金炎但說：「尚有其他管道。」未置可否。然後即由鄧司長陪同赴日光副院長辦公室。而且不讓我陪。弦外之音，當然是要彰顯代表處的無能。

但鄧大使——當時的亞太司長——在他的回憶錄說：

> 一九九四年元月，在錢部長指示下，由我陪同房次長祕密前往曼谷一行，為了減少不必要的驚動，我們甚至未知會駐節泰國的代表劉瑛。

接洽元首訪問駐在國而卻不讓駐在國的代表（大使）參預其事，對代表來說，實在是一種侮辱。相信這個安排是金炎的主意。謝謝備殷大使的婉轉解釋。

林日光副院長祖籍潮州。泰名Amnuay Viravan。其叔父林來榮氏時任我世華聯合銀行董事長，且係忠貞國民黨黨員；在泰國聲望甚崇。林日光本人當時係聯合內閣中，新希望檔的副黨魁，黨魁為曾任最高統帥、後來擔任國務院院長的操華力上將。他們和我都很要好。

其後，部方完全依照林日光博士的管道辦理總統訪泰事宜。我的面報，如石沉大海，了無回應。

八十三年元月，我因公返國。本已訂好星期六下午的飛機，心想：泰國政府機關星期六根本不上班，便改搭星期五的晚班機，次日，參加由總統府副秘書長戴瑞明和外交部政務次長房金炎共同主持的南興專案——即李總統訪問印尼和泰國案——的祕密會議。自早上十點，開到下午兩點。與會人士都在會議場所——台北賓館吃便當。會足足開了四個鐘頭。

這次回國，一開頭便事事不順。

首先人事處有電報給代表處，認為「劉代表早一日啟程，星期六以休假半天論。」我是星期五晚上到達台北的。星期六一早到部中報到。十點鐘參加總統府副秘書長戴瑞明和外交部次長房金炎共同主持的南興專業（即總統出訪印尼、菲律賓和泰國專案）祕密會議。中午吃便當。下午兩點鐘才結束會議。鄧備殷司長知道我算是休假半天，要向人事處長林鐘說明。我說：「不必了，我不介意。」休假半天，年終不休假獎金扣除半天薪水而已。我沒那麼小氣。

其次，星期一一早，總務司一位科員打電話到我家中，說是劉某人自行購票返國，價錢比部中統一電發機票貴。其間差額，我必須補繳。

我說：「依規定，我可以坐頭等艙，是不是？」

他說：「是。」

「我是由我們代表處的服務組替我買的票，我不相信他們會——他們也不敢——拿回扣。而且，我每次公費回國，我只坐商務艙。這次也是。還要補差額嗎？」

他不好意思，連聲說「對不起」。還說：「您怎沒坐頭等艙？」

我說：「我為什麼一定要坐頭等艙？還有，我的票由我們代表處的經費中報銷，不敢麻煩貴司。」我掛上電話。

這中間還有一段故事：

有一天，代表處收到部中公文指示：「所有駐外館處只能依當地例假日放假。國內節慶日（如端午節、中秋、春節之類假期），都不得休假。」

開館務會議時，同仁七嘴八舌，提出許多問題。第一，雙十節是國定的例假，駐泰代表處要不要放假？第二、泰國不比歐美國家，雇員都是華裔。若春節不放假，剝奪他們回家鄉和家人團聚的機會，似乎不太人道，是否宜考慮補救？第三，國內星期六上半天班，泰國則全休，是否代表處可比照泰國規定全天休假？

呈部請示之後，部方核示：①駐外館處一律依照當地作息時間，國內假日不得休假，全無例外。②該處依照國內規定，星期六照常上班半天。③國慶日放假。

這是什麼邏輯？這完全是雙重標準。同仁們一片咒罵聲。（我星期五晚上回國，所以部方認為我週六以休假半天計。）

後來，林日光，安排的國務院長邀宴臨時取消。全天沒有任何節目。部方還是來電報要代表處安排李總統會晤泰王。鄧大使的回憶錄中說：

其實，在出發前夕，總統府對外發布的消息是李登輝總統春節出國渡假，刻意不提行程中有關與三國領袖會面的安排，這是預先分別與三國達成的諒解。儘管如此低調，依然不能轉移媒體的注意，國內各大小媒體無不以大篇幅報導李登輝在菲、印的行程，同時亦早有猜測將與泰國總理會面的報導。因此，當媒體風聞泰國總理臨時變卦的消息，紛來探詢真相，關切的角度莫不集中於可能發生的負面影響。一個原本可讓我方總統義氣飛揚的「渡假外交」旅程，已有可能被媒體描繪成虎頭蛇尾。

為了應變，我們一方面否認預先與泰總理有約，另一方面電請駐泰國代表劉瑛火速設法試洽與泰國國王會面的可能。劉代表果然能耐不凡，在短短一天之內，便與泰方敲定，安排李登輝由普吉島回航途經曼谷時，禮貌拜會泰國國王。

先要代表處不要碰，現在又要我們安排，很好玩。

而，由於我是禮賓司出身，安排訪賓節目，除正規節目外，一定安排若干替代節目，以免臨時慌了手腳，開天窗。國務院長午宴取消，我早已洽妥國會議長瑪律．汶納具名邀宴。議長的地位，在泰國，尚高出國務院長。我還洽妥，萬一議長屆時不在國內，或有其他意外事件，請參議院議長迷猜接手。我曾邀迷猜伉儷率團訪華。我甚至為他們的女兒作媒，表面上是我和潮州會館主席周鑑梅先生到他府上為男方求親。他們都一口答應了。

當時，林日光的機要來到我的辦公室，姿態更高。他對我說：「我們已和台北方面達成協議：所有節目由我們安排。代表處若插手，我們便撒手不管！」

好囂張！

結果，他們排出來的節目，完全沒有一個官方性的。第一天，早晨，專機到達普吉島。分配旅社房間之後，一行人前往高爾夫球場，打高爾夫球。晚宴由林日光作東。陪客的，當然也都由林日光安排，都是華僑。潮州裔泰商，（湊巧也都是我的好朋友。事後其他會館的僑領還向我抗議。我告訴他們：事先我根本不知情！全是泰方安排的。）——這是在普吉島。

第二天一早，專機由普吉島飛曼谷，泰方本來安排好中午由泰國務院長川呂沛（華名呂基文）午宴，因為中共抗議而取消。好在代表處早有安排，立即請國會議長瑪律・汶納伉儷作東，在中央酒店設午宴款待。陪客始有部長級官員。傍晚李總統赴王宮見泰王晤談。這個節目也是代表處安排的。要不是這兩個節目，總統的訪問泰國實在不好看。

事後，我見到林日光的機要，他有點不好意思的樣子。我仍然誠誠懇懇的向他道謝。還送了他一件大禮物。（他應該是受之有愧吧！）

代表處安排會晤泰王和由汶納議長宴請事，處中有好些雜音，堅持「代表處何必要介入？讓他們難看好啦！」

我說：「咱們為國家辦事，不可意氣用事。人家瞧不起我們，我們可不能瞧不起自己！」大家總算平息了下來。

李總統一行八十三年二月十六日離泰返國。十八日，我奉到部電，轉來二月八日的總統令：「特派劉瑛為駐約旦代表處代表。」

我心想：若是這次接待總統辦得太糟，這個派令可能就發不下來了。我又想：若是邀請人是國會議長，結果是否會不一樣呢？

七、台商被搶案

就在此時，又發生了一件大事。

民國八十二年，曼谷先後有十一位台商在五次事件中被歹徒搶劫槍殺。每出一次事故，代表處的標準作業是：一、派員陪同泰國警方驗屍。二、蒐集死者護照，遺物。三、從死者的護照資料中找到死者家屬，他們的住址、電話號碼。以長途電話通知家屬到曼谷共同辦理善後。四、專函泰警方儘速破案。五、協助死者家屬。包括派員接機、傳譯、認屍，辦理一切手續、代訂回程機位。六、協助死者家屬將遺體運回台灣。將一切經過情形專案報部。一年共呈了五次。

這些工作都係由領務組派員處理。顧問兼領務組組長錢剛鐔兄係中央警官學校畢業。曼谷公安局副局長田廣章是曾就讀中央警官學校的華裔，也就是剛鐔兄的學弟。每有類似案件發生，我立即向泰國警察總監沙滑警上將（華裔）和副總監泊中將促請破案。錢兄也一定電話田廣章副局長，要求破案、緝凶。而赴現場交涉認屍蒐集証照遺物的，總是領務組二等秘書郭仲凡小姐和台大畢業的泰籍華裔秘書蔣崇昌先生。郭小姐尚未婚，一個小女生去驗屍、認屍、並蒐集護資遺物，也真難為她。崇昌兄中英泰文都好，辦事也十分幹練。

第二年年初，全案偵破。搶劫殺人的原來是一位中尉警官，帶了兩名警員，開一輛箱型車，到各處風月場所尋找對象。發現有全身珠光寶氣、穿著華麗的尋芳客，便一口咬定他們的護照是假的，拉上箱型車，說要帶去警局。實際是開到郊外，將尋芳者槍殺，而後洗劫。

代表處將破案全部經過，再寫了一份詳盡的報告，呈給部方，第六次報部。

曼谷報紙都有刊出新聞。曼谷的《世界日報》是台灣《聯合報》的子公司，於是《聯合報》也刊出十一位台商在泰被搶殺的經過。

若干監察委員見報之後，甚為不爽，請外交部主管次長房金炎先生和亞太司長鄧備殷到院備詢。次長和亞太司長到了監察院，都說他們也是看到《聯合報》才知道的。一句話，把全部責任推給了駐泰王國代表處。原來代表處呈給部方的六個大報告，全被承辦人員給「吃掉了」！這位仁兄實在太不敬業，但他的科長、副司長、司長、甚至次長怎麼也全不知情？實在令人震驚！

結果，當然是監察院找我去「算帳」！由外交部電報通知。

其時，我已奉令調約旦任駐約旦代表，假如這件大案擺不平，約旦也甭去了！

離開前，我向承辦全案的領務組二等秘書郭仲凡小姐索取到六次公文的影印本，帶在身邊，搭機返國。

抵台的第二天，我到部裡文書科，確認代表處的六件公文均經收到——當然收到，公文都是用外交郵袋寄的，不可能遺失——而且都分給了亞太司。奇怪的是，出了這麼大的事，亞太司那位承辦人員似乎十分鎮定呢！

我先到監察院晉見了院長陳履安。又見了我認識的監察委員謝孟雄先生和吳水雲先生，把一切經過約略向他們報告了一下。

「受審」當天，大約有十幾二十位監察委員，臉色凝重，如臨大敵。大會由謝孟雄委員任主席，外交部派了亞太司李滋男幫辦陪同我「受審」。

我開始報告，把六份報告依次說明，強調我們代表處所採取的每一個步驟。我還特別提出：我們領務組長錢剛鐔中央警官學校畢業，曼谷公安局副局長田廣章是他的學弟。每次案件發生，錢組長一定前往公安局見副局長，催促他早日破案。承辦領務的二秘郭仲凡小姐，尚未結婚。每次發生案件，雖然女生膽小，怕見死屍，也還是抬頭挺胸，由譯員陪著，前去驗屍，蒐集被害人遺物。他們確實非常辛苦、努力。

聽了我的全盤報告，吳水雲委員首先發言說：「我們聽劉代表的報告，代表該處該作的似乎都作了。只是外交部主管次長、司長卻怎麼說是看了《聯合報》才知道的呢？」

亞太司李幫辦說：「部方文書科把公文分給領事事務局了。」我本想當場揭穿，但退一步想，多一事不如少一事。只要委員們不深究，也就算了。

還有一兩位委員就被害者的身分和被害的地點提出詢問。我不便說出來，避免被害人和家屬受到二度傷害。我婉轉解說，委員們也就沒再追問。最後由謝孟雄委員宣布結案。一場風波也就結束了。

我離開曼谷之前，還有一件事，必須一提。

泰國高官，多愛小白球。請他們吃飯，他們興趣不大。請他們打高爾夫，他們卻十分願意應邀。

但是，代表處當然沒有高爾夫球證，每次請客，要借用僑領的球證，既不方便，也有時難以啟齒。因之，有同仁建議請外交部買一個球證。但，我不同意。因為：我知道這是碰釘子的事！因此，我自己出了兩萬美金，買了一個Pinehurst球場球證。國內有貴客來訪，可派上用場。請當地高官打球，也非常便利。還有：我每年舉辦一次代表杯高爾夫球友誼賽，時間訂在十月卅一日老總統蔣公生日那一天，通常參加的當地政府官員和僑胞，總數都在一百六、七十人上下。也不用借旁人的球證。

每年辦球賽，免不了要小貼一點。當時僑委會委員長章孝嚴先生知道其事，曾要我編列預算，僑委會可撥款津貼。我一直奉行陳以源先生的死硬脾氣，我沒有遵辦。「絕不要求部方多給一塊錢經費。」

我離泰赴約旦之前，曾想把球證送給代表處。因為，曼谷的球場越建越多，球證不但虧了差不多一半，可還找不到買主。為了好一些原因，我沒送給代表處。但託同事張紹民先生代為售出，卻始終沒賣掉。最後，我把球證送給了一位在我任內曾大力協助過我的饒姓僑領。

雖然丟了兩萬美元，但我一點也不後悔。因為，這個球證曾經發生過很大的作用。為我完成了許多任務。國內貴賓訪泰，我曾接待他們在這個球場打過球的很多。像程建人先生、董孝誼先生，林文禮上將等，都在這個球場揮過桿。

八、總統訪問約旦

民國八十三年四月，我第二次到約旦，還是任代表，重作馮婦。

履任之初，我要求同仁給我擬一個名單，列出將來在約旦政壇上有所作為的現任國會議員、將軍、和學者等。之後，我帶了張秘書萬陸兄，按名單一一登門造訪、拜會、致送小禮物，分別邀宴，建立友誼。

是年十一月，原任國會議員的亞西拉伯——他也是我初到任時極力爭取的友人——調任工商部長。我於是帶了秘書張萬陸兄到他辦公室面致祝賀。寒暄之後，阿部長說：「你們總統要訪問以色列，是不是？」

以阿糾紛，多少年來難分難解。以色列處在阿拉伯世界中間，一舉一動，都受到阿拉伯國家的注視。我層峰若訪以，約旦也是阿拉伯人國家，不論是否屬實，似不宜讓約旦知道。於是我說：「我尚無所悉。」

阿部長當即拿出國內某公司致約旦某公司函，其中即提及我總統將訪以色列。該公司如此作法，實有不當。層峰出訪，乃國家一等機密，豈可事先告知第三國的一間私人公司？外交人員都是政府派在外國的耳目，有這等事，自當讓國內得知。於是我請求阿部長給我一份影本。阿部長毫不猶豫的一口答應，立即叫他的秘書將該函影印了一份交給我。

回到代表處，我和張秘書就約旦對我總統邀訪的可行性詳予研究。同時，我們先後拜訪了王儲辦公廳主任哈馬尼、國王長子阿不都拉親王，試探總統訪約的可能性。另一方面還請王儲親信陳秋華先生試探王儲的口氣。我們用的是旁敲側擊的辦法，試探約方的意願。我們的措辭非常婉轉。萬一對方有困難，彼此都能輕輕易易的下台階，而不致引起任何不快。我們了解，要約旦邀請總統去訪問，一定要胡生國王點頭。所以，我們對國王長子阿不都拉親王下了很大的功夫。請他向他的父親進言。

我們投石問路的結果，反應都是正面的。於是我又帶了張萬陸兄到王宮晉見王儲，當面洽談。王儲接見我們時，陪見的是王儲經濟顧問曼各博士（DR. A. Mango）。寒暄之後，切入正題。我說：「我們李總統正準備到中東一行，訪問友邦。」

王儲倒是直接了當的回說：「李總統閣下既然有意到中東來參訪，我們歡迎他率團來敝國作客。」

他並且立即指定曼各博士為協調人，和我保持密切聯繫。

過了幾天，我帶了武官吳鎮台上校再去看阿不都拉親王。表面上是談別的事。實際上是打探胡生國王的意向。我們還沒開口，阿親王對我們說：「我父親很樂意見貴國總統，並且已經和我叔叔（指王儲）商談過了。」

我們這一次接洽，比我想像的還要順利。

回到代表處，我們當即密電呈部，附上某公司給予約旦公司密函的影本。請示：「總統訪以，可否安排訪約。」

部方回電，令即祕密進行。但對於某公司密函卻打官腔：「貴處不可干涉某公司的事。某公司已表不快！」

（我們根本沒有干涉某公司的事務，不知如何有這等官腔出現！）

於是我召集全體同仁——參事組長張長齡、情治組長孫晴飛、武官吳鎮台、經濟組長徐大衛、秘書張萬陸和蕭鳳羽——連我共七人開會。

一位同仁說：「多一事不如少一事。部中如此打官腔，便可證明。萬一我們安排不上，或安排不好，大家可有苦頭吃。安排好了，我們七個大人，可得累個半死！」

這位同仁說的是氣話，我們還是決定進行安排。

部方又來電指示，安排的進度，「隨時逕密電政務次長房金炎。」也就是不要讓主管次長陳錫蕃和主管司亞西司知道。我想：如此一來，事權集中在政次身上。將來的功過，都也在他身上了。我們當然要照辦。只是不免開罪了陳次長和主管司，我也就只好背黑鍋了！

下班回到寓所，想起前電中部方因某公司信函洩密的事打我官腔，令我十分不解。第一，代表處只不過是將他們洩漏國家機密的私函呈部，完全沒有干預。應如何處理，應該是部方的事。第二，我們密電將該公司私函呈部，部方如何原原本本的告訴該公司，還替他們打代表處的官腔？第三，是否嗣後有例似的情形，都不可報部，以免自討沒趣？越想越不是滋味。其時，我已年近古稀。若是還年輕，早將電報頂了回去！至於總統能不能訪約，我真想撒手不管。後來總統訪問了約旦，卻未能去以色列，很可能便是那封信，引起阿拉伯各國的反應，終於未能成行。

林日光以第三副總理的身分邀李總統到泰國渡假，一切安排，我都不滿意。總統訪問約旦，我一定要辦得十全十美，有聲有色。我和秘書張萬陸兄再三商量，先擬定一個計劃，一些原則，據以向約方交涉：

1.邀請函由王儲具名。（因為，兩國無邦交，不宜要求由國王具名。王儲以下的人，都不夠分量，總理都不行。）
2.既是約方邀請，總統一行在約旦的開支，由約方負擔。
3.為確保總統安全，總統一行居住王宮賓館內。隨護人員全由皇家禁衛部隊擔任。（隨護由禁衛部隊擔任一節，係孫晴飛和吳鎮台兩位上校建議。）
4.會晤胡生國王。
5.王儲和王儲妃率領有關官員親臨機場迎、送。
6.王儲、王儲妃和國王長子、王妃分別各邀宴一次。
7.約方派一位榮譽侍衛長。（我和武官吳鎮台兄希望由國王次子費瑟中校擔任。結果，約方派了曾任空軍司令的薛頓空軍中將為榮譽侍衛長。其時，任國王軍事顧問。）
8.觀光死海與摩西山。（李總統是虔誠的基督教徒。）

同時，我又考慮到：代表處連我七個大人，人力實在太過不足。擬呈請部方就近調派幾位通曉阿拉伯語文的同仁到約旦幫忙。公文電部之後，部方未予置理。

我對同仁們說：「部方要考驗我們的能耐，希望大家以一當十，努力工作。」

臨時，我又徵召了外交部派在約旦學習阿語文的李樹東先生，和國防部學阿語的周正彥少校，投入接待工作。

結果，總統的訪問十分順利，一切依計劃行事。但仍有兩件事，我覺得十分遺憾：

第一，約方預定我總統訪問日期為二月二十八日和三月一日，胡生國王可勻出時間來和我總統晤談。我方以總統要在二月二十八那一天主持二二八紀念碑揭幕，改為四月一日和二日。約方雖然同意，但其時胡生國王必須留在美國接受癌症化療，不能和我總統會晤。我方接受這一個事實。而外界卻謠傳，說胡生國王避不見面。實在不正確。由於國王在美國，具名邀請並接待我總統的王儲便是攝政王，也就是代理國王。邀訪層次反而升高了。

第二，部方指派了六位精通阿語文的同仁到阿布達比，協助駐處接待過境的李總統一行。對於駐約代表處的請求，房金炎只批示：「屆時派科長陳家坤隨專機赴約旦協助。」陳科長既不識阿語文，且隨團來約，等於我們增加了一位客人，如何協助？全處同仁都覺得不解！

真得感謝孫晴飛兄和約方安全人員保持密切聯繫，武官吳鎮台兄和約軍方、國王長子阿不都拉親王的特戰指揮部，緊密合作，徐大衛兄和約經貿方面的聯繫。蕭鳳羽小姐和王宮的聯繫，尤其承辦秘書張萬陸兄，幾乎是不眠不休，監控每一個細節。李、周兩位學員東奔西走，隨時聽候吩咐，大家都是全力以赴，才能使總統訪約之行，圓滿。順利。

然而，事情都過去了。回憶起來，覺得蠻夠刺激的。後來我們安排外交部長章孝嚴先生伉儷率團訪約，只是依樣畫個葫蘆而已。章部長一行當然也住在王宮裡，而且見到胡生國王。

九、後話

金炎台大政治系晚我一年，他自己對我說他是唐朝房玄齡的後代。我們同住在台大第四宿舍三年之久。他班上人才很多。我較熟的幾位，如曹志源、白德超、李厚白等，都是我敬佩的同學。金炎也是班上傑出同學之一。他三十九歲便出任大使，並非偶然。也非全是地緣關係。他有幾件事，我十分佩服。

第一，他腦筋好，反應快，學習能力強。他任駐尼加拉瓜大使時，幾個月後，西班牙語便能應用。他有本領拿起電話便和蘇莫沙總統通話，用西班牙語交談。第二，他不畏權貴。楊西崑先生當權之時，他由駐尼大使回部任法規會副主任委員。楊西崑宴客請他陪客，他對楊的秘書郭明德說：「告訴楊西崑，我不會吃他的臭飯。」真有種。第三，駐尼大使館有一位掛名名譽參事的華僑，經常濫用外交特權免稅進口煙、酒、甚至汽車。歷任大使都敢怒不敢言，不敢開革他。金炎硬是把這個毒瘤給割掉了，FIRE掉了。

但，由前面所述各節，可看出他似乎看我不順眼。我自知愚笨，常得罪人而不自知。金炎以特任代表身分自加拿大退職。我也以特任代表身分從約旦退職。他具有更上層樓的實力，卻沒有機緣。我卻是糊里糊塗爬到特任的。金炎已去世好幾年。我退職也有十幾年了，只是閉門思過。事如春夢，過眼雲煙！我升特任，金炎服不服氣，我不知道。但我卻慶幸，在外交部工作了整四十年，尚幸還沒有出大錯，也可差堪自慰了。

Chapter 7

我所認識的楊西崑大使

一、初識

認識恰恰一個甲子的老同事兼老朋友仉家彪兄送給我一本由聯經出版社出版的好書。也是老朋友兼老同事的周谷兄著作：《外交官秘聞》。閱讀之際，發現其中有一段關於我為楊西崑先生的公子辦理雙重國籍的記載。

先是總領事回部辦事姚定塵先生的女公子姚維加申請雙重國籍，我其時剛進外交部，在禮賓司護照科任薦任科員，承辦是類案件。姚小姐出生美國，持用美國六四二二九號普通護照。來台目的是依親生活。我辦好公文，送請主管雙重國籍華僑的台灣警備總司令部出入境管理處審核。該處於民國四十九年五月四日以（四九）邵處字第六一四號函答覆我們說：「凡在台灣業經設有戶籍之華僑，不得申請變更外僑登記。即不得申請註銷戶籍，改領外僑居留證。姚維加在台設有戶籍，在未奉行政院核定前，應予緩議。」

為了姚公的請託，我特地到境管處拜會處長黃對墀上校和承辦人趙股長（名字忘記了）懇託。我對他們說：「姚小姐出生美國，在美國上幼稚園、初小。現在該讀高小了，可她只會英文，漢字一個不識。不可能進國小讀書。若無中美雙重國籍，她也無法上美國學校。其次，她是個女孩，將來也不會發生兵役問題。不讓她持有美國國籍，實在也沒有什麼意義。」

終於境管處同意「放她一馬」，在同年六月十四日，以（四九）邵處字第八六八號函覆外交處稱：「本處對於姚維加申請變更為雙重國籍華僑事無意見。」我們也就據以發給了姚維加雙重國籍證書。

其時，楊西崑先生甫由美國返台。接任亞西司司長。他的兒子楊樂平出生美國，持有美國二二四七三三六號普通護照。但楊樂平卻是持用中華民國外交護照入境。楊司長得知我為姚維加辦成了雙重國籍證書，把我從地樓的護照科叫到三樓他的亞西司司長辦公室，交給我楊樂平的美國護照，要我為楊樂平辦理中美雙重國籍。據周谷兄書中的記載：

另外一件歷時甚久，牽涉甚大的是外交部時任亞西司長楊西崑之子楊樂平申請為美國僑民案。楊西崑原在常駐聯合國代表團任專門委員，於一九六〇年攜眷返國出任亞西司長新職。據說楊返國抵達台北松山機場時，為其子楊樂平入境事在機場面問在機場接待新任司長楊西崑的外交部專員兼代庶務科長柯振華，他的兒子楊樂平究竟應以我國外交護照或以其現在所持之美國普通護照入境。柯就常理答覆楊司長，楊樂平應持我國外交護照入境較宜，楊遂令其子持我國外交護照入境。楊子回國已十七、八歲。楊不久發覺持用我國護照回國並沒有什麼好處，反而徒增自己麻煩，便來禮賓司要求將其子改變為雙重國籍華僑，即以美僑身分居留中國。

此案分由主管外人入境簽證的劉瑛辦理，但楊樂平這一次申請改變居留身分，先為主管出入境機關的台灣警備總司令部所批駁，以楊樂平並非持用美國護照入國境，自不得改變楊樂平在台居留身分。劉瑛受楊司長之託，特就此案與台灣警備總司令部函件往來，另以電話與總司令部出入境管理處主管人員情商亦無結果。此案未了結時，劉瑛就外放駐茅利塔尼亞大使館三等秘書，改由劉崎接辦。（頁一三二。）

其實，我辦此案時，也和辦姚維加案一樣，特地到境管處拜會黃處長和趙股長。另一方面，我告訴奉楊司長命來催我辦案的非洲司薦任科員張衡兄，請楊司長叫亞西司的丁科長懋時去警總請託。張衡兄告訴我「已照辦」。我和趙股長通電話。趙說：「文件馬上辦出！」我以為是回覆外交部的公文，誰知他們卻把全案辦文呈行政院核。陰差陽錯，事不但沒辦成，反而弄得更複雜了。楊司長甚為不滿，才會把我當年的考績由甲等拉到乙等。同時派往北非工作。

周書中接著說：

台灣警備總司令部不同意楊樂平改變國籍，特將此案呈請行政院核示。行政院遂令司法行政部對此案加以研議，行政院後再令內政部召集外交部、司法行政部、國防部、台灣警備總司令部代表會商解決此案辦法。內政部於一九六一年九月十六日召集開會，外交部派由接辦此案的劉崎代表出席。

因此案關係，劉崎談到他自己由外交部亞西司改調禮賓司的前因後果。他說：「我之離開亞西司改調禮賓司辦事，因為楊司長不滿意我，所以弄我下凡來（亞西司在外交部三樓，禮賓司在一樓）。這次我還是不究既往，仍然給他幫忙，司長出國後，就要丁懋時（丁時任亞西司主管非洲事務的第一科科長，是當時台灣警備總司令黄杰上將的近親。）催我辦，楊司長並要他的太太也催丁懋時加油。楊司長每次出國後，我就為楊樂平的案子大忙特忙。我這次去開會，警備總部的人對楊司長大為不滿，說楊為什麼要把他的兒子改為美國國籍，身為國家高官不知居心何在，竟以兒子做美國人為榮。」

這次會議決定現職公教人員之眷屬，不得以任何理由申請變更為外僑身分，辦理外僑居留手續，並且立即將會議紀錄呈報行政院核定。行政院便照這個會議所擬建議，發佈一道行政命令，令知各部會立即遵辦。楊司長已事先獲得消息，務必在此一命令發出以前，搶先辦妥他兒子的外僑身分，否則便會抱恨終身愧對祖宗。

丁懋時銜楊司長之命，特來催劉崎加急辦理。劉崎迫得沒有辦法便來和我商量。那時我正和他同在禮賓司辦事，因此他說：「老周，怎麼辦？」我建議劉崎：「為明責任起見，你可擬一簽呈報請部長核示。你既已參加那次會議，並且已知會議決議內容，簽呈結尾一定要用「可否」二字，不宜用「擬請准予辦理」字樣。」他把簽呈寫好後又給我看了一次。簽呈大意說本案在未奉行政院核可本次會議決議以前，可否比照姚維加一案辦理請予核示。

外交部常務次長王之珍要禮賓司主管幫辦歐陽中庸，逕予辦理不必請示。歐陽不願為此負擔責任也無權作此決定，乃對王次長說：「還是批一批比較好。」王次長不得已於一九六一年十月十四日，在劉崎的簽呈上批了一個「可」字。外交部便依照批可的指示，再函台灣警備總司令部辦理，楊司長又請丁懋時親向警總關說，警總遂於同年十月二十一日，以（五〇）邵處字第一〇二五號函覆外交部稱，本部對此案無意見結案。（頁一三三～一三四）。

全案歷經一年多，終於辦成了。繼辦本案的劉崎，覺得受了許多委屈。黯然辭職，另謀出路去了。其時，我與內人帶著一個才四個月大的女兒，在當時全市人口只不過一千人的茅京諾克少受沙漠國風沙之苦。曾有一信寄予另一在非洲工作的同仁。這封信居然為周谷兄找到，並刊在他書中：

〇〇年兄足下：僕以王粲善感之身，謬忝博望鑿空之列。惡草窮沙，絕少祥和之氣。蠻風酷暑，從無煕煦之春，更兼米珍蔬桂，士懶民刁。開門有爛支之錢，彈鋏無可乘之車。而一日之內冷熱交侵，片刻之間虫豸互襲。是所以握管呻吟，吮豪躊躇，寄魚雁以無由，懷雲樹而惆悵者也。素仰年兄，博通經史，淹貫詞章。著書則掬蘊闡微，盡中外之義理。賦詩又揚風扢雅，極古今之風流。迺聞移節×市，以年兄之長才，當樽俎之重任。定卜×我交誼彌篤。中非關係愈密也。僕本椎魯無文，木訥成性。早歲醉心于秦章漢律，壯年浸淫乎柔史剛經。雖蟁虫負山，知所獲之甚尠。而精衛填海，實冀望於有成。終因不才見棄，風沙遠謫。敢以多病為辭，松雲高臥？自來番邦，逕入愁城。三日作羹，便覺新婦之難為。五更斷夢，預知蕉鹿之成空。卒至種瓜怒早，炊黍嗔遲。是裡挑非，無中生有。況又貪婪似狼，愚蠢如豬。惟私利之是圖，置公理于不問。狐性多疑，飲弓影而成疴，鼠行少膽，聞蟻聲而驚夢。且夫帳屬子虛，居然化零為整。員亦烏有，無非以少報多。認奸商為衣食父母，總一意逢迎。視僕婢若牛馬草芥，任百般辱罵。喜怒無常，善惡莫辨。穢德既播，醜事斯傳。猶自忝不知恥，唯我獨尊。信口論道德，欲比關西夫子，掉舌談經濟，居然江左夷吾。實藩柴之燕雀，等潢汙之鯾魺。國譽隕落，斯文淪亡。嗟呼，與其羈棲于荊棘，曷寧冷落乎沙洲！每思馮唐易老，李廣難封。自恨才短，敢怨數奇！秋蕙方開，痛遭狂風之厄。春蠶未死，看展未盡之絲。……

一位曾和我在福建邵武讀軍醫的同學陳明生，後來他也和我一樣考入台大，畢業後，尚在服預備軍官役。他寫給我的一封信說：

……記得我們讀軍醫時教務主任王瑞海上校的話嗎？「作文能考到八十五分，甚至八十一分，都值得驕傲，但醫科，每一門功課都要一百分！你治一百病人，治死了三個，甚或五個，你可以沾沾自喜嗎？還是要受到處罰呢？」辦事也要百分之百。姚維加辦成了，好。楊樂平的案子，你沒辦成，別人卻怎麼又辦成了呢？換句話說，是你的努力不夠。沒有一百分！所以，不要埋怨。要自省。套一句古詩：「莫怨春風當自嗟！」

老陳的信讓我很感動。我們讀醫時，我解剖、病理、藥理等等都是一百分，生理學，因為教官是福州人，他說話我聽不太懂，所以只拿了八十六分。還被那位福佬臭罵了一頓。所以老陳用學醫來作譬喻。

二、在約翰尼斯堡的那一段日子

我在茅利塔尼亞一待二十個月。除了K法語文外，工作少的可憐。茅京諾克少原是一個小漁村，不但沒有醫院，連醫生都沒有。內人懷了老二，要看診須得去塞內加爾。坐飛機來往。次長朱撫松先生關懷同仁，將我調到駐約翰尼斯堡總領事館任助理副領事。掛一個副領事銜。當時，館中只有兩位薦任主事，兩位委任主事。我雖是起碼的外交官，卻成了首席館員。

總領事是英國留學的魏煜孫博士。一年之後，換了陳以源先生。

我國在南斐尚未設大使館之前，總領事館等於是大使館。我們處理領務外，還兼辦外交。而總領事又兼領駐東非葡屬莫三鼻給首府羅連士麥總領事館的總領事。附近國家，如尚比亞（原稱北羅德西亞）、南羅德西亞（獨立後已改為辛巴威）、模里西斯、賽西爾島和留尼旺諸地的領務和僑務，也全由我們兼理。而我們的經費，和普通總領事館的經費一樣，劉宗翰先生任總領事時，不但貼上薪水，甚至臨離任時還得變賣衣物還「公」債。魏總領事想拉平開支，沒有成功。陳公素以清廉正直出名，上任之後，同仁曾建議呈請部方增加經費，陳公認為：「未辦事，先要錢，絕不可以。」

就在這一年，南部非洲的三個英國屬地——巴蘇托蘭、貝川納蘭、和史瓦濟蘭——醞釀獨立，外交部指令要我們總領事館展開對三地的連絡。經費？一文不給。（這也可想見當時部內主管次長的考慮不周！）

這是民國五十三年的事。

陳公把三地連絡的工作交給我承辦。感謝他的推心置腹，我毫無後顧之憂的，展開了對三地的連絡。開著我的小福特Anglia，從來不報出差費，每地都跑了二十餘三十次左右，終於都建了交，設了館。陳公把每月的薪水都貼進去了，我也貼了一點點，這是後話。

記得民國五十四年四、五月間，我收到部中非洲司二科科長陳泉生一個明電。大意說：「某月某日，適逢禮拜六，將隨同楊西崑次長抵達約堡。次日轉飛機去某一法語國家。南斐商店星期六下午一時即打烊，要到來週週一才開門。素聞南斐出產鑽石，成色（Colour）、打磨（Cutting），都是世界一流。請務必洽請珠寶公司派員一人，攜帶三四顆一克拉左右的鑽石，下午三四點鐘，到總領事官邸，供他選購。」

這是一個很荒唐的電報！第一，我雖然在部中見過這位空降部隊陳某，卻並無交情。第二，一克拉大小鑽石的買賣，在大珠寶店看起來，不過是雞毛蒜皮的生意，哪會在意。第三，萬一我安排上了，他只看不買，我將如何向店家交待？第四，他買了，卻又後悔，要退貨，我又將如何處理？

但我又考慮到，是不是楊次長想買，卻叫陳科長來出面的呢？

我當時年輕不懂事，沒經過風浪，雖然陳公不以為然，我還是決定接受挑戰。

我們總領事館有一位名譽法律顧問艾沙克．刻茲，猶太裔。他的堂兄弟刻茲先生是南斐最大珠寶店刻魯公司（Kats and Lourie）的總經理，我和他們都認識。我親自跑到刻魯公司，說服了刻魯先生——我允諾他我會在領事團和外交團中為他們公司大事宣傳——他當即吩咐一個叫大畏的店員照辦。為了敲釘轉腳，我還塞了五個斐鍰給大畏，作為他的加班費和交通費。

事情辦妥了，我還很得意，向陳總領事報告。陳公直搖頭，認為不太妥當。但他也不忍洩我的氣，沒有多說。

楊西崑次長帶領了陳泉生科長於星期六中午抵達約堡的楊史麥機場，我陪同陳總領事在機場迎接，而後一同驅車到恩瑪能謝的總領事官邸，休息，進用午餐。

下午兩點多鐘，大畏拿了四顆一克拉左右的裸鑽來到。陳科長挑選了一顆，價格是七百斐鍰。但當陳泉生要用美金付賬時，按南斐官定匯率，一斐鍰合一點四美元，七百鍰等於九八〇美元。但大畏堅持美金買入和賣出的價格有差，銀行收購價，一斐鍰換一點四美元。但我們若要把美金向銀行買斐鍰，一斐鍰需要美金一點四五元。七百斐鍰，值一千零一十五元。兩者相差三十五美元。幾乎是國內一個薦任科員一個半月的薪水。為了調解兩方面的爭執，我開了一張七百斐鍰的支票給大畏，再由陳泉生開了一張美金九八〇元的支票給我，解決了問題。

事情辦好，大畏收了斐鍰支票，當即開了發票，填發了保單。陳泉生收了鑽石，當然也收了發票和保單。一切圓滿結束，我還覺得很高興呢！

楊次長一行第二天上午離開約堡。中午，我們夫妻和兩個孩子——女兒四歲，兒子兩歲——在總領事家午餐。陳總領事對我說：「你這樣作很冒險，第一，若刻魯公司派人拿了鑽石來給陳某人看，他只看，卻不買，你要怎樣下台？第二，他果然買了一顆，之後，他後悔，認為買太貴了，要退貨，你又將如何處理？」

我無言以對。

誰知還有個第三！

貝川納蘭和巴蘇托蘭將在同年（一九六六）九、十月先後獨立。楊西崑一行離約後，我即著手訪問兩地，洽請他們屆時送邀請函請我方派特使參加他們的獨立慶典。並勸阻他們邀請中共派員參加。若情勢許可，還希望他們自獨立之日起，即與我方建交，並互派使節。兩國都是英國的屬地。而英國又只與中共有外交關係。其中交涉的困難，往來的辛苦，真是「不足為外人道也！」

下面是我翻閱舊檔案時找出來的當時非洲司殷司長惟良上部次長的簽呈。其中便有提及邀請各國特派使的事。（見附件一）

一、本年七月八日上午美駐華大使館二等秘書柯彼德（Peter W.Colm）電話告職，據貝川納蘭總理卡瑪告美駐貝領事稱，貝獨立慶典（本年九月三十日）邀請國家包括所有非洲國家、西歐國家（葡不在被邀之列）、東歐國家中之蘇聯與南斯拉夫、巴西、日本、匪偽與我國。每一被邀參加慶典國家僅能派代表一人。依照卡瑪總理說法，因人數限制，可以使蘇聯及匪偽不參加慶典。卡瑪繼稱貝川納蘭將不允匪共設館。據稱彼曾與尚比亞總統卡翁達會談，尚總統曾告其尚國很多不安寧均係由於匪共使館暗中策動之故，等語。

二、又據柯彼德秘書告上開各節，已告我駐約堡領事館劉副領事。

三、僅將上情暨本部致楊次長電稿一份。呈祈鑒核示遵為禱。

謹呈

部次長

非洲司殷惟良謹簽七月八日。

殷司長在簽呈中親筆加上的第二點說：「上開各節，已告我駐約堡領事館劉副領事。」劉副領事即是指我。其時，我是領事銜的副領事，告訴我這些情節的，是貝川納蘭自治政府的外交部次長莫槐。總領事館有將各情電部方，是以殷司長明瞭。莫槐（A・Mogwe）並且對我說：「你們儘快通知我們所派特使的級職姓名，我們立即在公報中刊出。如此，中共便不會派特使了。」我當即說：「我們早已派定外交部政務次長（H・K・Yang）為特使。公文我們將儘快補送。」

我這句話其實是猜測之辭。但或然率非常高。即使我方其後決定派部長級或更高級官員任特使，我會對波方說：「我們因為重視貴國的友誼，臨時決定改派更高層次的官員任特使。」完全不衝突。

然後，我又跑了巴蘇托蘭和貝川納蘭好幾次。確定他們獨立慶典邀請我們派特使，並且立即和我國特使簽署建交公報。

貝川納蘭的莫槐肯定邀請我特使，但建交，則必須等到獨立之後開內閣會議決定。他仍然十分有信心的說：「建交也不會有問題。」要我安心。

巴蘇托蘭總理約拿旦酋長（Chief Lebua Jonathan）則十分友善，不但同意獨立後，立即建交，而且在我事先擬好的建交公報上改了一兩個字，要我斟酌、重繕再給他過目。第三次我開車從約堡到馬色路總理辦公室，把繕好的建交公報稿本交給他，他終於點頭答應了。而且約定，獨立慶典的翌日，我領特使到他辦公室簽署。我即時擬電報部。

民國五十五年也就是西曆一九六六年九月二十八日，楊西崑次長由羅明元、陳泉生陪同，抵達約堡。我隨陳總領事到機場迎接。

楊次長下機，我們趨前歡迎，寒暄。當我向陳泉生科長表示歡迎之時，他竟不睬我。（我心想：這個傢伙什麼地方不舒服？）

楊次長由陳公陪同坐司機愛德華開的館車，羅明元先生坐前座。陳科長坐我的小福特，可他一路上像死了老子娘，板起面孔，一言不發！

九月二十九日，我陪楊次長坐館車去見貝川納蘭新定的首都嘉柏隆里，參加他們的獨立慶典。十月二日，再赴馬色路參加巴蘇托蘭的獨立慶典。至於訪問經過，且看楊次長的呈部電報七八八號。我若干年後才看到的：

（在此，我先說明兩點。第一，每次訪問之後，楊次長一定說：「漫輕兄這次辛苦啦！呈部電就讓我的隨行秘書用我隨身攜帶的瑪本迻譯吧。」至於電報中的內容，我當然不知道。第二，我和三地連絡，從來不提援助，更不曾私底下送錢，以免一經起頭，對方胃口會越來越大。當然，我們連出差費都沒有，更不可能有錢送人！）

外交部部次長並請轉呈總統鈞鑑：職應邀參加波札那（即貝川納蘭獨立後的新國名）與賴索托（即巴蘇托蘭）獨立慶典（我花了九牛二虎之力，好不容易獲得兩國的邀請函，邀請我派特使參加其獨立慶典。楊某只是奉派，而非應邀。其所以用應邀二字，表示他個人聲望高，人家指名邀他。也就是這類的電報，歷史家周谷先生稱之「電報外交」，使楊某得到「非洲先生」的「美」名。他之如此作法，目的在欺騙層峯。）在波札那，十月一日晨卡瑪總統接見。職透過外交部友人之助，倖獲提前接見。（不確。總統依序接見特使，由總統府安排。楊某根本不認識波外交部人士。是我向已是總統府秘書長的莫槐說：「我國是『中華民國』，不是「台灣」，要排在『C』開頭的國家名單中，不應列入『T』國中。莫氏立允照辦。」）2、十月二日抵馬色路，參加國王國宴，總理酒會，其他慶典。分訪總理、副總裡、司法部長，資助執政黨，鞏固其地位。（我和楊某同住一間套房，同參加慶典活動，幾乎寸步不離。總理、傅總理和司法部長都在慶典會場，楊某何時「分訪」他們？真是不可思議！）我駐約堡總領事館同仁經常熱情款待途經約堡之賴政要，顯然已收到充分效果。（只有總領事和我，出錢出力。

「約堡同仁」，太不正確。三地政要經過約堡來去英國，一個電話來，我便得開著我的小福特車，到楊士麥機場接送。有時還得請他們到家便飯。外交部一錢未給！）……三日晨赴總理官邸簽訂由職早經備就之建交公報。（好狠！輕描淡寫，便把別人的努力化成他的功勞了！我跑了好幾次賴京和賴總理商妥的建交公報，居然說是他事先備就的。我陪他去見約拿旦總理，他一字不提，這就是「電報外交！」）總理一再囑咐代向總統、副總統、及部長致候（決無其事。之所以如此寫法，才有充分的理由要「轉呈總統鈞鑒」！）……

依照波、賴二國邀請函的規定，每國只能派特使一人。特使的夫人都不邀。更不要說秘書了。而真正受到邀請的個人，只有本人一人。都是他們當局口頭邀的。不能見諸書面，以免其他國家抗議。而楊次長的電報中，連我的名字都沒有。所以，他不敢讓我擬電報。得了好還要賣乖，說是怕我太辛苦！

見過總理之後，我陪同楊次長坐車回約堡。

在陳總領事家午餐之時，楊次長因為此行「大有收穫」顯得十分高興。

奇怪的是，陳泉生的臭臉也解凍了。眉開眼笑，而且開始和我招呼，說話。

我覺得很蹊蹺。

飯後，陳總領事把我拉到一邊，悄悄對我說：「陳泉生在楊西崑面前狠狠的告了你一狀，說你去年介紹他化九百八十美元買的鑽石，臺北珠寶店認為只值五百元。他認為你從中拿了回扣。楊西崑聽了，大罵你無恥。我向他說：『這中間一定有誤會。我不相信劉瑛會拿回扣。』可楊西崑就是聽不進去。你們去了波札那，我特地請羅明元帶陳泉生到刻魯公司，把事情弄清楚。刻茲經理確認是他們的鑽石，價錢、成色、保單、發票、都對。假如陳某願意賣回，他們可以照原價收購。因為，像那樣成色的鑽石已很難找到了。陳泉生聽了，大為高興，又買了一顆。楊西崑回來，我把全部經過向他報告，他只說了一句：『這個陳泉生糊塗蛋！』事情已經解開了，你裝著不知道就是。」

我說了聲「謝謝」。可一肚子都是委屈。

這件事，陳泉生固然渾蛋，楊次長未審先判，以小人之心度君子之腹，先罵人，似乎有偏聽自己親信之嫌，也是渾蛋！

約堡有兩位華僑，客家人，他們是兄弟，開了一家汽車修理廠。他們看見劉宗翰先生任總領事時，經費不足貼薪水過日子。臨離職時還要出售衣物填補公款！現在又看到陳公月月貼錢，更同情我這個小小副領事還跟在後頭起鬨，心有不忍。他們對我說：由他們出錢，讓我免稅買一架保時捷跑車，使用兩年之後還給他們，他們再給我補貼五千美元。

我很感謝他們的幫忙。但我對他們說：「這樣作，既合情，又合法。但這種錢我總認為不宜賺。只好謝謝你們了。」

那時，我的薪水包括房租津貼還不到四百美元。五千美元，那可是我一年的薪水呢！但有陳以源先生的硬骨頭榜樣，我也不願有所偏差！

陳泉生買一個不到一千美元的鑽石，未審先判，認為我從中抽取佣金，他把我可看得太扁了。

事後，我寫了一封信詳細告訴陳明生兄，他回信臭罵我一頓。他說：

……陳公所說，甚為合理。你和陳科長不熟悉，當然以不替他介買鑽石為宜。你，我知道。好作好人，好替人服務。助人為快樂之本，但在助人前，先要弄清楚：一，有無必要。二，你能力是否足夠。三，有無後患。

因為你自己沒弄清楚，你不可怪人，要怪自己。張三向李四借錢，你從中擔保，自以為幫了人，殊不料張三全無還錢的可能，你這保人既要賠錢，還被人笑呢！朋友也沒有了！

不要說第三，可能還有第四呢！把鑽石換成一顆蘇聯鑽，而後到法院告你詐欺，你又當如何？即使請律師，把罪名洗刷了，但金錢上的損失可大了，精神上的損失又如何彌補呢？

這封信是如當頭棒喝。自後，我不敢再隨便幫助人了！

楊次長參加完慶典要回台北，行前向陳公交代了幾件事：第一，去年考績，劉副領事又是甲等，有人認為不公：「劉某怎麼可以年年甲等？」但他說：「考績不是分贓，該拿甲等的不可拉到乙等，沒有資格拿甲等的，年年拿乙等也是合理的。」因此，劉某又拿了甲等。第二，他知道我出差三地，從不拿出差費。這次隨他到波札那（原貝川納蘭）和賴索托（原巴蘇托蘭）出差，可依規定向部方申報出差費。第三，劉領事這次辛苦了，一應呈部電報不好再麻煩他，由陳泉生擬稿、迻譯。而且要用他隨身攜帶的密碼本。

他的話，充分表示了他的關懷同仁，體貼部屬。真會作人，會作官。殊不知由他的秘書擬電稿，其中大有文章呢！

三、逢彼之怒

記得我陪楊次長去波札那賀波札那獨立之時，我們住在我的好友農業部長左貝貝家。空暇之時，我們閒談。

我對他說：「劉宗翰先生任駐約堡總領事時，南斐政府很看重他，華僑更是尊敬他。他可真是一絲不苟，公正廉明。」

楊西崑說：「現在他在部中任司長，中文、英文、沒有一樣拿得出去。」

我又說：「王席公任駐阿根廷大使，也是一清如水。」

楊西崑說：「可他也一事不作！」

我還不知進退，向他說：「宋朝的司馬光作《資治通鑑》，司馬光認為：才勝於德的是小人。德勝於才的是君子。」

楊次長突然板起臉孔開罵：「這都什麼時代啦，還司馬光司馬暗的。我人（們）用人惟才，我們要用能辦事的人！」

楊次長可能認為我說司馬光是諷刺他。其實，我怎麼敢？我是不知進退。他心中一定在罵我：「別自鳴清高了！」所以，他一直用放大鏡看我，想抓我的錯。

我們讀語意學（Semantics），其中說：人與人之間的了解有三大障礙，其一為放射思考。放射思考的錯處，乃是將命題（Proposition）和命題方程式（Propositional Function）混為一談。所謂命題，乃是一句有意義的話。它的內容我們能清楚看出來是否正確或存在。例如我們說：「三加五等於八。」、「張家哥哥比弟弟高兩公分。」這是顯而易見的，這便是命題。我們若說：「甲數加乙數等於八。」、「哥哥比弟弟高。」看起來有意義，事實不然。甲數是多少，乙數是多少，我們不知道。弟弟也不見得比哥哥矮，這是兩個命題方程式。其二是推論思考，即是把推論來代替觀察。我們一位大使從非洲回來，他收養了一個非洲女嬰，這位小姐讀國小六年級時，坐公車遇見一位老美。老美對她說英文，她卻不懂，老美推論她是美國人！其三是定義思考，四川人心目中的好菜，如辣子雞丁、麻婆豆腐、豆瓣鯉魚等，都是辣得不得了的菜。江浙人卻不喜歡辣，四川人請江浙人上餐館，菜端上來，四川人一直叫好，他的朋友卻難以下筷。

他認為我一定和某些人一樣，不可能不愛錢。我若告訴他：「華僑給我錢買保時捷，兩年後把車還給他，他還再送我五千美金，可我不肯接受。」他是不會相信的！於是，又發生了煙火案。

民國五十七年九月，史瓦濟蘭獨立舉辦國際商展，我奉派帶領了副領事杜稜兄和雇員席娜・布立吞（Shila Britan）到曼真尼主持中華民國館。在曼真尼的小旅館裡共住了二十一天之久。

九月五日，我國楊特使西崑帶領了總領事羅明元、秘書石承仁等也到了史瓦濟蘭，參加獨立慶典。他們住在剛開張不久、處於天堂谷（Ezulwini Valley）中的史瓦濟蘭溫泉大旅社。

九月六日，各種節目次第展開。傍晚時，最後一個節目是中華民國提供的煙火。是我遵照外交部的指示向一間英國公司洽購的。楊特使看了最前面的兩個煙火便走了。對羅總領事說：「劉領事幹的好事，我們中華民國的臉可丟到底了！」他們兩個同坐一車。楊特使不停的嘮叨，罵劉領事不會辦事。把一個國際性的節目弄成了一個讓我們大丟人的節目。楊特使並命令羅總領事打電話到曼真尼「面斥」本人，羅總領事當然也照辦了。

誰知楊特使到了旅社不久，居然有好幾國的特使，包括美、日、法等大國的特使，特地敲楊特使的房門，恭喜中華民國的煙火節目精彩萬分，歎為觀止。楊特使到了大廳，許多國家的特使都向他致意，稱讚「從沒看過像中華民國所製造的如此美好的煙火過。」原來放煙火有如唱京戲，開頭都是龍套，壓軸的才是好戲。楊特使覺得不好意思，又要羅總領事打電話給我，要我去他們旅館吃晚餐。我一肚子怨氣，說是不要去。最後禁不起總領事的勸說，只好開了我那台福特，花了差不多四十分鐘，才開到天堂谷。其時夜霧初起，能見度不很好，二十八英哩的路程都是山路。謝謝天，總算沒出車禍。

記得我去訂購煙火時，英國公司開價四百五十美元，而外交部只批准三百美元。這當然是長官對我不信任的關係。最後，我和那位牛哥（南非籍的荷蘭人）經理再三殺價，總算以三百五十美元成交。我暗中貼了五十美元，還不敢說。當時心中的窩囊，真是痛心極了。我若貪錢，我可利用我的外交特權，每兩年進口一台常人不許進口的豪華汽車，如賓士五百、保時捷九一一、法拉利Testarossa，轉手即可賺一萬美元以上。我到三個保護地出差先後各達三十次之多，從沒拿過一分錢的出差費。我每次出差，包括這一次商展，都是用我自己的轎車。只要用腳趾頭想一想，也可明瞭劉某人絕不是貪汙無恥之徒。但世上潘金蓮型的女人常有。假如你是良家婦女，妳告訴她們，妳是不會偷漢子的。但，她們會相信嗎？這真是人性的悲哀！

那一頓晚飯，我打定了主意，只吃，不說話。表示抗議。

吃完飯，我開車回到曼真尼旅館時，已是深夜。因為一肚子氣，久久不能入睡。肚子也不舒服，消化不良嗎？

此事發生之後，我也寫了封信給明生兄。他回信又罵了我一頓。他說：

……你難道沒聽過「見好就收」這一句話，楊某叫總領事罵過你，但後來他發現自己沒搞清楚，他要總領事再打電話給你，請你去吃飯，其間已充分表示他給你道歉了，你若見好就收，欣然前往，豈不萬事大吉？難道你當真要一位特使次長向一個副領事當面說「對不起」？你到了餐會，一語不發，充分顯示你不是接受道歉而來，你來，是來抗議的。你把事情越弄越糟！

四、波札那關館

我從民國五十三年初起經營對南部非洲英屬三邦的關係。五十五年九月，我好不容易爭取到貝川納蘭獨立慶典邀請我國派特使參加的邀請函。九月底，我陪特使楊西崑次長前往嘉柏隆里、也就是貝川納蘭獨立後成為波札那共和國的首都。參加獨立慶典。十一月二十二日，波札那外交部次長莫槐先生電話時任駐約堡總領事館領事的我說：「下週三內閣會議中將討論中波建交案。」十二月一日，他又電話告知我：「中波建交案改在十二月七日討論。」

十二月九日，莫槐電話要我去嘉柏隆里一趟。總領事羅明元特地買了一支Omega金錶，要我帶給他。

人逢喜事精神爽，我開著我的福特Corsair，趕去波京，呈上金錶。他告訴我：「內閣已通過中波建交案。」我們商談了一些細節。包括波政府將在總統府附近撥一塊土地給我們興建大使館。來去五百英哩，我只花了五個鐘頭多一點。

十二月三十日，總領事羅明元奉命到波京和波外長簽署了建交公報。

翌年初，我方派了濮德玠為首任駐波札那大使。他先到約堡，還有三秘李志強同行。我陪他到嘉柏隆里，給他介紹了外交部長、農業部長等政要，次日我即離波返回約堡。

濮大使中央政治學校（政大前身）外交系畢業。他告訴我說：「恩師程天放推薦他來波任大使。」程天放先生曾任教育部長、駐德大使。他和外交部長魏道明博士都是江西人。同鄉，也是老朋友。

我聽說之後，預料他他大使作不長。因為，他不是楊次長的人馬。

至於其人能力如何？中波斷交之後，原任外次長的莫槐，升任總統府秘書長，再調派任外交部長，隨同波總統訪問巴貝多。我駐巴貝多大使館參事潘明志和他在酒會中碰面，兩人談了很多。他對濮大使頗為稱讚，潘參事曾有信致當時的非洲司司長丁懋時。原函節影附後，備資參考。（見附二）

果然，濮大使到任沒多久便被調走。由楊次長的愛將劉新玉繼任。新玉和我高考同年。我考第九名，他名列第三十一。他一任科長之後，楊次長保他到駐馬爾地夫大使館任一秘代辦。不久升參事代辦。而後升任駐波札那簡任大使。

我民國六十七年調部任科長，三年後，派到波札那任一秘。我的俸級和新玉相同，卻一個是大使，一個是一秘。這很令我難堪！

我到了波札那之後，發現兩國關係正漸漸退步之中。一年以後，中波斷交的謠言四起，我也越來越感到不安。原任非洲司司長調任駐史瓦濟蘭大使的鄭健生先生也有耳聞。他和駐賴索托大使劉達人先生也都感到憂慮。健生兄還特地寫了一封信給我詢問詳情（原函見附件三）。他知道我和三國打交道的經過。也知道三國有唇齒相依的關係。所以才寫信給我。為此事，劉新玉還十分不滿意呢。認為鄭大使不尊重他。不應該跳過他而直接寫信給我問事。他卻不知道——他應該知道的——同波札那建立關係、達成建交的，卻是我這個一等秘書呢！

我回信給鄭大使說：「兩國關係確實不太健康，但目前似乎還不致於馬上發病。」

民國六十二年十二月，我實在忍不住，寫了一封信給部中任非洲司副司長的洪健雄兄，我把駐在國的一般情況告訴他。最後警告他說：「若不及時搶救，來年三四月間中波可能斷交！」洪副司長把我的信呈給司長丁懋時先生。丁司長最後把信呈給主管次長楊西崑先生。楊次長看了我的信，非常生氣。他突然大罵：「渾蛋，他怎麼能確定明年三四月中波可能斷交呢？難道波札那政府是他開設的？」

民國六十三年三月二十二日，波外長召見我駐波大使劉新玉，告訴他：波政府決定與我終止外交關係。同時和中共建立外交關係。希望劉大使四十八小時離開波國。

結果，新玉一直拖到四月一日，帶了夫人和兒子離去，也帶走了四月份全月的公費。

我奉命留下來收拾爛攤子。

我、三秘謝棟梁先生和劉好善先生，我們把關館工作作得相當圓滿。我們連館產都給賣掉了。

下旗回國，我六月才回到台灣。我電話蔡次長的秘書張洪原兄請見次長。洪原對我說：「次長說了，什麼時候到部內，什麼時候見。」意思是不必約見。隨時可見。

我去見蔡公時，他說：「你這次關館工作乾淨俐落，我們要升你作副司長。」我說：「下旗回國，敗軍之將，實在不好意思。」他說：「斷交和你無關。」

（這中間還有一段插曲：我在約堡任副領事時，辦理對三個英國屬地的連絡工作。其時，非洲司長是殷惟良先生。他到南斐訪問，對陳總領事說要調我回去任科長，陳公卻不肯放人，因而作罷。這次我在波札那只待了兩年，殷公其時任駐賴比利亞大使，他又要我去蒙羅維亞，仍任一秘。但孩子們吵著要回國唸中文，雖然我駐賴比利亞大使館一等秘書的部令都發了，我仍請求回部辦事。兩次辜負了殷公的青睞，總覺得對他有所虧欠！）

當時，人事處有個簽呈給部次長，主旨是「升任劉一等秘書瑛為亞西司副司長。」論理，簽呈先由常次批，再呈政務次長，最後才到部長處。這一次，楊次長不但批可，甚至還搶在蔡常務次長前批可。而且，當我去見他時，他還誠心誠意的給我道了歉呢。

我就任亞西司副司長後，有一天，我找到陳明生兄共進晚餐，我把波札那和下旗回國後升任副司長的各情簡單的給他作了一個簡報。

明生兄聽了，很高興。

他說：「冤家宜解不宜結。楊西崑居然向你道了歉，表示過去不愉快都一筆勾銷了。你要把握機會，好好工作。不可以再意氣用事了。否則，吃虧的還會是你！」

我和明生兄民國三十四年同學。他英文不行，我教他林語堂先生編的開明書局英文讀本。三個月，教完了三本。後來，他英文不但好，而且能教人。大學三四年級時，他曾在補習班教英語。他能言善道，深入淺出，甚得學生欣賞，非常賣座。

我台大比他高三班畢業。畢業後，我在海軍任少尉預官編譯。月薪一千元出頭。那時，一個上尉軍官月薪還不到兩百元呢。

我和明生都是單身在台，無依無靠。作了編譯官後，我每月給他七十元津貼，一直給到他大學畢業。他的聰明、才智，尤其是口才好，反應快。讓我心服口服。我若有他一半能耐，相信一開始便會被楊次長相中，四十歲左右可能就是大使了。

五、妻離子散

副司長作了兩年，之後，常務次長關鏞先生奉派到南斐開設大使館，任首任大使。振宇先生知道我在南非待過八年，熟悉當地環境，要我再度到南斐工作，任大使館首席參事。大使館另外有參事吳子丹兄、三秘劉國興和酆郃，主事孟繁樂。

那是民國六十五年。

六十六年，楊次長以特使身分訪問南斐，我為了打破南斐政府賓館不接待非白人的陋規，向南斐外交部禮賓司交涉：「中斐建交，首次派特使來南斐，南斐政府自應給予禮遇，特使團一行必須住在政府賓館中。」

南斐外交部同意了。我還特地到賓館拜會館主任兼主廚法裔斐人米雪先生。我第一次外放到法屬茅利塔尼亞，K了二十個月的法語。雖然生疏了，但普通應酬還可以。我對他說法語，他很高興。

楊次長到達南斐的第二天中午，關大使、吳參事子丹兄和我都在政府賓館陪他吃午飯。米雪兒先生親自到場侍候。我把他介紹給楊西崑次長。

楊次長很無禮的說：「米雪兒是名，不是姓，你不要把人家的姓名給攪錯了！」似乎他對我仍心存芥蒂。

當著大使和訪問團團員，我覺得有當眾受辱的感覺。我突然氣往上沖，說：「米雪兒是女性的名，我知道。不是男人的名。此人確實姓米雪兒。我法語不行，邱榮男（隨員之一）兄的法語比我強多了，可以請他問一次。」

我當時臉色一定很難看。楊次長率團來訪問，我跑南斐外交部，安排節目，要求駐在國派員接機照料，要求住政府賓館、安排僑社迎送、歡迎會，忙了不少時間，居然還當面受侮辱，這一口氣實在嚥不下去。他對我成見太深，我再給他好顏色也沒有用。何不反抗一下？

邱兄問過了。其人當然姓米雪兒。

楊次長擺出一張臭臉，我也一語不發。

事後，一位同仁對我說：「參座，何必得罪他？他可不是好惹的！」

我背辛稼軒的詞向他解釋說：「『孫劉輩，能使我不為公。』我已是參事了，職業外交官到了頭，大不了，將來參事終身。他總不能無故降我的級，開除我。」

他是沒有辦法開除我，降我的級。但他卻有辦法整我，調我的職。

他回國後不久，即發出部令，雖然我到南斐還才一年半，硬是把我平調去內戰一觸即發的尼加拉瓜！我相信他一定向沈部長說了我很多壞話。以沈昌煥先生的英明，不可能如此胡調同仁的職！記得關鏞先生任次長之時，部方因為亟需懂阿拉伯文的人才，將駐史瓦濟蘭大使館到任不到一年半的三秘范文成調往利比亞，經沈公核准特別給了范秘書一筆特別津貼。不到一年半調差，金錢損失很大，精神損失更大！

雖然，但我也就此脫離了非洲，去非洲以外的地區發展，未嘗不是一個好的轉機呢。

其時，女兒剛剛上金山大學（University of the Witwatersrand）醫學院一年級。兒子讀CBC（Christian Brothers College）高二。中美都是用西班牙文的，他們不可能到西班牙語學校。因此，我們開家庭會議，決定由內人帶兩個孩子暫住南斐，我則單身赴任。

楊次長這一招還真狠。不但使我們經濟上大受損失，精神上大受打擊，而且造成我背妻離子的局面。

我生性膽小，小時，只要作了一點壞事，例如：打破了一件瓷擺飾，在壁上畫了點什麼，把時鐘用螺絲刀拆開了卻無法還原，怎麼也瞞不過精明的父親。一經發現，便是一頓板子。父親常對我說：「不要以為你聰明，比你聰明的人太多。在社會上，你若作了壞事，可不是一頓板子便能完事的。你可能會身敗名裂，那才是得不償失呢！」

父親的話，我一直牢牢記在心中。不敢作壞事。而後，進了外交部，又有楊西崑先生拿了放大鏡在旁監視我。我怎敢越雷池一步？他在部中掌了十八年的大權，十八年中，我都是兢兢業業的工作。有時想起來，還真感激他的監督呢。是以，我在外交部工作了整整四十個年頭，尚幸沒有出過大差錯。

但我也有膽大的時候。像我和楊先生正面起衝突。我是抱著「士可殺而不可辱」的態度。

又如我在尼加拉瓜巷戰中，我和主事韋鶴年先生，在槍林彈雨之中，把薦任主事李漢文先生從大使館救出來。包括近百本的電報密碼本和密表本。

六、尾聲

從尼加拉瓜，我調到宏都拉斯作代辦。再調到約旦任代表。其時，楊西崑先生由政務次長外放南斐任大使，關大使卻回任次長。雖然一萬個不情願，楊先生也只好乖乖的去南斐。我想，他心中比我從南斐調到尼加拉瓜要委屈多了。

在約旦一任待了五年，其時，女兒已由南斐金山大學畢業回國。在國泰醫院任住院醫師。內人不放心女兒，也由約旦回到台北照應女兒。兒子醫科五年級，單獨在南斐。多年沒和女兒一起了，於是我請求調回台北。

回部後，接任亞西司司長。不久，兒子學成回國，先在新竹南門醫院工作了半年，之後，他考取了醫師執照轉入馬偕醫院耳鼻喉科工作。女兒也考取了醫師執照，轉到台北榮總工作。

我作了近五年的司長。部長由朱撫松先生、丁懋時先生而換了連戰先生。連先生派我到泰國任駐泰代表。因為是第二次任代表，雖沒升特任，卻給我加了一個「大使待遇」。

其時，楊西崑先生已退休。

那一年，他同梁鴻英女士經過曼谷返國，我沒有忘記他曾經是我的長官，我在曼谷的Heritage Club設宴款待。代表處參事以上的同仁作陪。席間，他很少說話，當年的霸氣也不見了。梁女士卻滔滔不絕，談特異功能。

（去年四月，收到梁女士的訃聞：

顯妣嚴媽梁太夫人，閨名鴻英，慟於民國一〇三年四月十八日，享壽八十有九歲。

署名的是：「孝男正、治。孝孫David嚴等。」想起梁女士的瀟脫豪邁，筆者還到靈前鞠了三躬。）

飯後，他對陪客的我的同事們說：「你們代表是作事的！」意思是說：你劉某人很會作事，可惜不會作官，也不會作人。（更不懂生財之道！）

他的話，於我心有戚戚焉。

事後，我還是寫了一封信給明生兄。他回信說：

……你不忘故吏之敬，作得很對。他不說話，因為，他很難措詞。但是，我認為，你還是應該感謝他。因為：第一，是他把你從非洲趕出去的。不然，你一輩子都可能和黑人打交道。第二：他睜大眼睛，拿著一個放大鏡在旁邊督促你，所以，你才能如臨深淵，如履薄冰，平安渡過外交歲月……

其實，對於楊西崑的才幹，我是十分佩服的。只是他好用跅弛之士，我與他意見相左而已。退休後，我閉門讀書，像「呂氏春秋」、「淮南子」，都認為「尺木必有節目，寸玉必有瑕璫。」我已經開始認同他「用人唯才」的做法了。

而後，又過了幾年。

民國八十六年六月，我由駐約旦王國特任代表辭職回國退休。八十七年農曆春節部長招待退休同仁茶會——當時，部長是胡志強先生，我也應邀參加。我到達會場時，看見楊大使站在會場一角，神情有點落寞。我趨前向他致意，而後，轉和其他老同事們打招呼。

不久，他便謝世了。

至於楊大使的生平事蹟，聯經出版社出版由周谷先生撰寫的《外交秘聞》一書中寫了很多。我就不多贅了。

Chapter 8

一生傳奇的陸徵祥大使

在中國的外交史上，陸徵祥可說是一個無人能出其右的傳奇人物。他的特出之處至少有幾點：

第一，他出生於清同治十年（一八七一年）六月十二日，他從未參加清廷舉辦的科舉考試，換句話說，沒有「出身」，卻曾在清廷任官，甚至作到駐荷蘭欽差。

第二，他雖任欽差大使，卻不蓄髮辮。依照當時規定，不蓄髮辮，可能被殺頭。清廷學部侍郎達壽（有如今日之教育部次長）到歐洲考察，見到陸欽差不留髮辮，甚不以為然。而留歐華人學生也都不蓄髮辮，他也莫可奈何。

第三，他在國內沒有科舉出身，除讀了幾年同文館學法語文外，他沒上過正式的學校。他的國際禮儀、國際公法、西洋政治與社會等，都是他任駐俄欽差許景澄的譯員時，由許欽差親授。他不但向許欽差學習這些課目，甚至欽差的一舉一動，他都學得唯妙唯肖，同仁都以「小許」相稱。

第三，辛亥革命成功，民國成立，陸徵祥曾在俄國待過十四年之久，南京臨時政府成立，孫中山先生任大總統，他派陸徵祥為駐俄代表。民國元年，袁世凱繼任總統，徵召陸氏為外交總長。自此之後，他作過五任外交部長。直至今日為止，還沒有人能打破這一個紀錄。

第四，一九一二年，六月十七日，陸徵祥受任國務總理。七月十八日，他向參議院提出內閣名單，居然出言不遜，全院譁然。次日，參議院否決了內閣名單，陸氏稱病遁去。袁世凱居然派武裝部隊到參議院鎮壓，強迫參院通過了內閣名單。陸徵祥的內閣造成如此的轟動，也史無前例。

第五，或謂陸徵祥是中華民國第一任外長。但是，他是民國元年三月三十日由大總統袁世凱任命為外交總長的。民國元年元月一日孫中山先生在南京就任臨時大總統，元月三日，任命王寵惠先生為外交總長。所以陸徵祥只能算第二任外長。

第六，我讀私塾時，當時的私塾老師是前清秀才。姓陳。陳老夫子認為：陸某在清廷曾任駐荷蘭公使。清廷一被推翻，他便變節事袁世凱，頗不諒解。但陸徵祥對於夫人比利時籍的培德女士（Berthe Bouy）卻一往情深，培德女士原係袁世凱的禮官。民國十五年北伐之前病逝。陸氏隨即看破紅塵，他來到比利時，在Abbaye de Saint Andre（聖安德勒僧院）出家為修士。不久升為神父。同修僧侶對他非常尊敬，以Dom相稱（Dom係天主教僧侶的一種榮銜，好似我國佛教中稱「上人」、「大和尚」。）

陸徵祥，一八七一年生。同文館結業後，曾留學法國和比利時。精通法語文。他二十一歲時走入外交生涯。曾任清廷駐外使館譯員、參贊。駐荷蘭、瑞士、俄國等國公使。巴黎和會中國代表團首席代表。他任外交總長時，參照清廷總理各國事務衙門及法俄等國外交部的組織，建立了我外交部初步的組織架構。功不可沒。

第二次世界大戰期間，德國派駐比利時的總督福根豪琛上將曾任過蔣委員長的軍事顧問，兩人頗有友誼。他乃能在修道院內庇護了不少比利時人，其中一部分是游擊隊隊員。可說是大功德一件。

一九四九年，陸徵祥病逝比利時。享年七十九歲。結束了他輝煌的一生。

Chapter 9

膽大心細的詹秀穎大使

小兒在南斐著名的金山大學（University of the Witwatersrand）讀醫學院四年級時，學校規定，四年級學生要接生若干次才能取得產科的學分。他是「跳班生」，十六歲進的大學。四年級時，才十九歲。一個大男孩，他在婦產科助教引導之下，為一名中年婦女接生。誰知道那一位婦人懷的是雙胞胎，把小兒弄得手忙腳亂。總算平安完成了任務。

俗語說：剛學會剃頭卻碰到一個連腮大鬍子！就是那麼一回事。

同仁詹秀穎大使，外放任駐索羅門大使，那可是他第一次任真正的館長。他一上任，便碰到比接生雙胞胎還要麻煩太多的事。

詹大使民國九十五年（二〇〇六年）九月中旬到任。十月初，一天清晨，我駐索羅門技術團團部闖進四十多個彪形大漢，手持刀槍，把團部搗毀，車輛用具損毀，而後進行洗劫。團長也受到刀傷。團員們個個驚慌失措。幸好匪徒志在財帛，人員倒還算平安。

事發後，團長急電詹大使。詹大使稍作沉思，當即電話索副警察總監Walter Kala，請求派員前往現場調查。他自己也立即親自駕車前往。館員們曾力圖阻止，認為現場太過危險。但詹大使認為：自己是大家長，不親自到場，不能「安定軍心」。

詹大使到場後，一面慰問團員，一面清點財物。並電話索總理蘇嘉瓦瑞（M. Sogavare）報告事件經過。總理聞訊，也大吃一驚，立即偕外長歐第（P. Oti）趕到現場。

總理與詹大使約定：①團員暫借住大使館同仁住宅中。②即由索方另租屋安置團員。總理並面向各團員致歉、致慰。一場風坡，暫告結束。

按索羅門群島位於澳洲東北方，共有九二二個島嶼。人口五十餘萬，分居九個大島上。總面積雖只兩萬八千平方公里，經濟海域卻廣大到一百萬平方公里餘。漁業資源豐富。全國原始森林密佈，且境內有金礦、鎳礦。是我國在南太平洋五個有邦交國中最大的一個國家。華僑約五千人。台商也有十多家。

二〇〇六年四月，索國新國會成立，改選總理。引發暴動。暴民認為華僑曾介入選舉，他們將首都荷尼阿拉的中國城予以焚燬。

十月又發生技術團遭洗劫的事件。一時人心惶惶。技術團團員個個戰戰兢兢的工作，未晚即趕回住處。

詹大使細心琢磨，決定要從根源上作起。否則，技術團將永無寧日。據他推測，認為暴徒是來自團部近鄰Burns Breek的難民營。難民衣食不周，三餐不繼，才會鋌而走險。他決定親往難民營遊說。

同仁對他說：「大使，您千萬不要冒險。難民營進去不得！那是會危及性命的！」

詹大使說：「我已經決定了。不入虎穴焉得虎子？古有明訓。我們常說：『我不入地獄，誰入地獄？』我既是中華民國派來的特命全權大使，我一定要維護我們工作同仁的安全。你們不必慌張，我自有主意。」

他獲知難民營中沒有醫生，於是他說服了我醫療援外團人員，派了幾位醫生，由當地警官陪同，到難民營義診，而且施藥。

看病的病人大排長龍，他們可說從來不知道原來還有「醫生治病」的這回事。歡聲雷動。耳口相傳，來的病人非常多，把幾位醫生累壞了。可也初步贏得了難民的感恩。

詹大使在赴難民村之前，說服了警方派警察樂隊，以到難民村演奏慰勞之名，邀請村民們與會。同時宣布說：中華民國大使也將蒞臨，為村民們加油、打氣。

詹大使在當地警察首長陪同之下，到了當場，演奏完畢，他和在場的難民各族的首領對話。他說：「我們政府有意協助你們解決生活，謀求發展。我們若是今天給你們一批糧食，明天吃完了，後天怎麼辦？我們給你們衣服，今年穿破了，明年又怎麼辦？」

「我們農技團來到貴國，目的便是協助你們解決生活。」

「我們中國有一個故事說：張三給了李四一條魚，一頓便吃完了。張三若給李四一根漁竿，教他釣魚，李四便可天天釣魚，天天有魚吃。」

「我們給你們稻米的種子，我們技師教你們如何播種，如何耕耘，如何收割，如何儲藏。第二年如何再播種。有了種稻米的本領，你們天天都有飯吃。」

「我們給你們果樹苗，我們的技師，教你們如何栽培果樹，如何接枝，如何施肥，如何收成。這麼一來，你們年年都有水果吃。而且可賣水果換取其他生活必需品，豈不是好？」

大家都說：「很好。」

詹大使說：「既然你們同意，我們就這麼辦。而且立即行動。」

大家鼓掌。

「不過。」詹大使強調說：「我們農技團的各位團員，就好譬是你們的釣魚竿。你們必須確保他們的安全！」

各位首領都「欣表同意」。會議於是結束了。農技團也開始行動了。團員和難民之間漸漸建立了友誼，互相取得了信任。團員和難民們來來往往，非常融洽。團員也都回到團部居住。彼此「安居樂業」。一團和氣。相安無事。

當地華僑也知道了此事。提起詹大使，都豎起大拇指。

難民村領袖們為了感謝詹大使對他們的照顧，乃將貫穿難民營的一條大道，命名為「詹秀穎大道」（George CHAN Avenue）。

記得我當禮賓司典禮科長兼交際科長之時，詹大使特考及格，受完外領所訓練，正式入部工作。我們司長吳文輝先生，是個強勢的司長。他挑選科員，其他司長都諷刺他：「又不是挑女婿！」但在禮賓司工作的科員，必需要有頭腦，有學識，反應快捷、能言善道。而且，還要有擔當，要「處變不驚」。禮賓司沒有大事，都是接待外國元首、總理、外交部長以上的官員等接待工作。並安排總統和夫人的國宴，照應外交團等。雖非「大」事，卻不能出錯。一出小錯，便可能成為大事。接待工作臨時發生問題，承辦科員便得當機立斷，隨機應變。

例如：有一次宴請沙烏地國家元首時，承辦人員不小心把沙國國旗掛倒了。另一次宴請某回教國宗教部長，最後一道蛋炒飯上放了一點火腿屑，都引發軒然大波。

所以，吳司長挑科員，哪能不「吹毛求疵」？哪一次，他從新進人員中挑了三名，詹大使便是其中之一。

（後來，我的科員中，有十一位做到大使。其中二人且曾任過常務次長。足見吳司長的眼光相當不錯。）

詹大使到司任科員，我發現他：第一，他是特考優等第一名錄取的。學識一定不差。第二，他IQ、EQ都很高。而且埋頭工作，服從長官，和同仁相處得非常好。駐紐西蘭大使夏功權先生返國述職，他曾作過禮賓司長，我們指定「詹科員」擔任他的臨時秘書。夏大使對「詹科員」非常欣賞。後來，他調任駐紐約總領事，向部長要求把「詹科員」派到駐紐約總領事館任副領事。這一任，便任了近十年。

詹秀穎大使祖籍新竹芎林，客家人。民國三十四年十二月十二日生。文化大學東方語文系俄文組畢業。民國五十九年外交官領事官優等第一名及格。

哪一年，我得罪了一位小氣的長官，他將我由南斐京城駐南斐大使館參事調去中美尼加拉瓜我大使館，仍任參事。我途經紐約之時，特別去拜會了同年高考、同在護照科任過三年同事時任駐紐約的總領事鄧權昌先生。寒暄了幾句辭出。詹大使在總領事館任領事，他非常真誠的接待我，陪了我兩天，親自開車接送。

後來，我從尼加拉瓜再調駐宏都拉斯大使館任參事，兼臨時代辦。數月之後，調駐約旦代表處代表。五年之後，回部任亞西司長。詹大使也調回了部內，任新聞文化司科長。正好，我司裏沒有副司長，想起他既忠誠、又能幹，親和力又強，我向主管次長報告，並經新聞司長邱進益兄同意割愛將「詹科長」轉來亞西司，任薦任副司長。亞西司第一科主管對蘇聯事務，而他正好是俄文專家，駕輕就熟。我們合作無間，司中同事相處，尤其融洽。我們辦郊遊，辦聖誕年會，不但同仁間互相熟悉，夫人們之間也都建立了友誼。

詹大使作了兩年副司長，之後調任駐多尼米克大使館參事代辦、駐紐約辦事處副處長、駐波蘭代表處副代表。民國八十六年，轉任駐俄羅斯代表處任副代表，一任六年有半。終於用上了大學修讀的俄文。

民國九十五年九月任駐索羅門群島大使，四年半後，於民國一百年初屆齡退休，在任期間得夫人芮秀蘭女士之助，夫婦通力合作，甚得索朝野好評。離任前，索總督頒贈詹大使十字勛章，以表揚其對中索邦交所作的貢獻。

離索之日，總督夫人，總理伉儷、外交部長，外交團同仁，都到機場送行。為詹大使四年半的奮鬥，劃下了輝煌的句點。而索羅門Burns Breek難民營的「詹秀穎大道」，聞說已成了當地的「台北東區」，正日趨繁榮中。

Chapter 10

怕老婆的凌楚珣大使

我所認識畢業於中央政治學校大學部外交系的同仁，幾乎個個都非常卓越，中英文俱佳，能力又很強。像薛毓麒大使、翟因壽大使、鄭健生大使，劉宗翰大使，乃至於賴家球司長，在部中同仁心目中，可都是響噹噹的人物。凌楚珣大使也是其中之一。

凌楚珣先生，四川宜賓人。生於民國七年四月六日。

四川古稱天府之國。地靈人傑，人才輩出。像漢代有司馬相如，宋代有蘇家三學士——蘇洵、蘇軾、蘇轍父子。

凌先生嚮往先賢，幼懷大志。高中畢業後，考入中央政治學校大學部外交系。在校成績優異，中英文俱佳。畢業後，進入外交部交際科實習。時為民國三十一年八月。

三十一年十一月，凌君實習成績合格，晉升為科員。自此開始，他立志作一個正式出身的外交官。是以民國三十二年，他報考外交官領事官高等考試。考試及格。民國三十三年三月，他再入中央政治學校高等科第七期外交領事官組受訓，七月結業。如此，他完成了完整的外交官領事官培訓教育，升任外交部禮賓司薦任科員。

三十四年三月，凌科員奉派任駐荷蘭大使館隨員。三十八年元月，升任同館三等秘書。三十九年二月，調任駐泗水領事館副領事。

（註：隨員升三秘，要三年。隨員後來改為助理三等秘書。助理三等秘書升三秘，一、要三年。二、三年的考績平均要在八十分以上。三秘和副領事階級相同。）

我民國四十二年台灣大學政治系畢業。同年考上外交官領事高等考試。四十三年九月，奉命到外交部實習三個月。在歐洲司實習之時，才認識了時任歐洲司科長的凌楚珣先生。那時，他才三十六歲，架一付金絲眼鏡，舉動文雅，言詞犀利，頗有中國讀書人的風格。

民國四十六年六月，我有幸進入外交部工作。其時，凌科長已調升任亞東司幫辦。（當時的亞東司，後改為亞東太平洋司。幫辦、不久後改為副司長。）

當時，越戰方熾。我派在越南的大使是胡璉將軍。外交部乃派職業外交官的凌幫辦到越南任大使館參事。襄助胡大使。

其後，凌參事又平調常駐聯合國代表處、駐加拿大大使館，於民國五十三年，轉任駐加拿大溫哥華總領事館總領事。獨當一面。夫人李久德女士，系出名門，不但學識好，腦筋也好。據同館同仁說：凌總領事每遇重大案件，經常向夫人討主意。兩人閨房中運籌，常能化大事為小事，履險如夷。是以，凌總領事對夫人言聽計從，百依百順。

民國六十五年十二月，凌總領事調部升任亞西司司長，主管對中東尤其是對沙烏地阿拉伯和約旦的關係。至六十九年二月，榮任駐荷蘭代表處大使級代表。

在部中，通俄文、阿拉伯文、韓文、泰文、甚至土耳其文的都有，能通荷蘭文的，只有凌大使了！凌大使任駐荷蘭代表期間，協助政府向荷蘭購買潛水艇，促成中荷民航通航。功績斐然，頗得部方稱讚。七十二年十月，亞西司長出缺，外交部再調凌大使回部接手亞西司。借重他對中東事務的專業知識。其時，我由駐宏都拉斯大使館比照總領事級的參事代辦調任駐約旦王國代表。我與沙烏地、約旦等國關係日告密切，凌司長督導之力，功不可沒。

我在約旦一任竟待了五年之久。由於小女已學完醫學院，拿到醫學士學位，由南斐返國。進入國泰醫院工作。內人不放心女兒，也從約旦回台北照料女兒，兒子仍在南斐醫科五年級，我和女兒八年多沒在一起，於是我決定上簽呈，請求調回國服務。

部次長同情我，照准了，於是我束裝回國。

部方沒有適當的缺，部長朱撫松先生對我說：「委屈你一下，先回亞西司，以專門委員名義，暫兼代副司長。因為凌司長患重症——Cancer，每個月都要進醫院接受化療。你以副司長的名義代行司長職務。」

就這樣，我和凌大使便同在一司辦事、才對他有較深的認識。

司中的同仁都說：「司長怕老婆！」說得繪聲繪影。甚至有同事還說：「夫人當著眾人面打司長耳巴子！」

我相信，李久德女士是有點強勢。若說她當眾打先生的耳光，我卻不太相信。

有一天，繼凌大使任駐荷蘭代表的柳鶴圖海軍少將返國述職，而後傳出，說凌大使在荷蘭時，夫人住主臥房，旁邊一間斜斜的，呈三角形的小房間，那才是「代表的寢室」。

總而言之，部中竟把凌大使「怕老婆」的「習慣」加油添醋、流傳不衰。

本來，我請求調部，部方是有意由我繼任亞西司長的。因為凌大使已過了退休之年，而且延了兩年。我調部之前，他又向部長朱撫松先生訴苦，說他「正受末期癌症痛苦的煎熬，假如即日退休等待死亡，實在無法忍受。若能再延一年，天天上班，工作能減輕疼痛。」朱撫松先生終於同意了他的請求。

於是他任司長，我在他每月住院接受化療期間代行司長職務。代理司長職務時，我每天到醫院探視他，向他報告重要案件。有大問題時，和他一同研究應付之道。

七十五年四月，凌大使正式退休。我也真除了司長。

退休後，我看他身體日趨瘦弱，已有不起之勢。他和夫人育有三位女公子，都旅居國外。夫人照顧他，也夠辛苦的了。

但每當中東有重大變故時，凌大使還會跟我通電話，問內情，甚至提供意見。

他給人的印象是：一身整潔，從容鎮定。即使重病之際，到部上班，依然穿著整齊，頭髮梳得清楚，鬍子刮得乾淨，甚至戴的眼鏡都十分透亮。

民國七十六年，凌大使在夫人李久德女士，女公子煥珠、煥銘、煥彬等隨侍之下，安然仙逝。

凌大使係中央政治學校出身，一生忠黨愛國，才猷不群，服務外交部達四十五年之久。深得同仁敬佩，長官眷顧，外交部同仁臨退休之年，能延退三次的，凌大使可能是唯一的一個。由此也可想見他為長官所器重的一斑了。

第四篇

雜記

Chapter 1

助人爲快樂之本？

大家都說：「助人為快樂之本。」我就不止一次的吃了這句話的虧，上了這句話的當。

念初中一年級的時候，我住校。離開家約二十五公里。

有一天，到一位高三同學家玩。當然是星期天。這位同學姓王，他一直很照顧我。

他和他的三個同班同學正在打麻將。

我從小在家鄉時經常看父親和叔伯們或者和伯母、嬸母們打麻將，十歲左右便學會了麻將。而且略懂門道。

有一位李姓學長要上大號，叫我替他摸一把牌。我欣然同意了。而且很得意的坐下來，洗牌、砌牌、摸牌。

也是合當有事，我剛摸停牌，訓導主任居然闖了進來，把我們四個人的名字都記下了。

第二天，我們四個被叫到訓導處，各人記小過一個。

我不服氣。因為，我只是替別人摸一把牌。但是，我又不願意把那位李姓學長的名字說出來。我和訓導主任爭辯。結果，他們三人，一人一個小過，我不服教導，記小過兩個。

事後，那一位李姓學長認為我「很夠義氣」，請我吃了好幾次館子。

學期終了回到家中，父親看到我成績單上記了兩個小過的紀錄，狠狠的修理了我一頓。

這是我有生以來，第一次助人而自己惹上麻煩。

讀高中一年級時，地點在江西廣昌縣的白水鎮。我們學校，省立南昌一中，因為南昌已被日軍佔領，所以遷到了廣昌。

我們校長吳自強先生，是一位學養俱佳的教育家。他把南昌一中辦得十分好，在國立、省立和私立的江西若干個中學中，可說是最佳中學中之一。

學校係設在一所「宗祠」中。教室小，兩人共一張桌子。同我坐一桌的同學，姓名現在已忘記了。他們家很有錢，自己都將近二十歲了，還讀高一。上學，為的是躲壯丁。因為，若不在學，便要抽壯丁，去當兵。他是既笨、又不用功。上課時似乎總不能專心。我們的座位靠窗口。月考時，他再三拜託我，給他打「pass」。

考英文課，我第一個交卷走出教室。然後走到屋外，把他要求的幾個題目的答案，寫在紙條上，捏成一團，從窗口丟給他。也是合當有事，吳校長曾再三強調：「凡考試舞弊者，記小過一次。」我丟pass時沒注意到校長剛從初中部走過來，被他逮個正著。他遠遠叫我的名字，把我帶到校長室，訓斥了一番，並決定給我記小過一次！

這是我第二次「助人不快樂」！

進入外交部工作，第一次外放，派在駐約翰尼斯堡總領事館任副領事。有一天，我收到一封電文，發電人是非洲司一位陳科長。電文中略說：某月某日，適值星期六，將陪同某大員於中午十二時抵達約堡機場。次日離約堡。素聞南斐盛產寶石，希望能於不到一整天的時間內，為他「大力安排」，選購一顆一克拉左右的鑽石。

我那時年輕好強。雖然南斐的商店星期六下午一時起打烊，要到星期一上午九點以後才開門。但我還是說服了當時金山（即約堡）最有名的凱珠・魯利珠寶店，派一名店員，於星期六下午兩三點鐘之時到我們總領事官邸，攜帶三四顆一克拉左右的鑽石，給陳科長挑選。為了敲釘轉腳，我特地先付給那位店員五鍰南斐幣小費，作為他來回的車資和星期六加班的補償。我當時只想表現能力，卻沒考慮到：第一，萬一陳某只看不買，我如何個收場？第二，或者他買了之後反悔，要我為他退貨，我又當如何？卻沒想到還有個第三。

陳科長陪同那位長官按時抵埠。中午在總領事官邸午餐。三點鐘之時，凱・魯公司的店夥拿來五顆一克拉大小的鑽石，陳科長挑了一顆，價錢說定是七百斐鍰。但當陳科長以美金付款時，美金官價是一鍰換一元四角美元。但那位店夥堅持買價與賣價不同，一鍰要折合一元四角五分。七百鍰合美金一〇一五美元。較官價高出三十五美元。

於是我要陳科長給我一張九八〇美元的美金支票，而我以七百斐鍰的支票給那位夥計，算是解決了問題。

陳科長回到台北，把那顆鑽石拿到珠寶店估價。珠寶店夥計對他說：「這顆鑽石，市價大約不超過五百美元！」

陳科長向長官告了我一狀，說我「從中詐騙」。次年他又陪同那位長官經過約堡，總領事把他帶到凱魯公司。公司總經理對他說：「成色、價錢，完全正確。陳某若反悔，他們可以原價買回。」陳某一高興，又買了一顆。事情弄清楚了，我卻碰了一頭疙瘩。

而後，我調部當了科長。

我當科長那一年，一位蔣姓師母帶了她的兒子來找我。這位小朋友，比我小個十歲八歲，我們幾乎可說是一起長大的。他考進一個報關行工作，待遇不錯。但需要一個保人。他的爸爸是我學軍醫時的老師。我在軍醫院工作時，他是我的長官。而且，我在左營海軍服預備軍官時，他們家在高雄，我把他們家當作自己家一樣。週末總是住在他們家。作個保，我義不容辭。於是我蓋了一個圖章。

誰知那位小朋友，居然不規矩，挪用公款，害得我這個保人差一點傾家蕩產。我賠了數千美元，總算買了一個經驗。

助人實在不快樂！

我任亞西司副司長之時，也曾發生過一件不愉快的事！

我任駐波札那大使館一等秘書時，中波斷交。大使先行離任返國，由我任臨時代辦，收拾爛攤子。

在兩位三等秘書謝棟樑兄和劉好善兄協助之下，我們把關館的工作作得很俐落。遣散人員，處理公物，都很順利。我們甚至把館舍都賣掉了。回到部中，部次長有意要擢升我為副司長。當時只有亞西司有副司長缺，因之，我便被派到亞西司。這次升官，實係蔡次長維屏博士促成。

有一天，蔡次長對我說：「你在非洲前後十年，對亞西地區卻從未接觸過。有機會，要到中東實地考察一下。」適逢經濟部次長張光世先生率領了一個經濟訪問團訪問中東，因此部方便派我隨張次長赴中東，任團員。

臨行前，曾任駐科威特大使的王世明先生秉愛護晚輩之心，特地請我吃飯，告訴我說：「到了中東，千萬莫喝駱駝奶。保君健大使便是喝駱駝奶得病的。吃生菜也要小心。」關懷之情，我十分感激。銘記在心。

我們一團共十二人。官方的有張次長，工業局副局長虞德麟，國貿局組長蕭萬長和我。企業界人士有遠東的徐有氣先生，台糖的郁英彪兄，台船的晏海波先生等。

我們第一站是巴林。再由巴林到沙烏地阿拉伯的吉達港，當時我大使館所在地。

在吉達訪問了一天，第二天傍晚，我們全團，由大使薛毓麒陪同，坐飛機抵達沙國京城利雅德。住進洲際旅社。

次日晨，有一位沙烏地親王邀請我們到數十公里外的帳篷「別墅」午餐。全部空調配備的豪華帳篷。

離開旅館之前，我特別向張次長解說駱駝奶的「厲害」。我還特別把王世明大使告訴我的話轉報薛大使。

誰知道薛大使不但不領情，還說了我幾句：「入鄉隨俗，客從主便。人家好意請客，我們作外交官的，怎麼可以挑食？」

我本想駁他：「那麼沙烏地外交官到了台灣，是不是也要客從主便，同我們一起吃富貴火腿、吃紅燒獅子頭、吃東坡肉？」但我覺得：寧可自己受點委屈，不可以讓長輩下不了台。

到了親王帳篷，外面四十二度，裡面大約只有二十二、三度。非常舒服。

阿拉伯人宴客只有一道大菜，那便是烤全羊。然後是許多小盤子的沙拉，牛羊乳酪，當然也有駱駝奶。菜餚十分豐盛，但只有冷飲，沒有酒——回教是禁止飲酒的。

當天晚上，大約十二點左右，我正預備就寢。大使館的經濟參事李昌閭兄電話來說：「大使上吐下瀉，坐在便盆上起不來。」要我去幫忙照顧。

我自持曾學過醫，而且在軍醫院作過一年「醫官」，於是我拿了隨身攜帶的濟眾水兩瓶，和一包抗生素藥片，匆匆趕到大使的房間。李參事開的門。

只見薛大使，一臉蒼白，滿頭大汗。

我先給他喝一瓶濟眾水。希望使他止吐。

不一會兒，他又吐了。

於是，我再給他一瓶濟眾水。終於，把吐止住了。我才給他服用特效藥。而後，他也不瀉了。到凌晨四點多，我看他病情已經穩定，安然入睡了。我才回自己的臥房。

早上，大使第二次服了藥，雖然還有一點點病容，但精神卻很好，完全沒事的樣子。而我卻因連日勞累，加上徹夜未睡——我晚上睡神一打跑了便再也睡不著——心律不整的老毛病發作了。全團人去了黎巴嫩，我卻在費瑟國王醫院躺了半天，心跳才恢復正常。

這次助人，十分不情願。事後一位朋友對我說：「萬一你的那一點醫學常識沒有發生作用，大使的病加重了，你又將如何？」

他的一問，使我冷汗直流！心想：「好險！」

副司長作了兩年，我追隨關鏞先生到南斐開設大使館。任參事。那是民國六十五年。次年，我國一名特使率團訪斐。南斐是歧視人種的國家。他們的政府賓館向來不接待亞非人士。我為了要突破此一爛傳統，向南斐外交部竭力爭取讓我們特使團進住政府賓館。好不容易爭取到了。我還特地到賓館的主任辦公室，拜訪米雪先生。他是法裔，他的職位是主任兼主廚。

米雪是女性的名字，他居然姓米雪，名比爾（Pierre），我拜訪他時，還送了他一件小禮物。我很多年沒說過法語了，我特地操一口洋涇濱法語跟他聊了好一會兒。

我覺得很得意。因為打開了新局面。誰知又因此出了事！

特使一行順利地住進了南斐政府賓館。

在賓館午餐時，我特地為特使介紹米雪先生。誰知他居然一臉不屑的神情說：「米雪是人名，不是姓，你不要把人家的姓、名都攪錯了！」

當著我們的大使和同仁，還有他的隨員，我突然覺得受不了。我說：「據我所知，他姓米雪。米雪是女人的名，他是男生，不會叫米雪。我法語不行，您的隨員中邱先生法語好，請他問一問。」邱兄問了。他當然是姓米雪。

我頂撞的結果：我在南斐才作了一年半，此公利用職權，把我調去正醞釀內戰的尼加拉瓜。我一點不後悔。我就是這種寧折不彎的脾氣。要我低聲下氣，我辦不到。

因此，我在精神上的傷害，金錢上的損失，都很大。甚至要離妻別子，一個人單獨去尼加拉瓜到任，但也因此，我脫離了非洲——我從北非到南斐，從南斐到波札那，再到斐京和開普敦。在非洲已經十一年半了。我要離開非洲，去看看非洲以外的世界。

我駐尼加拉瓜大使是中央黨部副秘書長調任，部令名義上是要我去協助大使。其實，館中除了我這個不懂西班牙文的參事外，還有三位通西文的一等秘書呢。

既然部令要我用專業知識去協助大使，我也不能尸位。我曾向大使提出幾點建議：

一、照會擬宜用照會用紙，照會信封。不宜用普通信紙信封。

二、照會也好，節略也好，是用第三人稱寫的。所以，大使不必簽名。只要用縮簽（initial）即可。甚至由承辦人縮簽都可以。

三、宴客時的陪客名單，不妨請主賓提供數人。這樣一來，不致邀請到對方的政敵或反對者，而且可以結交更多的當地政經界人士。同時，也表示對主賓的尊重。

四、尼幣和美金的官價匯率為七比一。黑市已超過十。我們經費以官價換出，吃虧太大。我們何不在自由市場中換本地幣，可增加收入幾乎百分之五十，豈不是好？而且換多少，向部方報多少，完全合乎規矩。若不，至少，我們把美金換給國家銀行，不可換給私人銀行！

五、內戰一觸即發。部方已發給我們三千美元的應變費。是否宜先作準備，買些食物冷藏，買些罐頭礦水、汽油、瓦斯。一旦爆發巷戰，我們不致會無米無水。

大使的答覆很有趣：

一、照會也好，節略也好，我們一向都是用印有館銜的信紙信封，大可不必更換。（免得另行開支。而照會節略，大使照簽全名不誤。別人取笑，由他取笑。）

二、請客的陪客名單由主客提供，有損大使館尊嚴。（不解。有一次，大使請國防部長，請參謀總長陪客。總長先到。部長剛下車，遠遠看見總長在座，立即拂袖而去，原來他們兩個是死對頭！）

三、美金換官價，行之已久。不可換黑市，以免擾亂駐在國金融。（館中每個月區區一兩千美元經費，如何擾亂得到駐在國的金融，至於換給私人銀行，一位資深一秘對我說：「參座千萬別管。你若管，才真是擾亂了本館的金融！」）有一天，僑領王奮進來對大使說：「華僑會館在大地震時震倒。僑胞捐款興建，都是本地幣，眼看本地幣經常貶值，所以，大夥兒都贊成換成美金儲存，較為安全。希望大使館的美金經費換給會館。」大使同意，雖然經費尚未寄到，卻先開了美金支票給王氏，按七比一收了王君的本地幣。當天晚上，尼總統宣布尼幣貶值。官價定為九比一。為此，館方寫了一個很長的報告向部方解釋。從此之後，大使才同意將美金到自由市場換尼幣。換好之後，由承辦會計、出納簽字，再由參事副簽。（counter sign），照實報部。這真是：敬酒不吃吃罰酒。）

四、內戰果然爆發，同仁都無處購買食物。大使不認為會發生巷戰，而巷戰卻發生了，他對我的建議未予置理，突然面臨困境。首先：寄住民家的主事李漢文，食物無著，隻身冒險跑到大使館，守著上百本的電碼本、電表本，向大使求救。大使當然不可能去救他。大使請武官、秘書去救，都推說「太過危險，不能救張三而危及李四。」最後找到我，我和主事韋鶴年冒著被五零機槍掃射的危險，才把李漢文君救了出來，送到農技團安置。而農技團十數位彪形大漢，也正面臨斷糧的危機！

內戰打完了，反叛軍全勝，原總統逃亡國外。我們大使館照常工作，好幾位同仁居然記了功，我和韋主事卻被調到他館工作。當然也沒有記功！因為：我的表現太差！

民國八十三年，經過好幾個職位之後，我奉派到約旦王國任代表。

我到任之時，除了代表辦公室中有一臺窗型冷氣外，同事們的房間中都沒有空調設備。約旦天氣已因地球暖化，越來越熱，每天早上在二樓辦公的同仁，躲避東曬，都跑到一樓去喘氣。現今是電腦橫行的世界，代表處卻只有兩臺舊電腦。代表的辦公桌是貼皮，使用已久，有好幾處都「露了餡」。辦公椅是塑膠的，坐在上面，猛出汗。

在出納和會計同仁全力配合之下，我替每一位同仁辦公室中都裝了分離式冷氣機——代表辦公室的窗型機，仍可使用，沒有換。我又買了四台國產電腦，分給同仁使用。包括洋員。舊電腦一台擺在代表辦公室。

代表的辦公室、會議桌、皮墊座椅，會議用椅，書架，我全買了進口的丹麥原木家具。可以說，全大使館，也就是代表處，面目完全一新。八十四年初，會計年度六月不到，外交部來電說部中經費不足，要我館節省經費，寄還部中。我們湊足一萬美元呈部。次年又寄回一萬美元。八十六年初，我已奉准辭職。繼任者張添能兄，他是我任亞西司副司長時學習阿拉伯語文回司的科員。為了方便繼任者可以運用，我要求出納和會計盡可能節省，到四月，已結存超過一萬美元。誰知到了六月，繼任代表來電說必須七月份到差，七月是另一個會計年度開始，上一個會計年度的經費不能動支。我五月離任，餘下的錢又只好再滙回部一萬美元。

總說助人為快樂之本，誰知我六月一日回到外交部辦理退職時，好幾位同仁親口對我說：「不妥！」

第一位說：「你們代表處的經費是否太多？多得過不得？」

第二位說：「代表，有錢都不會自己用，還要留給別人用？」

第三位說：「代表，你這麼個作法，別的館長會覺得很難作呢！」

第四位說：「代表，您如此個作法，是否別有目的呢？」

總之，沒有一個人說好話。

退職之後，有一天，和老同學陳銘生提起這幾件事。他說：「學生打麻將，考試打PASS，本來就是不該作的事。不必談。替人介紹買鑽石，其間風險太多，應怪自己思慮不周。替人作保，那更是最愚蠢的行為。」

至於在尼加拉瓜的事，銘生兄不願表示意見。

記得我從尼加拉瓜平調到宏都拉斯，我駐宏大使唐京軒先聽了我調職的始末，他哈哈大笑。對我說：「老弟呀，多一事不如少一事。孔夫子說得很好：『信而後諫！』你還沒取得他信任之前，作那麼些建議，他怎麼會聽？你是不是咎由自取？再說薛大使，你和他也不熟，他吃他的沙拉，喝他的駱駝奶，瀉他的肚子，和你風馬牛不相干。『是非只為多開口，煩惱皆因強出頭！』古有明訓，多一事，不如少一事。老弟，聽我的話，沒有錯。」

唐大使還特別提醒我說：「凡是涉及經費的事，最好不要向館長作任何建議。」

後來，唐大使離任，我已發表任駐約旦代表，但他一定要移交給我，讓我作臨時代辦，不肯交給一秘趙誠德。三個月後，我交給于大使，然後啟程赴約旦。

他移交給我的，有洋酒一百多瓶，都是沒有帳的。一位三秘說要向我買幾瓶！他要是說請客用，我會給他幾瓶。他說買，我一瓶沒給他。我全數移交給了于大使。此公居然向于彭兄告我將館中若干貴重的東西拿走了。其實，唐大使交給我的全部公費，美金一百元。我移交給于彭大使時，超過一萬美元。當時于大使大概還不明白內情。後來他返國述職，我在部內任司長，有一天，我們隨同部長朱撫松先生和若干駐華使節到金門參觀，他突然向我致謝。謝我當初完完整整的移交給他。（可已經隔了五個年頭！）

至於交回經費，記得任薦任科員之時，我駐聖保羅總領事鄭健生曾有交回經費的記錄，我們一群薦任科員都欽佩不已。我一直想效颦。而我之所以交回經費，是部方有電報，說是立法院大砍預算，部中同仁薪水都將發不出，所以才依部方指示，交回若干。最後為後任留下一萬美元。則大多數同仁認為「大可不必」！

我和銘生兄討論的結果，認為正確的助人，如雪中送炭。當然是快樂的源頭。歷史上有太多的例證，不勝枚舉。總之，助人既要顧到別人，但也要顧到自己。還要顧到環境，才是正確。

Chapter 2

朝中有人好作官

一、貴門子弟

民國三十三年冬，我考上了陸軍衛生勤務訓練所福建邵武第三分所的軍醫分期教育班，學軍醫。可惜只讀了一年前期醫學，第二年本科還沒唸到，因為抗戰勝利，我們分所結束。改編成南昌總醫院。我們第六期和第五期的學員差不多一百人左右，都領到一張結業證書。成績最好的，每期四人，我和七位同學，留在南昌醫院工作。其餘的全下放部隊。

我們到南昌候命。南昌總醫院未成立，我們又全部改往南京湯山，在湯山，成立了首都陸海空軍總醫院。同學八人中，我和陳鈞、江淩，拼命K書，準備重考大學，受正規教育。結果，我們由南京遷廣州，由廣州來台灣。我們三人順利考上了台灣大學政治系。畢業之後，我和江凌又都考取了外交官領事官。

四十二年六月畢業，我又考上了編譯訓練班。結業之後，四十三年二月，派到左營海軍總部任少尉編譯預官。四十六年才有機會進入外交部工作。

我們三人之中，陳鈞最足智多謀。我們三人都有一個願望：赴美深造。

我初進部分在禮賓司護照科工作。我一個人，承辦外交護照、公務護照、雙重國籍、外國人簽證、和華僑再出國加簽。忙得不可開交。

時在國防部連絡局任編譯的陳鈞對我說：「你很喜歡研究，寫論文，不是嗎？你不妨多研究美國問題，寫成論文，在報章雜誌中發表。一旦成名，派往美國的機會便多了。」（因為：我們朝中無人，只有靠自己努力了。）

他的建議十分正確，雖然不見得一定有效。可惜我在護照科忙得不可開交，一天上班十小時都嫌不足，實在匀不出時間來研究美國問題。

想當年，怎樣的同事才能派去美國呢？

試看周谷先生所著《外交秘聞》第二六九頁載：

蔣夫人為鼓勵士氣起見，特於一九六五年九月七日在駐美大使官邸召見我政府駐華府官員及彼等眷屬，並由周大使親自按各員階級順序介紹晉見致敬。周大使介紹屬員別開生面，別創一格，所以特別引起在場諸公諸婆的密切注意。周大使對在場的某些人只簡單介紹其官銜，有的則介紹其父親，有的則介紹其叔父，有的則介紹其岳父，這種新型外交儀節值得新進以及後進外交人員學習。茲將我在場親自聆聽周大使為蔣夫人介紹屬員的語詞，恭錄部分如后存參。以下是駐美大使館官員被介紹情形，這是很有歷史價值的，真是千載難逢。

「這位是鄭參事健生。」

「這位是馬秘書紹棠。」周大使剛介紹到此處，蔣夫人立即說道「啊，是馬星樵（馬超俊）先生的公子吧！很像。」紹棠答應一聲「是」便立即退下。而介紹駐美大使館二等秘書雷愛玲女士則說：

「這位是雷部長法章的小姐，雷愛玲。」

「這位是總統秘書曹聖芬先生侄子，曹志源。」（聖芬先生曾任中央日報社社長。）

「這位是趙桂生副總司令女婿，林鐘。」

「這位是行政院劉組長支藩公子，劉伯倫。」接著周大使立即介紹劉伯倫秘書的母親晉見蔣夫人。劉的太夫人正來美探視其兒媳。曹、林、劉三君均時任駐美大使館三等秘書。其次沒有顯赫雙親的人，周大使便簡單明瞭，直接了當：「這位〇〇〇參事（秘書、專員、武官……）。」像我自己說來真是祖宗有德，沒有揚名聲顯兒子的父親，使周大使省些氣力，保住些元氣為國勤勞，事後大家都「佩服」這種獨創一格的介紹詞。（聯經出版社出版）

鄭參事健生，曾是葉公超部長的秘書。由駐聖保羅總領事平調到華府任政治參事。馬星樵先生曾任南京市長等要職。至於該書作者周谷，時任駐美大使館三秘。他是總統府秘書長張岳公的同鄉。他曾上書曾任過外交部長的張群，論外交人才的培養，頗得岳公欣賞，岳公電話外交部某次長「關照」，因此也派到了美國。

據我們同仁私下討論，認為當時能派去美國的同仁，不外乎兩類：第一，有高官作後臺。第二、部次長的秘書，例證太多，不勝枚舉。這兩者以外的同事，想去美國，那可困難了。但部次長的秘書，像張元、于濮、潘保基等，到了美國，都沒再回部。

二、升官撇步

周著《外交祕聞》第四十一頁中說：

葉公超在外教部長任內曾於一九五八年二月二十六日，在外交部動員會提到外交部外放的事情。最後他說：「人人都想外放。外放等於惡鬼升天堂，跳出火坑。」台下的人聽了不覺哄堂大笑。那時我正在外教部學習，也洗耳恭聽到他這一句警語。

政府遷台的初年，經濟未起飛，財政不裕，公務員的薪水，少得可憐。民國四十六年，我在外交部中任薦任科員。一個月的薪水，折合美金，不到二十元。部中同仁，無不企盼外放。外放後，即可領美金薪水。月薪都在二百元美元以上。是以同仁望外放，如大旱之望雲霓。一旦外放，便真像「餓鬼升天」了。同仁不但盼外放，爭取外放，尤其盼望外放到美國、或其他理想的地方。周著中又說：

據我所了解，沒有人自願或甘願去非洲行走。多半是逼上梁山。無論老少，大家所嚮往的，依然是一片樂土的新大陸。（頁四十一）

說得很正確。我第一次外放被派去茅利塔尼亞，便是被逼上梁山的。

有些無依無靠的同事，為了爭取「生存權」，便有種種「撇步」出現。

第一個撇步是「拜把子」，若干同學、同年之類，湊個「桃園三結義」、「五虎將」、「八仙」、甚至「十三太保」，人多勢眾，群策群力，互相擦背。

應該會有點作用吧！但沒聽說過。

第二個撇步是拜乾爹。這一招，雖說有點「寡廉鮮恥」，卻很有效，乾爹認對了，他不但能讓你早日餓鬼升天，而且能替你找一個理想的國家外放。

有一位人事處T處長，他曾作過一任總領事。他，廣結善緣，收了好一些乾兒子乾女兒。「只要你好好的孝敬我這個乾爹，我便能使你早日餓鬼升天！」

「有用嗎？」還真有用。

例如：他有一位高中畢業的乾兒子，從不知道甚麼是大學，什麼是學位。當然沒有外交官領事官的任用資格。但「乾爹」為他策劃：先弄到一張馬來西亞還是新加坡一所大學的畢業證書，假的，當然。到銓敘部備了案，而後外放好地方，不久便任領事館領事。這位乾兒子原就機靈，擅長吹拍。後來歸入某公麾下。自稱為長官「赴湯蹈火，萬死不辭。」於是一帆風順，升總領事，任大使。

這位「乾爹」還有一位乾女兒，她的先生本是部中微不足道的小職員。但「乾爹」也為他弄了一張文憑，取得外交官任用資格。而這位「乾女婿」也很能幹，很爭氣，一步一步，爬到了大使職位。

若干年後，這位乾爹退休了，住在北投外交部員工宿舍中。——也許是他名聲太大，他本人居然沒作到大使——當日的乾兒子們升了大使的，返國述職。「乾爹」總希望他們念舊情，登門請安，有所孝敬。殊不知這些「乾兒子」，當時拜乾爹的出發點是「利」。現在乾爹「利」空了，他們怎麼會回過頭去孝敬利空的「乾爹」呢？

於是「乾爹」站在宿舍門口破口咒罵：「×××忘恩負義，王八蛋，不是東西！」他卻不想想，他自己的所作所為，像話嗎？他自己是「東西」嗎？

這都是幾十年前的事了。這種把戲，已成為歷史了。

三、地下派系

又據曾任外交部禮賓司護照科薦任科員、後外放任駐美大使館三等秘書的周谷兄的研究，部中當時還有兩個「地下派系」。周谷先生一任三秘之後，離開了外交崗位，專攻近代外交史。在他的《外交祕聞》第三二一頁「看不見的兩大外交人事派系」條下，他說：

一九五〇年南京中華民國政府臨時遷到台北後，外交部初在台北花街柳巷立足。政局初安後，十數年間部內漸次形成由外館勢力進入部內的，兩個神龍見首不見尾的人事派系，操縱外交部中下級人事大權，以致影響外交部正途出身人員的升遷。胡慶育一九三一年七月六日以第一屆高等考試外交官領事官考試優等第一名及格入部，後來成為外交部老次長。他常常在部內公開說，外交事務工作應重視正途出身者。他說正途出身就是經過國家公開考試及格，進入外交部服務者，正途出身者即使一時語文能力，較後門八行入部者稍差，但可以訓練培養，此為中國歷朝歷代用人之良制。

這兩個部內地下派系，均由外交部非正途出身的人幕後影響。一是當年外交部常務次長繼任外交部政務次長，後任外交部長的周書楷，不知不覺漸次形成的「菲幫」；另外一位也是外交部常務次長後升外交部政務次長楊西崑的「非幫」。周書楷和楊西崑差不多同時出生，同在國立大學畢業，均非外交正途出身，同自外館入主外交部，先後同任外交部常務次長、政務次長，同時先後掌握外交人事、經費等大權，這兩個看不見的派系影響台北外交部多年。

也許，讀者可能對周著有所懷疑，但筆者曾身歷其境，曾身受其罪。周君所說，絲毫不假。開始時，我沒為楊西崑的兒子辦成雙重國籍，被遠謫西北非沙漠國家。我在南斐任副領事時，承總領事陳公以源之命辦理對南非英屬三邦的連絡工作，終於三地獨立時，我都爭取到邀請我派特使參加其慶典的邀請函，其後三地都與我建交，功勞給了他還不算，他還幾次藉故貶低我。其一是陳泉生購買鑽石案。另一件如史瓦濟蘭獨立慶典中點放我贈送煙火案。其三如中波斷交案。事先都被他辱罵，事後又向我致歉。事情過去了，瘡疤還在。他處處找我的過錯，我卻不能為他「赴湯蹈火」，而且經常反抗。雖然後來他整得我離家獨赴中美，我對於自己的行為，卻從不後悔。

陳景淵先生（以源公字景淵），一身傲骨，兩袖清風。他任駐約堡總領事時，我承陳公之命，與南非三邦開始打交道。他貼錢，我出力。我們與三邦都建立了交，他升任駐馬拉威大使。他不會趨炎附勢，不為楊某所喜。一任才滿兩年，便被楊西崑拉了下來。

濮德玠先生，國立政大外交系畢業。深得程天放先生看重，魏道明部長和程天放（教育）部長同鄉、同寅，程公向魏部長舉荐，濮德玠乃得出任駐波札那大使。到任之時，我還在約堡任領事。我陪同他去波京，介紹我所認識的副總統、外長、農長、外次等給他，回到約堡，我對同仁說：「濮大使說他是魏部長推薦任命的，不是楊西崑的人馬，我預料他不可能待過兩年。」果然，一年多，他被調走。由楊的愛將劉新玉接任。中波斷交後，波札那外長隨他們的總統訪問巴貝多。我駐巴貝多大使館參事潘明志兄在酒會中和波外長莫槐相遇，兩人談了滿久。莫氏極端稱讚濮大使，對劉大使卻不太滿意。可見濮大使的調差多冤枉！不知楊西崑給他安了一個什麼罪名，不到兩年便調差！

但是，一個同事若是逢迎上了他，則榮華富貴，指日可待。像幾位只作過科長的同事，他都能安排他們先作一秘代辦，而後參事代辦，最後真除大使。還有好一些完全沒有任用資格的人，一經他拉拔，也都坐上了大使寶座。例如蔡元、徐樊禧、柳鶴圖、陳泉生、馮耀曾、廖仲琴，都是由他一手送上大使寶座的。

雖然，部中同仁極大多數都奉公守法，為國家奉獻。他們不貪名，不圖利，只是盡忠職守，默默工作。有了他們的努力，才能把我們的外交立於磐石之固。

四、十八羅漢

在人人都爭取餓鬼升天之際，一時外放十八人，而十八人中，十六人根本沒有外交官認用資格——依據新通過的《駐外交人員任員條例》——其他有任用資格的同仁，難免會不高興。且看周著《外交祕聞》第五十八共五十九兩頁所說：

我剛進部不久便遇到黃少谷大開恩科。黃自一九五八年八月接任外交部長一職，以外交人事法規的限制除簡任秘書龍運鈞係黃所派外，餘皆部中老人及高考新貴。黃只是一位善於應付人事，而非創業打天下的人。外交部對外交領事人員之派任愈來愈嚴，外交部曾擬有《駐外外交領事人員任用條例草案》，以便對駐外使領人員資格作一具體立法以杜倖進。這個條例立法院於一九五九年六月八日修正通過。其中修正通過最重要的一條即條例第三條：「駐外外交領事人員應就具有左列各款資格之一者任用：一、曾經高等考試外交官領事官考試及格者。二、在本條例施行前曾任相當於本條例規定之外交領事人員經銓敘合格者。」這一修正比外交部原擬的草案更嚴。這個條例通過後使外交部倉皇失措，外交部如不在總統依照憲法公布此一條例以前（總統於六月十八日公布），將部內若干不符新法任用資格者予以外放，則在公布實施以後想要有所作為也就難了，再沒有其他法律漏洞可尋。

因此那些非正途出身者非常焦急。其中除少數有所謂家學淵源外，其餘多半是當朝顯要權貴的親戚故舊。葉公超一九五八年八月在交卸外交部長，由黃少谷繼任時，曾公開說明：他在部時別人介紹他的舅子老表女婿前來，又無法拒絕只好照派。恐怕這批法外人士就是葉當年照派的。一九五九年六月十六日部令發表外放名單一批有十八人之多，最後兩名是人事室科長陳學文和美洲司專門委員宋選銓，這兩位老外交官是名副其實的陪榜。其餘都是當今親戚故舊，總務司幫辦劉邦彥，美洲司幫辦姚守中，條約司幫辦董宗山、禮賓司幫辦芮正皋，均外放為駐外大使館參事，其餘部中科長專員如李裕生、馬紹棠、張世傑、馮燿曾等均派為一等秘書或二等秘書。考試及格進部升至一秘至少要十多年以上，也有未到一祕階級時，早就蓋棺論定了。這些新貴進部多則三年少則年餘，就位至高階，就外交部自詡的人事制度來說有失公平，對不起那些考試及格在外交部服務或從低級職務幹起的人。還有十多位既無使領人員資格，又無顯赫背景的聘任專員，而未在新法施行前外放，只有望洋興嘆。

十八羅漢的部令發表後，舉部為之譁然，引起很大的騷動。這十八羅漢全靠及時雨黃部長少谷先生慧眼識英雄，不然不能堂哉皇哉走出外交部的大門。辛辛苦苦走出外交部大門的是那些考試及格位不過「典屬國」的人。有人戲稱黃為及時雨，此舉為陣前起義。孫希中有詩戲為「群妖盡放洋」。站在愛護人才的立場來說，這十八羅漢未必不是人才。大家所不平的，乃其中多人進部不久未具外放資格，及外交部一向重視的外交經驗，初次外放就位居高位，壓在別

> 人的頭上，其餘的人未免分外眼紅。外交工作是多方面的，各種人才都需要，老實說雞鳴狗盜之徒也有其用，何況這批新貴具有能力背景，正可效忠黨國，何必一定要局限於考試與詮定資格。

「十八羅漢」案爆發之時，筆者還在部中護照科任薦任科員。據我所知，黃少谷先生是一位通情達理的長官。他之如此作法，實有箭在弦上之苦。試問：這批十六人若不及時外放，一旦「外放人員條例」公布，他們便都失去了任用資格，對他們來說，也是不公平的。還有：外交人才——雖然他們不見得個個都是人才——一下子損失十六位，實在也值得商榷。只要其中有一人是人才，外交上損失可就太了。少老一下外放他們十八人，多少也是有點無奈的。

至於幫辦派任參事，科長專員任一二秘書是否恰當，那可是人事處的事，說到才能，像芮正皋先生，精通法語文，善於交際，在非洲法語國家任職二十三年，其間十五年任駐象牙海岸大使，一九七一年我國被迫退出聯合國，非洲國家即紛紛與我斷交，轉而承認中共。芮大使在象牙海岸獨力撐起一片天，直到一九八三年，十二年之後，象牙海岸才轉向中共。這不是奇蹟，是芮大使領導駐館同仁奮力工作的成果。就憑這一點，我們對少谷先生的措置，雖然在自己的清譽上或略有所失，但對整個外交局面來看，實在無可厚非。

而且，這十六位同仁，都不是他任部長時進部的。大都是沈昌煥任部長時進部的。拉拔他們的，正是楊西崑先生。

Chapter 3

在無邦交國辦事

民國七十九年四月，筆者時任駐泰王國代表。當時的經濟部長陳履安先生率團來訪，因為兩國沒有外交關係，我只安排到國務院副院長兼內政部長的巴曼警上將出面接待，並借到他的經過改裝的德國福斯Combi為座車。代表處沒有免稅進口汽車的外交特權。代表的座車不過是豐田Royal Salon。而改裝過的Combi車廂內十分豪華，音響、酒吧、沙發之外，而且汽車防彈。車體堅固安全。

華僑方面，中華會館邀宴訪問團之時，陳部長同意捐一筆錢給會館。筆者曾向他建議：「捐十萬泰銖吧！錢，代表處可匀支。」

但部長的一位下屬——投資處處長認為：「十萬銖太小兒科，要捐十萬美金。」十萬美金，等於二百五十萬泰銖。陳部長似乎還在思考之際，這位處長卻逕上講台宣布：「捐款美金十萬。」一時全體到餐會的僑眾起立鼓掌，大聲叫好。會館理事長上台致謝。並且敲釘轉腳，立即吩咐會館中之秘書擬具謝函。次日即送達訪問團。

訪問團一行四月廿五日到曼谷，廿九日返國。之後，據說經濟部一時無法撥出十萬美元。最後還是捐了一筆錢，但遠低於二百五十萬銖。

在開館務會議時，筆者對同仁說：「訪問團似乎對代表處處事的低姿態不甚滿意，那位處長尤其不爽！此公好大喜功，完全不顧環境，捐錢，答應了，卻無法兌現。希望各位同仁說話作事，要引以為戒。」

一位同仁說：「陳部長前幾天不是有專函來致謝嗎？他似乎還蠻高興的。」

我說：「那是千篇一律的例行公函，不足為訓的。」

事情就這樣過去了。

不久，泰國留台同學會開年會，要我致詞。我有感而發的說了前賢辜鴻銘先生的話。題目是：「發揚中華文化的特色，傳承中華文化的薪火。」

全文如次；

前賢辜鴻銘先生曾經說過，我中華民族文化的特色，包括五點：寬、深、簡、雅、柔。要解釋這五個字，不很容易。但歷史中盡多可以詮釋這五個字的實例。我不揣愚陋，試把史實，來一一印證。

呂蒙正……入為翰林學士，擢左諫譯大夫，參政知事。……初入朝室，有朝士指之曰：「此子亦參政耶？」蒙正陽為不聞而過之。同列不能平，詰其姓名。蒙正遽止之曰：「若一知其姓名，則終身不能忘。不若毋知之為愈也。」時皆服其量。（宋史二六五）

呂蒙正作了副首相，或譏笑他：「這個傢伙居然作了參政啦！」他竟能置之不理。這種泱泱大度，所謂大臣之風，便是我們中華文化的第一個特色。

李沆為相，王旦參政事。以西北用兵，常至旰食。旦嘆曰：「我輩安能坐致太平，得優游無事耶？」沆曰：「少有憂勤，足為警戒。他日四方寧謐，朝廷未必無事。」後契丹和親，旦問何如，沆曰：「善則善矣。然邊患既悉，恐人主漸生侈心耳。」旦未以為然。沆又日取四方水旱盜賊奏之。旦以為細事不足煩上（即皇帝）聽。沆曰：「人主少年，當使知四方艱難。不然，血氣方剛，不留意聲色犬馬，則土木、甲兵、禱祠之事作矣。吾老，不及見此。此參政他日之憂也。」沆沒後，真宗以契丹既和，西夏納款，遂封岱、祠汾，大營宮觀，蒐講墜典，靡有暇日。旦親見王欽若、丁謂等所為，欲諫則業已同知。欲去則上遇之厚。乃以沆先識之遠，歎曰：「李文靖真聖人也！」（宋史二八二）

我們常說：一瓶不響，半瓶叮噹！像李沆，當時被稱為聖相，他的思慮之深，也是我們文化特色之一。論語中說：「古之學者為己，今之學者為人！」為己，才能造就其深。為人，不過是裝裝門面，向人炫耀，實則沒有真才實學。這是我們要引以為戒的。

深厚的反面便是浮薄。真宗曾問李沆治道所在。沆曰：「不用浮薄新進喜事之人，此為最先。」問其人，曰：「梅詢、曾致堯等是矣。」這類人實在太多，稍稍留意，便能發現。（輕諾寡信，便是浮薄。）

至於簡，我的解釋是「從容」。所謂從容中道。以簡御繁，即是從容中道之一個行為。我現在舉一個史例：

時符堅強盛，疆埸多虞。諸將敗退相繼。安遣弟石及兄子玄等應機征討，所在克捷。……堅後率眾，號百萬，次於淮肥，京師震恐。……玄入問計，安夷然無懼色，曰：「已別有旨。」既而寂然。玄不敢復言，乃令張玄重請。安遂命駕出山墅，親朋畢集，方與玄圍棊賭別墅。安常棊劣於玄，是日玄懼，便為敵手而又不勝。安顧謂其甥羊曇曰：「以墅予汝。」安遂游涉，至夜乃還。指授將帥，各當其任。玄等既破堅，有驛書至，安方對客圍棊。看書既竟，便攝放床上，了無喜色，棊如故。客問之，徐答允：「小兒輩遂已破賊。」（晉書七十九）

這種不慌不忙、指揮若定的從容，便是簡。

雅，說得通俗一點，便是生活的藝術化。中正之聲曰雅。隋朝有一位大臣牛弘，當楊素恃才矜貴，輕侮朝臣之際，獨對牛弘改容自肅。且看史臣對牛弘的評語：

牛弘篤好墳籍，學優而仕，有淡雅之風，懷曠遠之度，採百王之損益，成一代之典章。漢之叔孫，不能尚也。綢繆省闥三十餘年，夷險不渝，始終無際。雖開物成務非其所長，然澂之不清，混之不濁，可謂大雅君子矣。（隋書四十九）

這段話可能是魏徵寫的。它已給了雅字一個很好的解釋了。最後一個柔字，才真正是我們文化特色的中心點。

我國在西漢初年，崇上黃老主義。其實，黃老之老，即老莊之老。後來所謂老莊的老，把老子給誤解了。「遺其大體，摭其偏言。取其柔弱，而棄其剛毅。取其退縮，而棄其進攻。取其固與，而棄其欲奪。」（薩孟武：中國社會政治史卷二章五節三）

司馬遷說：「道家無為。又曰無不為。」我曾經杜撰過一個解釋。譬如：水流湍急。我們對於流水之性，實在只能以無為來待它。但我們利用水流的湍急來推動水車，推動磨粉的轆轤，這又是無不為的一面了。「以虛無為本」，「以因循為用」，「與時遷移，應物變化。」這都是太史公在史記一百三十自序中所說的，和我們的意思相近。

每讀史記越王勾踐世家，至大夫種所說的：「湯繫夏臺，文王囚羑里，晉重耳奔翟，齊小白奔莒，其卒王霸。」才深深了解到「柔」的真諦。

三略上說：「能柔能剛，其國彌光。能弱能強，其國彌彰。純柔純弱，其國必削。純剛純強，其國必亡。」柔即是無為。剛，無不為。

傳承中華文化，正是我們留台同學的責任。能把我們文化的特色發揚光大，更是我們應該力行的義務。能做得到，大，可以使僑居國政治清明，兵富民強。小，可以立己處事，潤及子孫。

筆者這一篇有感而發的演說，曼谷各中文報都有刊出來。

不久，這位處長轉任我駐港「代表」。

消息傳來，我對幾位同仁說：「此公若不收斂一些，我看我們駐港辦事處又可能出事。」

按：鄧備殷兄以三秘身分派赴香港工作，到任的次月，我駐港主管被香港判刑，驅逐出境，我方擬再派新人接替，也不為港方接受，備殷兄乃以三秘的身分，扛下了主管的職務。他甚能掌握香港的環境，妥善應付。所以，我們深恐處事穩健的鄧兄走後，接替他的新任主管又可能出事。

先是：民國八十年四月，港方對於我新派駐港「主管」事，不予置理。到七月，才有消息。根據我駐港名義為「中華旅行社總經理」的鄧備殷兄所著《萬里須臾夢》書中說：

大概是七月底，國民黨港澳總支部主任委員通知我，他說一位自稱香港警方「政治部」的人員傳話，接替我的人選必須書面具結，承諾在香港只負責與「中華旅行社」有關的業務，不得介入其他活動，香港政府才能同意發給其來港工作簽證。

港政府不直接通知鄧總經理，而通知中國國民黨港澳黨部主委，據鄧兄分析，不外兩點：

一、香港政府已洞悉台北派人赴港意欲全盤綜理之目的，以港方立場而言，香港社團在香港政府登記，即使在香港之國民黨人亦是香港公民，均受香港政府管轄，豈能容「非香港公民」在香港地頭「點紅點綠」（粵俚交通號誌，指揮之意）。

二、「李復中小組」的活動顯然已在香港政府掌握之中，香港警方「政治部」直接找上了擔任「小組召集人」之國民黨港澳總支部主任委員，無異帶有強烈警告之意味。

結果，台北方面——陸工會——決定先接受香港政府的要求簽署切結書，取得簽證進入香港後，再作道理。

新總經理於八十年九月初抵港接事。他接任之後，果如我所料，絕不採低姿態，而且完全沒有外交人員謹言慎行的修養。鄧書中說：

這位新的駐香港代表沒有一般職業外交人員謹言慎行的習性，也不似在香港慣於甘隱幕後的國民黨幹部，但平實而論，他的確幹勁十足。在台北，他是社交圈的名人，家世十分顯赫，有淵深的黨政關係，在後勤支援方面，可謂得天獨厚。他抵任翌日便接掌「李復中小組」，瞬即在香港掀起一陣旋風，他以台灣駐香港最高負責人的姿態，完全不避忌諱，常常高談闊論時局，引致媒體追逐，一時聲名大噪，改變了台灣駐香港各單位一向低調的形象，也獲得不少為他叫好的聲音。然而遺憾的是，他的優點在香港那樣的環境卻成了他的缺點，香港政府認為他違反了具結書的承諾，開始對他皺眉；他的行事作風又與久居香港的老幹部格格不入，終至演成「強龍」與「地頭蛇」對峙的局面，台北也漸漸風聞一些對他不利的傳言。

備殷兄回國後，先任領事事務局副局長。八十一年九月升任亞太司司長。香港業務，又在他管轄之下。他的回憶錄中說：

一九九三年耶誕前某日，我應邀參加澳洲駐華代表的晚宴，英國駐華代表亦在座。餐畢，英國代表拉我在一角密談，他說：「你們駐香港代表姿態過高，言行迭有逾分，且聞已指揮國民黨在香港的黨務系統，顯然有違當初申領香港工作簽證的諒解。另悉台灣正籌劃在香港購置辦公大樓，供駐香港各單位集中辦公，此舉將使台灣在香港的presence太過明顯，有升高左右對立之勢，英方認為不宜」云云。

我告以：「國民黨確曾一度有意請我駐香港代表兼領香港黨務，但外交部及大陸事務委員會早已明確表示不予同意，不過該名駐香港代表具有國民黨中央委員身份，可能有時提供諮詢意見而已；至於駐香港各單位集中辦公，目的只在方便聯繫及節省行政費用，目前亦僅止於討論階段，請勿過多聯想。」

備殷兄答得非常中肯，完全是職業外交官的口氣。事後，他還立即呈報主管次長房金炎，誰知，備殷兄書中寫道：

數日後，那名英國駐台灣代表特就台港事務請見次長，我在一旁陪同。英國代表正式表達關切，強烈要求我駐香港代表言行知所節制。事後次長搖頭，他說：「江山易改，本性難移，我方在香港布署的人事，顯然錯置，看來『出事』遲早而已。」

一九九四年間，一位香港警方「政治部」人員在國民黨港澳總支部安排下，來台與國民黨海外工作會聯繫，海工會請我派同仁會同該名港方人員一談，但聞港方再度對我駐香港代表未守承諾，傳達強烈不滿，幾已形同最後通牒。我向次長呈報，並建議何不趁早調其離港。次長瞪我一眼說：「以其背景，談何容易！」

結果是：敬酒不吃吃罰酒！

一九九五年初，我駐香港代表公然參加香港民主派人士參選的籌款餐會，並當場認捐而且登台演講。事後經媒體渲染，香港政府終於不再容忍，由英國駐台灣代表直接通知大陸事務委員會主任委員，決定逐我駐香港代表離境。事至此時，已無可挽回。

某日，次長召我至其辦公室，告知已遵上層交待親書訓令，著我駐香港代表立刻返台，並囑我與外交部發言人協調，統一對外界說詞，強調為「正常輪調」。這樣的說詞當然難期媒體採信。此時正巧又發生兩個插曲，一是我駐香港代表在某場合中與中共新華社人員把臂和唱卡拉OK；二是我駐香港代表被人指控涉入國民黨在香港出售黨產問題。立法院及監察院均提案質詢，媒體負面報導太多，適成其調差真相之遮眼煙幕。

我回顧這段往事，心中的確浮現當時一些批評我在香港服務期間太過保守的說法，我不想為自己辯駁什麼，更無意指陳他人不是，只是覺得事實雖然冷酷，但是無論正反，皆可為來者鑑。

備殷兄最後幾句話，於我心有戚戚焉。也可作為我派駐無邦交國家工作同仁的殷鑑。這「不是保守」。而是「柔」的運用。

《世說新語》中載：

一位賢母趙氏嫁女，她對女兒說：「妳到了婆家，任何好事都不要做。」

女兒說：「不做好事，難道作壞事？」

母親說：「好事都不可以作，壞事當然更不可作！」

筆者初次任館長，派到約旦任駐約旦王國代表。我的前任項士揆先生曾警告過我：「現任外交部派在約旦的三位同仁都不行，最好請部方早作安排。」我說：「每人都有他的長處，我會盡量讓他們發揮他們的長處。」我豈敢還沒到任便先要求外交部調動人事。

因之，我到任後，開第一次館務會議時，我便告誡同仁們說：「在無邦交國辦事，未求有功之前，先求無過。」

一位經濟部派到約旦的同仁傳回國內說：「劉某說『不求有功，但求無過！』」

我是怕有人貪功而出錯，他卻惡意把我的話給扭曲了！

有一天，一名在坦尚鐵路工作的大陸工人逃到約旦，請求庇護。榮工處約旦分處竟收容了他。館中一位白姓同仁連忙去打氣，問東問西。然後，他們才告訴我。

我說：「千萬不可！」

他們報到國內，國內也反對。

最後榮工分處花了一筆錢把其人送走。一越過邊界，偷渡到沙烏地，便被沙方警察給逮捕了。

他們想貪功，「作好事」，完全沒弄清楚環境。

筆者在約旦作了兩任代表，共八年。在泰國作了一任代表，五年。或有人覺得我不夠強勢。還有國內訪團，意氣用事。事先不知會代表處，在公共場合拿出國旗來張揚，結果受到干擾。他們不自我檢討，反而責怪代表處「沒有種」、「太過軟趴趴！」真令人啼笑皆非。筆者之所以把這些寫出來，實在希望大家都能避免發生不愉快的結局，而還把一切都歸罪到國家代表單位，不掛國旗？李總統訪約旦，住在王宮賓館中，賓館門前有一支落地旗桿。總統一到賓館，我們便把國旗掛上旗桿。次日傍晚，總統離約前才下下。

掛不掛國旗，要看場合，不是嗎？

主事列傳

主事，嚴格說起來，並不是外交官。他們只是大使（館長）的「公務隨從」。不是「外交隨從」。他們雖然也持用外交護照，而在駐在國所編行的外交官名錄中，他們的名字沒有被列入。在使領館中，他們的工作，不外是收發文件，謄抄文稿，翻譯電報，辦理庶務等。通常有委任主事和薦任主事兩等。他們承辦的業務卻沒不同。

但主事之中，也有一些出類拔萃的人才。他們的機智、學識、言談，不一定比真正外交官差。他們所缺少的，或者是學歷，或者是高考及格證書，如此而已。

筆者四十年外交生涯中，曾經相處過的，而且認為特出的主事，至少有三人。他們是：薦任主事

Chapter 4

廖碩石、韋鶴年和委任主事葉剛強。

先說駐約翰尼斯堡總領事館的薦任主事廖碩石先生。

我第一次外放，派在駐約翰尼斯堡總領事館任副領事銜助理副領事。階級雖然不高，卻是總領事以下的首席館員。館中的薦任主事廖碩石先生和沈旭宇先生，也都有副領事銜。而下面還有兩位委任主事：韓際和與黃廷章。

我大學畢業後，在左營海軍服預備軍官役，任總部連絡室少尉編譯。當時，海軍總部連絡官室有編譯十七人。最年長的岳善昌先生，年近六十。他是洋行出身，英語文程度不錯。其次我和台大外文系晚我一屆的同學劉光煒兄，我們三人，負責大部分翻譯工作。尤其是緊急或重要文件，連絡官主任總交給我們三人辦。緊急公文，有時，直升機等在一旁。我們把中文原稿放在左邊，一面便在打字機上打出英文，主任過目後，簽了字，立即由直升機送往台北。

因此，三年下來，我的英文打字練得相當不錯。打起字來，又快又不出錯。打字小姐看在眼中，又羨慕，又妬嫉。

但比起廖主事的打字功夫，我只有甘拜下風。我的紀錄是每分鐘九十六字。我們連絡室的男打字員一分鐘約八十六七字。碩石兄則超過一百。

我生平遇見過比我打字快的，一是聯勤總部編譯訓練班教官Gesrge CHEN，另一位是外交部同事祁鈺兄。碩石兄大約介於他們二者之間。

廖主事不但打字功夫好，英語文程度也好。他出身基督教家庭。彈得一手好鋼琴。他頭腦清楚，思路快捷，說話簡單扼要。可惜，他只是一位主事。實際上，他所具備的各項才華，很適合作外交官。

他原追隨劉宗翰總領事。劉公調部後，繼任的是英國倫敦大學畢業的魏煌孫博士。劉公是外交部有名的「聖人」。他的謙恭待人，奮勉從公，清廉公正，不特得到同仁的敬仰，僑界的稱頌，駐在國朝野都認為他是有史以來，最了不起的一位中國總領事。

魏總領事上任不久，僑界覺得他的作風遠不如劉公。因此，僑社中頗多負面的評語。館中同仁合作方面，也不如劉公在任時的愉快。

有一天，同事們閒談起前後任總領事的差異。碩石兄說：「這好譬梅蘭芳唱『貴妃醉酒』。梅蘭芳走了，換了主角。雖然文武場和配角完全照舊，整台戲卻完全走了樣。」

譬喻得真好。

不久，廖主事調部辦事，回到部中。任次長朱撫松先生的秘書。非常稱職。其後他調任駐美某總領事館主事。我們便再沒碰過面。

後來，他辭職定居美國，沒有歸建，很可惜。

其次，我在駐尼加拉瓜大使館任參事時，下面有三位一等秘書，兩位薦任主事：韋鶴年和譯電員李漢文。

其時，尼加拉瓜內戰一觸即發。但三位一秘，其中一位在尼已待過九年，他們都認為大戰不太可能。我才到到任不久，但我目睹政府高級官員的眷屬都紛紛搶購機票去美國避難。反叛軍桑定陣線活動加快。我很不表樂觀。只有韋主事看法跟我相同。他把眷屬也送去了美國。

鶴年兄情報局出身。中等身材。臉孔有點瘦削，膂力卻奇大。他曾經多次帶隊乘船潛往大陸，可說曾身經百戰，每次都是有驚無險，全身而回。

他既不通英文，也不通西班牙文。只會幾個西班牙單字。但他指揮司機、女傭，就憑這幾個單字，加上一些手勢，也能行得通。

他能弄點食鹽，加一點材料，製成炸藥。至於電器，如電視、錄音機、無線電，他都能修。他還作的一手好菜。

別看他不夠魁梧，等閒兩三個壯漢也近不了他的身。

有一年，大使館國慶酒會，賓客中一位仁兄猛灌免費的洋酒，喝太多了，當場發酒瘋。大使說：「請韋主事來。」

韋主事來了，他只用了一招擒拿，扣著那一位醉貓的手，好像在和他親切聊天，把那一位仁兄帶出了會場，交給警衛人員。

可他脾氣奇大。看不順眼，破口便罵。

有一天，一位一等秘書冒犯了他，他理直氣壯，在電話中數落了對方好幾分鐘。最後，他氣還沒消。聲言要開車去找對方動武。我勸他說：「他年紀比你大很多。你既然在電話中罵過他也就算了。第二，他是資深一等秘書。我和他同年高考。我都作了好幾年簡任官了，他還是薦任。也夠洩氣的。讓他一點又何訪。第三，你若真去飽以老拳，一方面給旁人看笑話。一方面若告到部裡，可能兩敗俱傷呢！」

他總算聽了我的勸，恨恨的掛上了電話。

當時，尼加拉瓜的內戰一觸即發。某次館務會議，三位一等秘書，一位管政情的，一位在當地已九年，從三秘升上來的。他們都表示樂觀，認為不致發生大規模的戰爭。另外一位兼理領事事務，他不管政情。一問三不知。我雖然是參事，但我剛到任不久。大使認為我還未進入情況，所以，他寧可相信兩位秘書的話。韋主事到任已兩年了。他和我一樣，深表不樂觀。我和他勸促大使：外交部已發下了三千美元的應變費。似可稍作準備，購買一些冷凍食品、汽水、罐頭等，以防萬一。

但是，大使完全不理會我們的善意建議。完全沒有危機意識。

不幾天，反叛軍的桑定陣線發動全面攻擊，首都也發生巷戰，我和韋主事的住家隔壁是總統蘇莫沙母親的住屋。雖然這位老太太早已去了美國，叛軍卻攻打她的住屋。政府的國民兵（National Guards）在我們屋前布成陣勢，向叛軍猛攻。差不多僵持了兩三個鐘頭，叛軍才撤退。

（我當時曾把一架菲立普錄音機放在陽台上錄音。自動步槍和五零機槍的聲音，都已錄下。至今聽了，仍心有餘悸。）

政府軍和反叛軍都撤走了。街上寂靜之至。我走到屋外觀察：我們住家外牆上彈孔壘壘。

電話鈴突然響了。

原來，李漢文君寄居民家，民家沒有糧食，兩天前屋主全家下鄉去了。餓了兩天。李君冒險走路到大使館，對著他所承辦的電碼電表本，數十冊，打電話向大使求救。大使電話給武官。武官說：「外面巷戰，太過危險。」拒不赴命。大使電話住近大使館的一秘丁珂，丁珂也推得一乾二淨。最後，大使電話給我。我雖然答應前去搶救，但想起大使不聽建言不肯應變，不免嘀嘟了兩句。

於是，韋主事開車，我坐前座，把一件白汗衫綁在一根棍子上撐出車窗外，開車去大使館。一路上，有些死屍，正被人用汽油點火焚燒中，街兩旁有叛軍的崗哨，他們手中都握著衝鋒連發步槍，槍口緊瞄著我們轉。我們只要有一點讓他們起疑的動作，我和韋主事都可能被轟成蜜蜂窩！

還好，有驚無險，我們終於把李君救了出來。對於韋主事的膽大心細，「究竟是曾經百戰之身。」我想。油然升起佩服之意。

最後，在教廷駐尼大使館三等秘書葉勝男（台裔）協助之下，我們僱到一輛巴士。又由駐瓜地馬拉大使毛起鷴先生安排之下，替我們租來一架沒有窗子的兩個頭的螺旋槳飛機，我們全館人馬連農耕隊隊員趁巴士，到達蘇莫沙總統的私人機場，由那兒飛到瓜地馬拉京城避難。

不幾天，蘇莫沙總統被趕走，桑定陣線全面勝利，接管政府。我們大使館同仁也就都回到了馬拉瓜。

同事中，居然有幾位記了功。我和韋主事，他調去哥斯大黎加，我調去宏都拉斯。

我們當然都沒有「功」，都沒記功。

若干年後，鶴年兄調部認出納科長，之後退休。

這兩位薦任主事——廖碩石和韋鶴年，都是我佩服的主事。

還有一位葉剛強先生，他是我們駐哥斯大黎加大使館的委任主事。雖然官卑職小，他卻是我們外交部同仁中的傳奇人物。

那一年，我在禮賓司任典禮科長。部中有好一些重要公文，必須呈給總統蔣公。蔣公年事已高，眼力不佳，只能看用手寫的大字文稿。於是部中由禮賓司吳司長文輝主考，招收一名能寫毛筆字的人員。剛強兄遺族學校出身，雖只高中畢業，卻寫得一手好毛筆字。他前來應考。吳司長甚為滿意。報給人事處。經人事處聘葉君為雇員，派在禮賓司工作。除了抄寫之外，司長叫他管理國旗和各國的國旗。

剛強的頭腦很靈光，甲國的國旗是什麼樣子，乙國國旗是什麼樣子，三號國旗多大小，四號國旗多大小。什麼場合用二號，什麼場合用小國旗，不到一個月，他已經摸得清清楚楚。新特考進部的薦任科員派到禮賓司工作，他會指揮這些「薦任官」整理和認識國旗。儼然像一位「科長」呢！

他有許多才華。

第一，他很會寫文章。在報章雜誌中所發表的文章，文情並茂，可稱作家。

第二，他很會寫字。不論大字、小字、楷書、行書，都拿得出去。每年春節，他還會到菜市場擺一個小攤子賣春聯，貼補家用。部次長婚喪喜慶的中堂、對聯、也都由他書寫。

第三，他會刻印。他所雕刻的圖章，不輸給刻印名家、一般文人、畫家，都喜歡找他刻一方圖章應用。

第四，他善於製作盆景，弄點小假山、大花盆，製造出小橋流水，騷人墨客，栩栩如生。

第五，他精於烹調。美食家張大千先生曾好幾次請他到府作菜，以親筆書畫回報。

第六，他很會把妹。經常三幾句話，便能打動對方的芳心。

但他不喜歡讀書。我常笑他：「人家不學無術，你卻不學有術。老天爺對你太抬愛了！」他的另一半也姓葉，台灣埔里人。

這位小姐也是位傳奇人物。她嫁給剛強時，小學畢業。結婚後，讀夜校到高中畢業。剛強派到中美駐哥斯大黎加大使館任主事時，這位小姐居然考上當地的西班牙語大學，畢業後，取得學士學位。回到台灣，還教過西班牙文呢。

還有，他們生了六個男孩。

我對葉大嫂說：「你真了不起，生了六個兒子，還能讀完大學。」

剛強兄說：「她沒有了不起。我上班，我還要照顧六個孩子。我才真了不起呢。」

剛強是追隨司長去哥斯大黎加的。因為，我們司長吳文輝先生調升駐哥大使。

那一年，民國六十七年，我派駐在尼加拉瓜大使館任參事。我寫信給吳大使說：「我要利用聖週（Semana Santa即復活節），到聖荷瑟（哥京）來探親。」

我們駐哥大使館，大使原是禮賓司司長。三等秘書劉佳豐、黃瀧元，都是禮賓司的科員。所以，我說：「去探親。」

其時，大使夫人蔣燕華女士同兒女在美國。館中有一位小姐，居然打我們大使的主意。

大使親自開車到機場接我。然後，我和全館同仁在大使官邸吃午飯。

還有一位號稱哥斯大黎加咖啡大王的僑領呂華昌先生也在座。

午餐時，剛強居然敢當面用手指著大使嗆聲說：「大使，你可不能作任何對不起夫人的事！」

義正詞嚴。吳大使竟不敢回嘴。

之後，吳大使調部辦事。剛強調到駐美大使館作主事。他的六個兒子，有的讀中學，有的讀小學。

他的第四個兒子坐地鐵上學。有一天返家途中，拾到一包金飾珠寶。這位小朋友想起父母的教導，中途下車，把珠寶交給警察局招領。回到家中，父母正急得不得了，擔心兒子放學了好久還沒到家呢。

那一包珠寶據說當時市價值三十多萬美金，是一個猶太人所有。這位猶太人急得差一點要上吊。因為，珠寶是老闆的。他不過是個夥計。要賠？那可要他傾家蕩產了。

這位老先生，領回珠寶之後，買了一點小禮物，到剛強家中，千恩萬謝。當時美國各大報紙，都有報導此事。老美們眼見中國大使館的眷屬小童，居然拾金不昧，盛讚中國的傳統家教。

我那時在約旦任代表——簡任十四職等代表。我看了中央日報海外版，得知各情，當即寫信給剛強大大的誇讚了一番。寄了一百美元，犒賞他那為中國人爭光的兒子。

據我瞭解，當時剛強一個月的薪水，大約一千五百美元上下。全年約一萬八千美元。三十多萬美元，那可是剛強十七八年的薪水呢！真是了不起。

剛強的尊大人抗日時英勇犧牲，所以他能入遺族學校讀書。他的令堂大人一直守寡在家鄉。剛強到了美國，千方百計把老太太從大陸接到香港，再由香港接到美國。

其時，蔣夫人在紐約居住。剛強是遺族學校畢業。遺族子弟、都稱夫人為蔣媽媽。蔣媽媽得悉其事，還特地約見剛強母子，攝影留念。他們母子和夫人的合照一直擺在他們住家的客廳中。

之後，剛強由美國又調回台北。

一個委任官的薪水，要維持一家九口的生活，確實不易。剛強在延吉街開設了一間「大千食府」，賺錢補貼。

每年，母親的生日，剛強總是在南昌街的軍官俱樂部擺壽宴，為母親祝壽。外交部的前後任部長黃少谷先生、周書楷先生、朱撫松先生、錢復先生等，常到場賀壽。

我在外交部工作了四十年，還沒見到有第二個為母親祝壽、而歷任部長多人到會參加祝壽的例證。

大千食府的門面不大，地樓之外，尚有地下室。

牆上掛的是李奇茂大師的〈母與子〉國畫。旁邊有一副嵌字聯：

大夢誰先覺

千山我獨行

上聯是《三國演義》中諸葛亮的詩句。下聯是電影《楚留香》中的歌詞。據說是湖南才子袁揆九兄的大作。

其時，我在部中，由駐約旦代表回部任亞西司司長。我們，我和國畫大師李奇茂兄，還有剛強，經常三人行，吃館子、喝咖啡。剛強為他的大千食府招攬生意，有時借用我的或者奇茂兄的名義請客。他曾假用「劉司長」、「劉大使」的名義，邀到前任外交部長周書楷先生和朱撫松先生，次長薛毓麒先生、大使田寶岱先生等午餐。我卻作了不必付錢的主人。

那時，我們經常在大千食府碰頭作食客的有：電視臺的導演明亮先生，畫家沈禎先生、顧重光先生，作家袁揆九先生、楚戈先生，攝影家俞蘇先生，記者葉伶芳小姐等。外交部的同仁也不少。這班食客，都是響噹噹的人物。

大千食府的菜好，招待親切，生意鼎盛。

其時，葉大嫂在美國帶孩子。六個男生，都在學中。

因為生意好，房東要加租。剛強兄一氣之下，將餐館遷到天母磺溪街，改名「老萊居」。古人老萊子七十歲還「彩衣娛親」，剛強兄六十歲還依奉膝下，所以店名為「老萊居」，也有點承歡膝下的意思。

老萊居不但賣酒食，也賣盆景。剛強兄頗有藝術天才，他刻圖章、寫字，作書，還作盆景。他的盆景不是盆栽，而是在一個相當大的花盆中，作出小橋流水、山川人物。非常可愛。我特地為他的老萊居撰了一付嵌字對聯：

老朽何能只用點奇石清泉花草沙土裝點出湖光山色
萊子有居且拿些名畫法書山菜茗茶勾留住墨客騷人

可生意仍然不錯。我曾在那兒碰到過電影演員江彬，女畫家邵幼軒、田曼詩和趙松筠。有一天還碰到蔣孝勇先生。

剛強兄最恨味精。他說：「什麼菜都放味精，每一個菜的味道都一樣。味精使我們『不知肉味』！」所以，他的菜全靠功夫，絕不用味精。他有時也用高湯。但高湯都是豬、牛和雞、鴨骨頭熬出來的。完全是天然有機食物。

他的拿手好菜之一的「蒸魚頭」，許多饕客吃了之後，回家依樣畫葫蘆，可就蒸不出那個味道來。有一次閻奉璋先生和我具名邀請黃少谷先生和朱撫松先生在閣府午餐，前三個菜我情商由葉兄親自下廚，其中一個菜便是「蒸鰱魚頭」。貴賓們還包括葉明勳先生和陳毓駒兄，無不絕口稱讚。等到外燴菜某大飯店的乾燒魚頭端上桌，賓客們都覺得味道太差，只嚐了一小塊便叫撤去。

我任亞西司長時，司中有任何活動，他也一定來參加。大家稱他為「亞西司之友」。我們全司出去郊遊，兩天一夜，他也一定跟去，插科打諢，給我們提供了不少歡笑。

我民國八十六年退職之後，回到台北。他的母親已過世。他和太太搬到竹南去了。仍然開了一個餐館。

有一天，他住進了榮民總醫院。他患了肺癌。

小女劉敏是榮總腫瘤科主治醫師。據她診斷：一般肺癌初期都沒有什麼症狀。等到症狀出來了，癌細胞已經擴散到相當程度了！她認為「葉伯伯錯過了時機。」所以，治療不樂觀。大約還可支持半年左右。

半年之後，剛強走了。但他的一生。卻是多采多姿的。

亞西司的一位同仁對我說：「葉剛強的令尊為國犧牲，這是忠。他的母親一直守寡，把獨子拉拔大，這是節。他自己到了美國，千方百計託人把母親從湖南接到香港，再從香港接到美國，這是孝。他的孩子拾金不昧，三十多萬美金的珠寶物歸原主，這是義。一門忠、孝、節、義，您若是寫外交生涯回憶錄，可不能遺漏了葉剛強。」

說得蠻有道理的。因此，我寫了這一篇「主事列傳」。

第五篇

九十自述

Chapter 1

自述

我今年，依照我的身份證，是八十八歲。再過兩年便九十了。總結我九十年來的一生，寫成〈九十自述〉。

我從小膽小，作事生怕出錯，被父母責罵。

譬如說：父母絕不許我上舞廳。民國卅六年，我和陳銘生、江境忠兩位同學由南京到上海玩。（那時我才十幾歲。）傍晚，華燈初上，我們來到一個大舞廳門口。他們兩個說要進去看一眼。我不願意。結果，他們兩個真的進去轉了一圈才出來。我卻只能站在門口等候，不敢進去。

我不但膽小，還怕黑。晚上睡覺，不點個夜燈，我無法入睡。（我直到十三歲，還要褓姆帶著睡。）

後來唸書了，住宿舍，多少同學睡一個統艙，才把我睡覺點燈的習慣糾正了過來。

進入社會工作了，我因為膽小，臉皮薄，生怕出錯。

四十六年進入外交部工作，當時是高考，屬資格考試，不是任用考試。工作得來不易。所以戰戰兢兢，不敢走錯一步。

第一次外放，遇見了一清如水的陳以源先生，承蒙他的青睞，推心置腹，讓我以一個微不足道的副領事階級的外交官，和當時正醞釀獨立的巴蘇托蘭、貝川納蘭和史瓦濟蘭三邦的政要領袖打交道。他貼錢我出力，終於和三地達成了建交設館的關係。以後我在外交部工作的三十年，我處處遵循陳公的教誨。雖然我自知淺陋，居然最後還爬到了特任官。每一回想起來，總是覺得這都要拜陳公所賜。

我四個月寫完了《論語的故事》，我向一位長官報告，他不相信。但他不知道，其前，我寫《論語新探》，卻花了近兩年的時間。我寫《大學的故事》，只花了兩個星期。

我從小就喜歡詩詞。兒時母親教我背唐詩，不用課本。她背，我照唸。以後，養成了習慣。我上大號，心中便默背詩詞。我坐公車，心中也是默背詩詞。現在年近九十了，舊習難解。半夜睡醒，睡不著，我以背詩詞打發，而後便漸漸入睡了。我任司長、任代表之時，一有閒暇，我以默寫詩詞打發時間。一方面也是練習書法。我一共寫了唐詩、宋詞一千餘首，都十五大本。這些詩、詞，我不但能背，而且都背得滾瓜爛熟。

誰相信？

有一天，幾個老朋友會餐，我拿出五本。其時，小女送了我一個能測心電圖的手錶。我對這幾位老朋友說：「只要你們從這五本手寫的詩詞中唸一首的第一句，我把手錶放在詩詞上，我便能背出全詩。」試了幾首，果然，大家都認為那一支手錶忒神奇。

有一位老友，他唸了一首詞的第一句，卻故意把手錶放到另一首詞上。結果，我依然背出了，他把我的把戲給拆穿了。

我拿出全十五本，我都能背出。他們這才相信。

一位老友故意背古詩十九首中的〈西北有高樓〉。我對他說：「十九首，我最少可背出十六首。不信可試。」

他日，此老友說給一位老同事聽。老同事笑笑，輕輕對他老婆說：「吹的。」

老友對我說：「夏蟲不可與語冰。」我笑笑。

幾位同事在一起閒聊。一人說：「劉某人何德何能，他怎麼可以升特任？」

一位邱姓同事說：「劉某在泰，安排總統往訪。他到了約旦，又安排總統率團往訪，且住王宮之中，試問：有幾人能辦得到？」

另一人問：「他怎麼有錢買房子？」

一位陳姓同事說：「據我所知，他在約旦三年，交回外交部三次節餘公費，每次一萬美金，共三萬。」

可見得，要人相信你，是多難的事。
因為，人都喜歡以己度人。
但，我只是照著我認為的真實，寫我的書。

Chapter 2

家世

我家世居江西省南昌縣中洲鎮之梓溪北坊村，高祖父成釗公，清誥封光祿大夫。據饒洲知府彭宗岱公所撰《成釗萬大夫人合傳》載：

翁少讀書而家貧不能卒業。長乃貿易，性剛鯁。與人交接，意見不合，輒怒形於色、甚或面觸。少年寡識者多避之。舊商老成者，皆直之。謂其存心不欺，可與理財共事。翁亦究心計然之術，積久遂成巨商。自奉簡約，而宗族鄰里之急，恆周恤之。出納不苟，而急公尚義之舉，則千金不吝。翁以子貴，誥封通奉大夫。同治六年，劉峴莊中丞以長公方伯，在籍宣勞軍事民事，巍著成績。奏請榮封三代一品，得旨晉贈光祿大夫。享壽八十有一，歿葬上諶店南首。

（《劉氏宗譜》）

按長公方伯，係指翁之長公子劉于潯，字傑宜，號養素。我任外交部亞西司司長之時，同仁林茂雄教授在中央圖書館找到《劉南豐先生文集》，其中有一篇〈養素公神道碑〉。題目是：

贈內閣學士賞戴花翎圖薩太巴魯陝西布政便劉公神道碑

劉于潯字養素南昌人道光鄉舉大挑河工知縣補清河未幾擢通判以憂歸咸豐初粵寇變起于潯率團勇隨官軍勦賊敘功遷知府五年曾國藩侍郎督軍江西始立江軍水師奏以于潯為統領兩克樟樹鎮復豐城新淦浮樑撫州臨江及安徽建德諸郡縣嘗追賊馬田攻陶家壘強武為江右第一同治三年江皖閩浙逸賊入江西眾號數十萬于潯方駐撫州所將僅二千人賊攻文昌橋親督將士晝夜血戰賊既敗乘夜復進攻于潯知賊必至嚴陣以待殲其悍酋賊遂不支自于潯統江軍累戰接捷積功賞花翎圖薩太巴圖魯勇號累擢至甘肅按察使遇缺題奏布政使未之官以疾引退于潯天性友愛老而彌篤保衛桑梓不遺餘力比戶尸祝婦孺咸能道其姓氏年七十一卒光緒四年巡撫劉秉璋奏請優卹特贈內閣學士從祀張芾江忠源祠

養素公是成釗公的長子。次子于鴻，早夭。三于浚，知府。俱為萬太夫人所出。四于澣公，字邦宜，號瀛賓。他是我的曾祖父。五于淦。他們二人係曹太夫人所生。

于澣公在前清的封號也很長：

誥授奉直大夫晉授通奉大夫嘗戴花翎特旨嘉獎直隸州知州同知銜加五級歷任河南新野臨穎等縣知縣光緒丙子科舉人朝考一等孝廉方正郡優增生

《劉氏宗譜》中有載〈瀛賓公行述〉。摘錄如次：

公無衿無驕，待人寬恕。作事必謀定後動，有始有終。為文必窮思極慮，務求脫盡。恆蹊太史喻采臣嘗謂公「心血多人數斗，而於算法一道，寢饋欲深、厥後從事河工十年，測量度估，防守修築，成績昭著，實基於此。

丁亥，上峯委赴河北履勘湯河。先是湯陰、安陽兩縣之民，因湯河蓄洩之故，彼此互相訟鬥。經歷任兩縣令會勘，迄無良法。且禍結亦深，械鬥上控，幾無寧日。公至，約集兩縣紳耆，多方譬喻開導。為之相度高下形勢，築堤建閘，使蓄洩各不為害。兩縣之民，皆歡欣鼓舞。多年訟鬥之案，遂乃得解。旋時，人民遮道跪送，立碑以紀其事。上峯深為贊許而器重之。自是無論大小諸事，公無不與聞者。是年冬，奉檄權知新野縣下車伊始，簡幕僚，省門役，除盜患。視事以清、慎、勤三字自矢。案無大小，隨到結從。未嘗輕易拘押一人。而平情判斷，亦皆無枉無縱。以故民情悅服，皆曰青天在上，不可欺也。他如興水利以便農田，厚膏獎以培士子，舉節孝以端風化。與夫修城池、築街道，建書院、儲積穀，設育嬰。無不慨捐廉俸，以求完善。去之日，士民遮道，攀轅臥轍，焚香祖餞。衢巷充塞，咸以不得挽留賢父母為憾。適倪豹岑中丞擬委辦理賈魯河。自鄭工楊橋至挾溝駱橋，凡數百里。札文有「該員守潔心精，實事求是。疏濬修築之任，匪伊莫屬」等語。同時吳清卿河督亦委辦三省河圖局務，辭不獲已。庚寅春，河圖事竣。秋七月，賈魯河全工告竣。河帥奏保加同知銜，加五級。遂以二品為曹太夫人請封、不久，又奉旨以直隸州知州升用。並賞戴花翎。時奉新許文敏公總督東河，奏改新章，特設河防總局，選賢襄事，以專責成。奏保公「品粹才長，公正不苟，特派監督黃河南北兩岸工程。兼查辦採買正雜各料。……是冬赴臨穎任。勤政愛民，一如襄日之治新野。壬辰邑中患蝗蝻，公乃設局四鄉，捐廉購買，令民補送局所，論斤給值。三數日，費緡三千串。收捕殆盡。烹而瘞之，竟不成災。士民感頌，謂宰斯邑之賢父母，國朝自沈端恪公之後，一人而已。銜恩懷惠，歷久不忘。後邑人集資為建賢尹祠。以公長生主與沈端恪公神主並祀。時距交卸任事已十餘載矣。而新野紳者，亦臚政蹟，稟請入祀名宦（祠）……

甲午二月，自京返汴。因念連年奔走河工，久疏定省。朝上告休之書，夕即就道。急流勇退，諸寅好咸歎為難能。費太夫人時已年近古稀。公遂決志在家奉養。不復再作出山之計矣。

瀛賓公生於清道光丁未年七月十三日卯時，歿於民國六年丁巳農曆十月十一日戌時。享壽七十有一。妣徐夫人，體弱多病，生二女，均及笄而殤。側室羅安人生秉機公和女一人。秉機公是我的祖父。

祖父秉機公，邑優附生，宣統己酉年制科孝廉方正及第。目睹清末政經混亂，不肯出仕。祖母衷氏，中洲望族，有子三人。長錫燕，次錫煦，皆幼殤。三錫勳公，即是我的父親。母親陳氏，進賢縣前清翰林院庶吉士四川省江油縣知縣省道員陳公志喆之五女公子。

曾祖父非常孝順。祖父也是。

曾祖父過世後，祖父為他在我們住屋前打橫蓋了一座「瀛賓公祠」，以紀念曾祖父。祠堂裡有一幅刻在木牌上的對聯。是外祖父所撰和手書：

書冊猶存，桮棬猶存。緬彝山汴水之間，人士彼都不忘大德。

賢尹有祠，名宦有祠。當春露秋霜之際，兒孫此地永展孝思。

湯陰安陽兩縣縣民，為感載曾祖父築堤以息兩縣人民年年械鬥之恩，每年冬派人至江西，購鄱陽湖鮮魚十石，送到家中。曾祖父逝世後，祖父請他們停送鮮魚，而兩縣仕紳不同意。謂「祖宗遺示，不敢違背。」經再三婉拒，遂允減送。祖父逝世後，每年仍送四石。直至民國二十八年，我們逃難，遠離南昌，送魚之舉才停下來。好感人！

Chapter 3

家人

我有兩個高祖母，兩個曾祖母，但只有一位祖母。

我的曾祖父是庶出。祖父也是。

祖母衷氏夫人，育有三男。長錫燕，次錫煦，俱幼殤。我的父親錫勳公號述堯，排行第三。他十六歲時，祖母立即為他成親。

祖父在五大房中排行第十五，鄉人都稱他「十五老爺」。稱父親述堯少爺。或單稱「少爺」。

祖父、父親，都是單傳，所以祖父母鼓勵母親多生。

母親生了我們兄弟姊妹十二人。一年一個。我們都是由奶媽帶大的。

大姊元貞。元旦初生。大哥純祺。二姐靜貞。我。三妹良貞。四妹閏貞。五妹右貞，六妹滿貞。滿貞一出生，便送去奶媽家了。而後三弟純祜，四弟純祐。七妹惠貞。惠貞也是一生下來便送去奶媽家帶。中日抗戰，六妹七妹都隨奶媽家逃難。而後，民國三十八年農曆二月初七我們逃難逃到南城。家鄉二月九日即為日軍佔領。

不久，八妹出生。不數月，夭亡。

父親有姐三人，妹一人。

大姑父熊義舉，號少懷。他和小兒子熊茂林表哥，經常住在我們家。二姑父饒主適，號圓存，也經常住我們家。二姑母很早去世。留下一女一兒。女兒饒用湛，從小就住我們家。她比我大姊大六歲。因為是中秋出生，小名秋兒。我們兄弟姊妹都稱她秋姐。三姑父魏建章，很少見到。三姑母有時帶她的兒子金生表哥來作客，住個十天半個月。四姑父曾章校，我沒見過。四姑姑有時帶她的兒子福明表弟來作客，住一些時。她經常向父親要錢。據我所知，她大概欠了我們八百石穀子。也可能是兩千石！

我們住家是由三條房屋群組成一個大方塊。右手第一排是主屋。一進大門，左右都是院子。進門右手牆壁上開了一個門，那是通到「前頭學屋」的門。

進了二門，是中門，而後大天井。過了天井是堂屋——大客廳。左右都有正房、側房、後房。天井兩旁是左右廂房和側房。堂屋正中是照壁。中間一個大條几，上面放著一個大座鐘，左右擺有瓷帽筒。照壁上掛有中堂。條几下一張八仙桌，桌左右各一張紫壇太師椅。左右兩側都擺有一色的太師椅各兩張，中間一張茶几。

過照壁是第二進。一共四進。

窗槅子都是用棉紙糊的。只有第三進，我們叫新屋。那是祖父晚年修養的地方。門窗都用玻璃。而且是唯一有二樓的屋。樓像馬蹄形。最左邊是祭祀用的錫器、祖宗的畫像等，其他空間都擺滿了書。大部頭書如「古今圖書集成」、「二十四史」、「資治通鑑」等，都是木函線裝書，還有很多小說書。最珍貴的，是曾祖父親撰的數學書。我們小孩絕對不可以碰。

第四進屋我沒進去過。一直借給一位同鄉居住。結果，房子燒掉了。幸好沒波及主屋。

第二排房子，最前是「前頭學屋」。抗戰時，曾借給商震將軍眷屬居住。（勝利後，商上將曾任駐日軍事代表團團長）。二姑父每次來我們家都住前頭學屋。他教過我唸古文觀止。

學屋後是大廚房。廚房分兩部分、中間隔著一個大天井。前半段是大廳、有條几、八仙桌，太師椅。旁邊另有一個八仙餐桌。擺在右邊廂房門口。天井後，左邊是三個頭的磚爐。那是大師傅周月妹的「王國」。爐子燒煤炭。晚上封爐，只留一點點小縫，保持火苗。後面左右各有兩個大灶。專供燒飯，煮大鍋菜用。爐旁都有風箱，灶裡燒穀糠。每口鍋直徑都在一公尺左右。左邊一口鍋，右邊兩口。

廚房左邊是一條長巷，一直通到大門外，大門和瀛賓公祠的側門正對。兩個門中間是一條有屋頂的巷屋，一邊放了一條船。因為我們家在中洲，四圍都是水。船隻是預防萬一的。

廚房後是落地穀倉和一個大院子、院子裡養了很多雞，三十多隻鴿子，一頭牛。穀倉都是兩層樓高，一共有十間還是十二間，呈L形排列。管家齊先生的套房便在穀倉旁。再後是磨房，碾米間、更後是花園。花園門左右有一副對聯，刻在石上：

青草池塘
綠梧庭院

橫批是

半畝方園

園裡有梧桐樹、柚子樹。長工種了好多畦菜。還有瓜棚。有西瓜、葫蘆、黃瓜之類。池塘裡養了好些魚。

最左一排住屋，我們叫老屋。一進大門是花圃。左面有梅花樹，右面有桂花樹。都有石欄杆圍住。有些什麼花，記不清楚了。

一進房子有右手兩進那麼大。平常沒住人。周師傅在那兒養了十數頭豬。其餘的房間、大廳開了一個織布工廠。有十幾枱織布機。工廠由大姑父管理，據說每年總要虧個上千大頭。工廠的管事、工人，都是大姑父的親戚。

織布工廠後面是「後頭學屋」。學屋很大。大堂屋和小客廳，隔天井相對。左側正房、廂房、側房，供書塾老師用。右側正房空著。大堂屋是學堂。我六歲發模時，共學的有大姐，大哥、二姐，熊茂林表哥，衷金樓表哥。還有偏房側房等，供大廚周月妹、長工毛潤根和劉純茂住。人各一室。

最後面是「半畝方園」的一角。

天井左側有一個大門，經常關著。打開來是「西園」，彤卿大伯伯家。——據說在五大房中，彤卿大伯伯最有錢。他繼承了三份財產，良田超過二萬畝。在五大房中，他排行第三。我叫他大伯伯，是他一房中老大。我稱他太太為三伯母。土話「三姆姆」。他有一個姨太太，我叫她「姨姆姆」。姨姆姆有一個兒子，叫純堂，小名歡歡，比我大一歲。小時我們常玩一起。「搭堆」、「溜錢」等兒戲，我都玩不過他，大伯伯日本早稻田畢業，抽大煙，沒有作任何事，先是賣田，後賣古董、字畫，家境便漸漸沒落了。

我上書塾到九歲，而後轉入縣立第八（劍霞）小學四年級。民國二十六年，抗戰軍興。二十八年農曆二月初，我們舉家南遷避難。三天後，家鄉即為日軍佔領。

抗戰勝利，我於民國卅五年初隨由衛生勤務訓練所邵武分所（三分所）改編成的南昌總醫院回到南昌。我們老家已成一片廢墟。只餘下兩棟倉屋。其時，大姐已出嫁，三妹四妹都隨婆家生活，父母身邊，只有二姐和五妹，還有兩個弟弟。六妹滿貞仍隨奶媽家住，七妹惠貞和她的奶媽一家人都不知所終。

我私立初中沒有畢業上省立高中，高中唸了不到兩年，學軍醫。軍醫沒學成，以同等學歷考上了國立台灣大學。大學總算畢了業，拿到有生以來第一張畢業證書。

我學完軍醫到南京工作的那一段日子裡，因為年幼，沒有談戀愛。二十歲時考入台灣大學，經濟不許可，天天忙於賺學費，賺生活費，不敢追女朋友。四十三年到海軍服預備軍官役，第一次談戀愛。那位陳小姐，祖籍澎湖，定居高雄。富貴人家。交往了一年多，我急於到台北外交部報到，錯過一次約會，便斷了來往。當時，外省本省之間還有一點隔閡。或許因此，她家不贊成，才造成分手。

進入外交部之後，也有過三次沒結果的交友。最後，我遇見了內人胡富香小姐。她是省立婦產科醫院的護士。她的父親是中壢市選出的民代、兄弟姊妹八人。祖籍福建永定。客家人。

內人大姐嫁蘆洲李家，她家的古厝，列入古蹟。二姐嫁士林郭家，姐夫當時在台北電信局工作，他們家世代書香。哥哥任中學校長。他的姪子後來任中華大學校長。三姐夫是基隆碼頭公會理事長簡有勇的兒子，內人第四，卻要和一個上無片瓦、下無寸土的外省人結婚，岳父岳母都有點擔心。最初不同意，後來派二哥——最早以鰻魚出口到日本的貿易商——到台北來察看，二哥二嫂回去向老人家報告，才獲同意。我第一次民國四十九年底外放，岳父把我叫去中壢。他問我：「有沒有錢？買個房子再走。錢不夠，我給你。」

我說：「當然，錢也夠。」

我離台前，共領了三千六百餘美元。當時，一美元可換四十好幾元新台幣。四十七年副領事陳敏中兄回國在北投民族街買了一個六十坪建地的平房，才花六萬台幣。我在士林福林路四六一巷中買了一個三十二坪的平房，花了一千六百美元而已。

我們出國之時，我、內人，和三個多月大的女兒小敏。岳父母帶了二哥、小妹和小弟到機場送行。誰知一別便是八年。回到台灣，任科長。女兒已八歲，兒子也六歲了。

我單身在台，便把岳父母家當成自己的家。每逢年、節，或是連續假期，我和內人總是帶了兒女回外婆家。岳父母也把我看成自己的兒子一樣。

大哥一直是安分守己的「良民型」，在大園教國小。二哥作貿易商。小弟幫他。小妹還未有婆家。

不久，小妹和師範大學畢業的孫紹先先生結婚。他們有一女、一男。最後，小弟也結了婚，生了三個兒子。我再度外放非洲，到波札那任一等秘書。

兩年後，我們和波札那斷交。我任臨時代辦。「收攤子」。回到國內，岳父母、二哥二嫂和小弟，開了兩台轎車到機場接我們。松山機場。那時還沒桃園機場。

岳父不贊成我重返外交陣營，問我願不願同二哥一起搞貿易，我說：「這一生世已決定獻給外交了。」

二哥認為我官升得太慢，要給我一筆錢「打點」。我當然拒絕了。

我升了副司長。

副司長作了兩年，第三度派到南斐，追隨關鏞大使到斐京開設大使館。

其時，女兒讀Loretta convent高三，政兒讀Christian Brothers College高一。

一年半後，我被派去中美尼加拉瓜。我單獨上任。內人陪同孩子留住南斐。女兒保送入金山大學醫學院。政兒高三。

我在中美洲，從尼加拉瓜到瓜地馬拉，最後調駐宏督拉斯大使館參事、總領事階級代辦。政兒也順利進入金山大學，學醫。

內人母兼父職，不辭勞苦，自己開車接送政兒上學，接送女兒到約翰尼斯堡金山大學住校。政兒上大學後，全家遷到約堡居住。我也由宏都拉斯調任駐約旦王國簡任十四職等代表。

兒女都上大學了，尤其女兒，非常獨立。是以，小兒讀大二時，內人乃能到約旦，協助我對約旦展開外交工作。

不久，岳母患重病，內人回台灣，照應老人家差不多半年。岳母歸天了，她才回約旦。

岳母仙逝後，岳父悶悶不樂。不久也生病，由小弟兩夫婦照顧。內人也曾專程回國侍奉他老人家。她再回到約旦不久，岳父便走了。姊妹們怕內人兩地奔波太勞累，沒有即時通知我們。直待後事辦完了，才通知我們。

我在約旦待了整整五年，請求調回國內。隨即接任亞西司司長。四年之後，外放曼谷任駐泰王國大使待遇代表。其時，女兒在榮總，政兒在馬偕。都擔任住院醫師。

在泰國，因為兒女都長大了，我們無後顧之憂，全心全意投入工作。為了工作方便，內人學會了泰語。日常吩咐女傭工作，或上街購物，都可應付。和當地政要夫人往來，和僑社聯繫，她都得到相當高的評價。

五年之後，我們再度回約旦任代表。特任。也是最後一任。三年之後，才辭職回國。

辭職之後，我們才真正有自己的生活。

內人腦筋比我好，而且事事都肯用心。客家人的家教好。我首次外放派在非洲沙漠國家，苦不堪言，她從不訴苦。我由斐京調去馬拉瓜，她母兼父職，拉拔孩子。我作館長，她默默支持我。退休後，她家事一肩挑，煮飯、買菜、洗衣服，她甘之如飴。一件白襯衫，一條牛仔褲，坐捷運、擠公車，她也認為「很方便」。我常對她說：「我這生虧欠妳太多了！」（我八十歲以前還自己開車。八十歲以後不開了。）

兩個兒女是我的驕傲。

女兒劉敏在南斐讀完小學三年，回國擬入薇閣小學。考她的老師問她：「一元是幾角？」她答不上來。我們在南斐當時用英鎊，一鎊二十先令，一先令十二便士。她從沒接觸過新台幣，如何知道？那位女老師說：「一元是幾角都不知道，白癡！如何讀四年級？」

我問她：「老師，一個先令是幾個Ticky？」

她說：「什麼？」

我說：「在南斐，一個老師若不知道一鎊是幾個先令，一個先令是幾個便士，人家才會說她是白癡。妳不問她英鎊，問她台幣，她如何知道！」

結果，她第一個學期名列第三，第二個學期第一。

而後，我奉派到波札那。女兒進入當地的Maru—A—Pula中學初一。英國制的學校，一年三個學期。一年半，不到兩年，她已讀完了初中。

我在波札那只待了兩年，中波斷交，我調回台北，女兒進入台北市立一女中。才讀完高二，我再奉派到南斐京城Pretoria。南斐在南半球，雖說是秋季始業，他們的秋季，等於台北的春季。女兒讀Loretta Convent，高二下，等於多唸了半年。

這一年，南斐全國高中數學奧林比亞，四千多人參加，由於北一女的底子，她拿到銀牌第二名。南斐是歧視人種的國家，中國人拿第二名，全國英、斐文報紙大登特登，華僑們高興得不得了。我和內人接道賀的電話都接到手軟。Loretta Convent自創校以來第一次得到學生受獎的榮譽，特地為女兒舉辦了一個慶祝茶會。我和內人，甚至於我們大使伉儷都受到邀請，參加盛會。

主辦數學比賽的Ould mutual保險公司寫信給我，提供女兒五年全獎學金，讓她讀會計，之後考精算師。我不接受。我替她申請金山大學醫學院（cllniversity of the Witwaters land），學校欣然接受。其時，女兒高中還未畢業。

畢業後，女兒順利的進入金山大學，十七歲。

一年讀完，她被選為全校年度十位最優秀學生之一。她由學校聘為助教，還拿到一筆獎金。金山大學女生宿舍，一人一個房間。六個人共一個洗手間。受任助教之後，一人一個套房。即不必和其他五位同學合用一個洗手間。

讀完三年級，教授要她任「學生講師」（Student tutor）教病理學。那時我在中美。她寫信給我，我回信說：「學業重要，不要分心。」

她畢業後，回到約旦安曼和我們——其時，我在約旦任代表——團聚了一個月，而後內人陪她一起回國。女兒順利的進入國泰醫院工作。她也考取了醫師執照。

我請求調回部內獲准。和女兒分開了六七年，終於又團聚了。

我調任亞西司司長。

我帶女兒到台北榮總見姜必寧副院長。女兒由國泰轉到榮總工作。

中央研究院院士彭汪家康博士主持癌症研究，病房設在榮總。女兒轉到中研究，後更名國家衛生研究院，從中研院獨立出來。

女兒和台灣ＩＢＭ公司的一位職員許朱勝先生結了婚。不久，我奉派到曼谷，任駐泰代表。

女兒作了好些年的腫瘤科主治大夫，最後被聘到東洋製藥廠主持癌症藥物研發。女婿由經理，而部門總經理，而ＩＢＭ台灣區總經理，而大中華區副總裁。之後跳槽到台灣ＧＥ總經理。他們兒女都已長成。女兒大學畢業，正讀碩士，兒子讀大學。

小兒劉政，跳班大王。他由薇閣小學、而波札那刺槐丘（Thornhill）小學，新民國中、南斐ＣＢＣ高中。他以會考成績四個特優（Distinction），進入南斐金山大學讀醫學院。那時，實際年齡是十六歲，二十一歲醫學院畢業。作完實習醫師，回到台灣，先入新竹南門醫院外科部工作，隨即考取醫師執照，轉到台北馬偕醫院耳鼻喉科，由住院醫師、總醫師，而當他任主治醫師時，才二十六歲。

他不願作主任，自己出來，到淡水開業。結婚後，生了三個女兒。

Chapter 4

求學

六歲那一年，我進了自己家裡的書塾中讀書。

老師是一位前清秀才陳老夫子。

書塾設在我們老屋的最後面「學屋」中。學屋的大廳是教室。左面的正房是陳老夫子的寢室。右手的正房空著。左右廂房、側房，是大師傅（廚子）周月妹（男性）、長工劉純懋和毛潤根的宿舍。

學生只有大姐、大哥、二姐、我，和熊承定、衷金樓兩位表哥。後來又加了管家齊先生的兒子齊憲維。

我們自家設私塾的目的，據說是怕我們小孩子到外面去上學會遭到綁票的危險。

我上學時，大哥在讀詩經。我卻是從三字經開始。大哥比我大兩歲。而後，我又讀了《龍文鞭影》和《幼學瓊林》。兩年之後，我正讀《孟子》之時，老師換了師範大學畢業的萬世盛先生。我還記得，他首先帶給我們的是李後主的〈浪淘沙〉和〈虞美人〉兩首詞。他的所以願意屈就任私塾，因為，我們除供吃住外，還給他一般中學老師兩倍的薪水。

萬老師也教我們算術。

我九歲時，父親才讓我們入縣立劍霞小學讀書。大姐大哥六年級。二姐五年級，我四年級，而後三四五妹也都入了小學。

民國二十八年農曆二月初七，我們全家逃難，包了一條船，從梁家渡溯撫河而上，經過臨川，到了南城。一家十七口，租了一棟房子住。初九，家鄉便被日本鬼子佔領了！

我沒有讀六年級，入一所私立中學讀初一。從來沒有離開過褓姆的我，住學校宿舍，每天連人帶被子滾到床下。又染了瘧疾，病得很厲害。休了一學期學。次年春，入南城近郊的私立洪都中學讀春季班初一。可以走學。兩年之後，考取已遷至廣昌縣的省立南昌一中。

省立中學不比私立中學，功課緊多了。我第一個學期的成績，除了音樂期考拿了九十二分之外，其餘功課沒有一門超過七十分。第二個學期才趕上進度。

民國三十三年冬，剛要放年假，南城被日軍攻陷，我們在南城的家人匆匆忙忙逃離了南城。我因在廣昌住校，沒法和家人連絡。一時慌了手腳。想起秋兒表姐已結婚，住在黎川。我隻身背了一個小包包，徒步去黎川找秋兒姐。還好，找到了。秋兒姐大我十歲，從小在我們家長大的，和自己的親姐姐一樣。表姐夫是一位陸軍少校軍官。

福建邵武的陸軍衛生勤務訓練所第三分所來黎川招考軍醫分期教育班，我報名應試，僥倖考上了。三十四年正月初，表姐夫找了一位山東大個，為我安排上，坐在一輛貨車駕駛艙的「屋」頂上，綁一根繩子，好似今日的安全帶，免費由黎川、經光澤去邵武。我還記得，艙裡還有一名乘客，他是青年軍二〇八師的師長黃珍吾將軍的兒子。（其人後留學美國學現代舞，民國五十年代曾來台表演過。）

到了邵武，終於和家取得了連繫。

其時，我們家經過多次艱難，生活漸入困境。佣人早就遣散了。但還是十分困苦。有一位父親的好朋友，他得知我們家的艱難，送了六百石米，才助父親渡過難關。

衛訓所管吃管住，（有沒有薪餉，不記得了。）所以，不用愁生活。想起家道中落，覺得：若不拼命讀書，前途一片黑暗。到了這個時候，我才開竅，開始拼命唸書。

訓練分所的主任是劉經邦少將。教務主任王瑞海上校、教病理的教官蔣興周上校，教藥理的是金文鑫上校。解剖教官葛少校。外科教官傅堯上校。內科林國華上校。眼科林和鳴上校。衛生勤務教官楊文達上校。環境衛生教官齊上校。其他的教官，名字忘記了。

我們的教育初期，原定兩年，第一年前期醫學。第二年內科外科等。我最愛解剖。有些名詞，如十二對腦神經，十塊腕骨，至今還能記得清清楚楚。沒有屍體解剖。我們同學打野外時，在野地裡找到荒塚中的頭蓋骨，洗乾淨後帶回教室研究。我們甚至捉野狗，帶回教室，予以麻醉，解剖。

那是民國三十四年。九月，日本無條件投降。抗戰結束，軍醫的需要少了。我們兩年的訓練，只一年便宣告結業。我們的訓練分所撤銷，改編為南昌總醫院。當時受訓的學員為第五期第六期兩班，共約一百二十人。每人發給一張結業證書，分發到各部隊，升少尉助理醫官。成績好的同學，每班四人，改編入南昌總醫院任少尉助理員。

我拼命讀書的結果，每門功課都是一百分。只有生理學，我聽不懂那位福老的講課，只拿了八十六分。但仍是全班第一名，所以也留下來在南昌總醫院工作。

我們一行人，浩浩盪盪，從福建邵武，坐車到江西省南昌市待命。結果，南昌總醫院沒有成立，其年夏，我們一行人，又奉命趁長江小火輪到南京，接收南京湯山的首都陸海空軍總醫院。院長仍然是劉經邦少將。醫務長于德風上校。外科部主任傅堯。內科部主任林國華。眼科主任林和鳴。藥局主任金文鑫。我們同學共八人，大都擔任護理工作，或派到檢驗室。我是唯一的一個，派在內科部，追隨主治醫師賈友三上校，任住院醫師。我和江西南昌醫專畢業的黃孝寶醫生，負責第六病房的約一百一十個病患。一人管一半。護理長是山東籍的馮美俐小姐。

病患中，傷兵很少。有黑熱病、肺結核、梅毒、黃膽等病人。

有一位傷兵，年約五十出頭，左手齊肘截除了，卻感染到破傷風。我用盤利西林把他給治好了。出院之時，他對我下跪，感謝我救了他一命。

但，好景不常。一年以後，院長換了陸軍軍醫學校畢業的景凌霸少將。副院長兩位：協和畢業的楊文達少將和不知哪一間學校畢業的吳郡昌少將。首都陸空軍總醫院本部遷到了南京城內三十四標。湯山部分反而變成了分院。

景先生把我叫到他辦公室，對我說：「你作醫生是不是資格還差一點？」

我說：「是。」

他說：「我知道你很會唸書。我給你調到X光室，你有空可好好讀書，將來再考醫學院。如何？」

我說：「好。」

本來，我作醫生，天天戰戰兢兢，唯恐出錯，到了X光室，跟石順起大夫看片子。跟護理長李慕蓮小姐學操作X光機。閒時猛K英文、國文、溫習高中功課。

三十八年六月，我隨醫院遷來台灣，以同等學歷考取了台大政治系，重讀大學。自力更生，靠寫小說投稿賺生活費。

三十九年，我課餘參加了中國文藝協會舉辦的「電影班」，學編導。老師是雷亨利先生和張徹先生。四個月結業。

四十年三月，我又參加了文協的小說研究組。考上的。主持人是台灣師範學院（現是師大）的教授李辰冬博士和趙友培教授。為期四個月。教授還包括陳紀瀅、高明、吳奚真、李曼瑰、葛賢寧、謝冰瀅、陳雪屏、王夢鷗、何容等，我受益最多的是李辰冬、王夢鷗和葛賢寧三位先生。

民國四十一年冬，我的一篇〈亂世家人〉獲中華文藝獎金委員會發給一千四百五十元稿費。我四十二年最後一個學期所交學雜宿費全部才八十五元。一千餘元，簡直是中了一個大獎呢。審查我作品的幾位先生中，就有李、葛兩位。

第一次外放，被派在北非法語國家茅利塔尼亞。讀大學時，本省籍同學都說日語。為了適應環境，我選修了曹欽源先生的日文課三年。在海軍服預備軍官役時，向左營一位西班牙神父學了一點西班牙文。對於法文，卻一竅不通。到任後，第一件事便是找到一位家庭教師愛瑪夫人教法語文。這位太太是美國某一月刊在北非的特約記者，英文很好。也善於教學。三個月後，我便能上街購物，或作一些交涉。半年後便可以隨時站起來作簡單的演說。那時，我們派在法語地區工作的同仁，以吳斌、賈德麟為主，和石承仁、張衡、劉棫、陶謀權、孫希中和我，共八人，創立《法語自修通訊》月刊。每人輪值一個月，將八人所寄下的自修稿，打字，編印、寄發。當時，吳斌的《老實話》，石承仁的〈卑之無甚高論〉，我翻成法文的〈崑崙奴〉、〈李娃傳〉、〈虬髯客傳〉，和〈李章武傳〉，陶謀權的〈旅剛雜記〉和劉棫的〈無題漫談〉等，都曾引起大家的熱烈討論、研究。但只維持一年左右。若干同仁調了差，如我，轉調南斐約翰尼斯堡，《法語自修通訊》便「壽終正寢」了。

記得剛到約堡之時，我曾經想繼續研究法文，到約堡的法國新聞處，見一位Mme Buttler。我一開口，她就笑著說：「你怎麼說一口非洲法語呀！」

由於種種原因，我放棄了法語。

總領事換了陳以源先生。陳公鼓勵我進修。

於是我到南斐大學報了名申請仍讀政治系。

民國五十四年八月卅一日，南斐大學的Registrar通知我碩士過關，可繼續讀文哲學博士（D.LITT & PHIL）。

於是我化了三個月功夫，擬了論文題目、大綱、送呈大學的Senate核可。Senate批准了，費也交了，指導教授也指定了：Dr. Louw，政治系系主任。可惜，不數月，我被調回台北，只好放棄。

民國六十一年三月，我到了波札那首都嘉柏隆里，任駐波大使館一秘。不久，我向南斐大學申請復學。這一次，指導教授改為Dr. Denis Worral。他是耶魯的博士。後來出任南斐駐英大使。還曾訪問過台灣。可惜，我在波札那才待了一年多，中波斷交，我留館任臨時代辦，處理善後。之後，下旗返國。又沒有讀成。

民國六十五年六月，我隨關振宇大使到南斐京城開設大使館。次年，我又想再度申請復學。誰知，我的硬脾氣得罪了一位小氣長官，到任才一年半，便被調去中美洲。我才剛開始跟學校接上頭。因為調差，只好又放棄了。原來，要讀一個學位，還要有拿學位的命！從此，我便不再讀博士了。

我小時是個非常頑劣的孩子。讀初中時，去一位同學家玩。高三的大哥哥。四位同學正打麻將。這位大哥哥要上廁所，叫我替他砌牌，打一把。也是事有湊巧，我剛剛坐下、摸好牌，訓導主任突然闖入。把我和另三位同學名字都記下來。我不服氣，居然同他爭吵。結果，三位高班同學，各記小過一次。我不服教訓，記小過兩次，但，我沒把那位上廁所的同學招出來。事後，他們認為我年少夠義氣，請我吃館子。

讀高中一時，有一天，初冬，星期五，下午，我們教官帶我們全班「打野外」。天乾氣燥，野草枯黃。頭一天國文老師教我們白居易的「離離原上草」，我和另二位「死黨」，心想，這一大片草，要是點一個火一燒，一定很有看頭。而「野火燒不盡」，草灰會使土壤更肥沃，野草到了明年，「春風吹又生」了。

恰巧我荷包裡有火柴。當時沒電燈，同學晚自習都是點菜油燈。火柴是晚上點燈用的。三人一商量，我劃了一根火柴，枯草迅即燒了起來。而且風助火勢，一發便不可收拾。不幸，我們把農人的一間草寮給燒掉了。後來農人告到校長處，學校還賠了錢。

星期六，校長集合全校同學，質問是「誰幹的好事」？我舉手承認了。校長認為：「我雖然頑皮，倒很誠實。」結果，記了我兩個大過、兩個小過、留校察看。好險，差一點便要被開除了！

我當然沒招出兩個死黨。事後，他們認為我夠義氣。爭著請我上館子。

我小學沒有畢業讀初中，初中沒畢業讀高中。高中沒畢業學軍醫。軍醫沒畢業上大學。大學畢業，才拿到生平第一張畢業證書。

讀大學時，因為要兼差打工賺伙食，是以，我喜歡的課，分數考得很高。老師講得不好、或我不喜歡的課，成績便平平了。

記得盛成教授教的「中國政治思想史」，我很喜歡。有一次期中考，我竟拿了九十三分。其次同班涂秀雄，拿了八十幾分。盛教授說要將我們兩人的考卷傳閱呢。

有一位美國耶魯大學的交換教授陶遂（Gray A Dorsey），教「憲法」。二年級必修。我時唸四年級，選修。一學期終了，我的期終考試拿了九十二分。第二名二年級生陳鈞八十一分。其餘的同學，沒有一人超過七十分。第二學期排課程表，上課時間正好和我的必修科衝突。陶遂先生特別找系主任李祥麟先生，把二年級的上課時間改掉，來配合我。每想起這一件事，至今還引以為榮。也覺得有點對不起二年級全班同學。

在我讀書過程中，我最感謝的老師是：衛訓所的楊文達博士。王瑞海教務主任。金文鑫先生和蔣興周先生。二總院院長景子軍先生。台大法學院薩孟武先生、盛成先生，馬漢寶先生。師大李辰冬先生和趙友培先生。教電影編導的雷亨利先生、張徹先生和王紹清先生。教寫小說的王夢鷗先生、葛賢寧先生和陳紀瀅先生。

我先後出版了二十本書。我寫理論方面的書，歸功於薩、盛、李、王夢鷗幾位老師的教導。寫小說、散文，則拜葛、陳幾位的諄諄善誘。

Chapter 5

著作

在江西省南城縣上私立南昌洪都中學一年級的時候，我的作文第一次登在報紙副刊上。那時，整十二歲。我們的國文老師傅賓門先生是南城日報的副刊主編。

但影響我作文至大的是大表姐饒用湛。用湛表姐大我十歲，小名秋兒。她從襁褓即住我們家。雖說表姐，實際上和親姐姐也沒有兩樣。我們兄弟姊妹都叫她秋兒姐。

秋兒姐文才很好。高中畢業後，便經常撰寫小說、散文，在報刊上發表。讓我敬佩得不得了。巴不得自己也能那樣。我讀初中，讀高中，作文成績都還不錯。讀南昌一中讀高一時，參加高中駢文比賽，拿到第二名。

在邵武學軍醫的時候，功課緊，沒功夫作文。偶而也寫一兩首律詩或絕句遣懷。在南京總醫院工作時，也寫寫古詩，甚至還寫過幾篇短篇小說自娛。

民國三十八年進入台灣大學讀書，因為是單身在台，沒有經濟來源，曾試著寫新詩，寫散文和小說，到處投稿。一個月只要能刊出一篇著作，那個月的吃飯問題便算解決了。記得我住法學院第四宿舍之時，樓下閱覽室，只有一個燈座，沒有燈泡。同班同學葉愷，福建福清人，天黑之後，他帶一個燈泡到閱覽室，裝上燈泡，按上開關，燈亮了，他K書，我寫作。（他後來留德，拿到博士學位。）有一次在孫陵先生出版的雜誌中刊出一首白話詩，居然有讀者從澎湖寫信來稱讚我，使我得意的要飛上天。

那時有名的《野風》雜誌，我也投過稿，登出過我的翻譯小說。《野風》創辦人之一的施魯生先生，筆名師範。他是我中華文藝協會小說研究組的同學。

民國四十一年冬，我的一個中篇〈亂世家人〉獲得中華文藝獎金委員會一千四百五十元稿費，讓我雀躍不已。我四十二年第一個學期雜宿費全部才八十五元。一千餘元，等於發了一個小財。但我必須感謝「小說研究組」的李辰冬、趙友培、葛賢寧、陳紀瀅等幾位老師。我的小說之所以能獲得獎金，都要拜他們的教導有方。

大學時代刊出的作品，我原都有剪報。第一次外放時，我把剪報和好一些不必要的東西裝了一大箱，寄放在蔣師母家中，其中還有我讀大學時的講義和畢業紀念冊。八年之後，我回到臺北，那一箱東西屍骨無存，找不到了。包括〈亂世家人〉的底稿。

在南斐約堡時代，我經常在《中華日報》副刊中刊出短篇小說和散文——《旅非散記》。曾經有一篇以〈我的初戀〉為題用第一人稱寫的短篇小說，在華副刊出之後，居然收到好幾封讀者投書，由華副編輯蔡文甫兄轉給我。很令人感動。

其時，我在南非大學攻讀碩士學位。碩士論文題目是《新獨立非洲諸國的政治發展》。用英文寫的，當然。我曾函請在華府工作的同事周谷兄為我購寄了普林斯敦大學出版的一系列有關「政治發展」的書十數冊，著實下了一些功夫。碩士是通過了。讀博士學位時，論文《尚比亞的一黨民主》，大綱已獲Senate通過，指導教授也指定了後來任南斐駐英大使的Dr. Dennis Worall。甚至還交了費，因為調差，只好犧牲了。

第二次外放，派到波札那，任一秘。事情不多，寫作興趣轉到本行——社會與政治。曾為《憲政思潮》季刊寫了「賴索托憲政今昔」、「尚比亞的『一黨參政民主』憲法」、「多德教授著『政治發展』評介」等專論。又為《中華文藝復興月刊》寫了「略論唐初的封建」。其後，又為該刊寫了「從傳奇看唐代婦女」、「唐代的傳奇小說」、「古鏡記著者考」和「傳奇的取材及其演變」等與文學史有關的論文。不久，中華文化復興月刊社出版了一本《中國古典小說研究》，收錄了我兩篇有關傳奇的論文。

第三次外放又是南斐共和國。才一年多，轉調中美尼加拉瓜。其時，我已將研究唐代傳奇的幾篇論文，加以整理、統合、擴充，寫成了《唐代傳奇研究》一書。經過在尼加拉瓜、瓜地馬拉和宏都拉斯三國，修訂花費了三年之久。最後於民國七十一年十一月由老友孫維寶兄洽請正中書局出版。

我最敬佩的老師薩孟武先生學問淵博，寫了很多書。他有一本《從西遊記看中國古代社會》，我讀了之後，觸發靈感，想寫一系列「從傳奇看唐代社會」的論文。首先，我寫了「從傳奇看唐代婦女」一文，前已述過。我又寫了「從傳奇看唐代士族」、「從傳奇看唐代士風」等論文。

我從南斐、中美、最後調到中東約旦，前後共十個年頭，而後調回外交部任亞西司司長。十年之中，我著實讀了不少書。尤其是同唐代有關的新舊唐書、唐人筆記，文學史等。但當司長，公務較忙，五年司長時期，我只寫了一些雜文。像談「酒」的，從國產酒到洋酒。從品酒到藏酒。如何以酒配菜，如何使用酒器，甚至說到白蘭地如何發明，威士忌如何分類，飯後酒如何飲用，乃至於雞尾酒的調製等，都在中央日報刊出過。曾有友人要我出專書。但興趣過去了，便不想再碰酒。

第四次外放泰國任大使待遇代表。

泰國是華僑最多的國家。內閣官員，多是華裔。大銀行，大百貨公司，大飯店，大企業，也都是華裔的天下。單曼谷一地，便有八家中文報社。其中之一的世界日報，卻是台灣《聯合報》的子公司。社長趙玉明先生，曾任台北《聯合報》的總編輯，素有報界鬼才之稱。《世界日報》年年賠錢，經此公整頓之後，立即轉虧為盈。《世界日報》的中文水準，也大大提高了。他的名字一直掛在代表處職員名單中，算是代表處的專員。其人湖南人，鄉音未改。每一見到我，不稱「代表」，而稱「老闆」。風趣、卻甚有分寸。由於在寫作上氣味相投，我閒時便湊一兩篇短篇小說，刊載《世界日報》副刊上。後來又為《世界日報》副刊寫了一系列的「旅非散記」。之後，又寫了一系列的「讀書隨筆」。直到我調任駐約旦代表之後，才停止供稿。

在曼谷之時我將《唐代傳奇研究》重新修訂，交由聯經出版社於民國八十三年十月再版。至於在曼谷時所蒐集到的許多資料，經撰成《從傳奇看唐代社會》一書，交由正中書局，於民國八十八年十二月以《唐代傳奇研究續集》書名出版。

我從十八歲開始，便有心律不整的毛病。每次打籃球跳籃時，只要一振動到某根神經，心便會跳到一百開外，要休息幾分鐘才能恢復正常。醫生都說不是心臟本身有病，而是某根神經有問題。並不礙事。而且不常發病。在南斐約堡期間，曾發過病。醫生給吃鎮定劑。但完全不能控制。在波札那時，曾因而住了兩天醫院。其後經過約旦的胡生醫學中心和泰國的內科大夫診治，都無法根治。退職後，總以為沒有工作壓力，應該可以無事了，但還是發病，而且頻率很高。一發病，有時要七八個小時才能自動復原。發病時又多在半夜。

發病時，要絕對安靜。越擔心，越不易回復正常。我於是想到一個辦法：半夜發病時，我起床喝冰水，到書房中埋頭讀書，找資料，寫書。全神貫注在書本和寫作之中，根本忘記心在亂跳。結果，心跳便比較容易恢復正常。

我當時的寫作，第一，重新修訂《唐代傳奇研究》。第二，增加《唐代傳奇研究續集》的篇幅。加入了〈許渾詩的研究〉和〈傳奇中的詩歌〉等兩篇。原書二五八頁，增加到三百三頁。《唐代傳奇研究》於民國九十五年八月由聯經三版出書，「續集」同時再版，續集頗為大專學生愛好。八月出版，到十二月底結算，已銷出六百六十五本之多。

我八十六年六月返回台北退職。不久，在友人宴會上遇見老友傳記文學社的創辦人劉紹唐先生。

他知道我好弄文墨，要我將四十年的外交生涯寫點東西。我一口氣竟寫了二十多篇，在《傳記文學》中連載，兩年左右才刊完。

其後，我將二十餘篇東西重新整理，經紹唐兄同意，交請研讀小說的同學蔡文甫兄所主持的九歌出版公司於民國九十年十一月以《您好，大使閣下》為書名出版。

老友國畫大師李奇茂教授榮任孔學會理事長。孔學會有出版《孔學月刊》。我為《孔學月刊》寫了好幾篇有關《論語》的文字。然後花了四個月的功夫，把歷年收集到的資料，將《論語》重新註釋了一遍。取書名《論語新探》。民國九十五年冬，我和內人帶著一大袋書稿，到內湖瑞安街的秀威資科技公司，擬自費出版。但該公司老闆宋政坤先生認為此書有補世道，不管銷路如何，賺錢與否，毅然允為出版，該書於九十五年十二月BOD一版出書。九十六年元月，BOD發行二版。民國一百年八月經增訂後，易名《論語的故事》發行。

為了要想把四書寫全，民國一〇一年五月，我寫《大學的故事》出版。一〇二年三月，《中庸的故事》也面世了。都是由秀威公司印行。《孟子的故事》，雖早已脫稿，但總覺意有未盡，仍在修訂中。

回憶錄方面，民國一百年元月，秀威出版了我的《俺是外交官》。一〇一年十月，秀威再出版了我的《中華民國外交官列傳》。

英文書，我的碩士論文《非洲新獨立諸國的政治發展》、英譯蔣坦的《秋登瑣憶》。前者已時過境遷，沒有發表的價值。後者是民國五十一年在茅利塔尼亞一口氣寫成。自問難登大雅之堂，只好藏拙了。

另外我在茅京學法語文時，一年功夫，居然將傳奇〈虬髯客傳〉、〈李娃傳〉和〈李章武傳〉大膽的譯成法文。乃是「小學生」的作文。

此外，我將在中華、中央和世界日報各副刊中刊載過的「旅非散記」和短篇小說，交由河中文化出版公司分別於民國九十五年十二月和民國九十六年六月以《旅非散記》和《漫輕短篇小說集》印行。

說起來，我最早出版的一本書應該是《實用水兵英語會話》。那是民國四十三年在海軍任編譯預官時編撰的，由高雄什麼業書局出版。一切接洽事宜都是編譯同學徐邦本君經手。我除了拿到一本書外，版稅、稿費、分文未收到。我也沒問過。那時，我初出茅廬，什麼也不懂。想起來，很好笑。

今年，一〇三年十二月，秀威又出版了我的「傳奇選註」——唐代傳奇研究第三集《教你讀唐代傳奇1》，第四集「博異志」，第五集「集異志」，正排印中。

Chapter 6

信而後諫——後話

嘗讀《漢書・諸葛豐傳》諸葛豐任司隸校尉時，上書皇帝說：

臣聞伯奇孝而棄於親，子胥忠而誅於君，隱公慈而殺於弟，叔武悌而殺於兄！

魯隱公一心一意要扶植小弟桓公為國君。因為弟弟太年幼，所以自己先暫攝君位。但弟弟不信任他。結果，他反而為小弟所殺。衛成公避晉難出奔陳國，命令大夫元晅奉他弟弟叔武留守。其後，晉君接納成公。成公卻懷疑弟弟有篡奪之心，未到日期而先返回衛國。他弟弟正在沐浴，聽說哥哥回來，十分高興，手挽頭髮出見，被成公的手下射死。悲劇的造成，都緣於「不信」。

王夫之先生《讀通鑑論》中論魏晉天下大略中說：

……魏之削諸侯者，疑同姓也。晉之授兵宗室以制天下者，疑天下也。疑同姓而天下乘之。疑天下而同姓乘之。力防其所疑，而禍發於所不疑。其得禍也異，而受禍於疑則同也。嗚呼，以疑而能不召亂亡之禍者，無有。（《讀通鑑論》卷十一晉武帝。）

說得真好。

宋太祖黃袍加身，為部下所擁戴而得到了皇位，因此，對於其他將領，他也抱著懷疑的態度。《宋史》卷二百五十載：

帝曰：「我非爾曹不及此。然吾為天子，殊不若為節度使之樂，吾終夕未嘗安枕而臥。」守信頓首曰：「今天命已定，誰復敢有異心？陛下何為出此言耶？」帝曰：「人孰不欲富貴，一旦有以黃袍加汝之身，雖欲不為，其可得乎？」守信等謝曰：「臣愚不及此，惟陛下哀矜之。」

（〈石守信傳〉）

第二天，石守信等一班開國大將全部稱病。乞解兵權。

這便是歷史上有名的「杯酒釋兵權」故事。

「人孰不欲富貴？」這一種想法好可怕！我曾經寫過一篇《宋以疑失天下》的論文，宋代君臣不能互信，先使國勢衰弱，終致滅亡！

民國三十八九年，我剛進大學讀政治系。當時，有一位徐道鄰教授，引進日裔美人早川雪洲（S. E. Hayakawa）的「在行動中的語言」（Language in Thought and Action，1949）和司徒蔡思（Stuart Chase）的「語言的暴君行為」（The Tyranny of words，1938）等書。此二人都是波蘭學者科爾西布斯基（Alfred Korzybski）的學生。科氏所著「科學與衛生」（Science and Sanity）一書，一九三三年出版，引用了六百九十餘部名著，書中所討論的，包括人類學、生物學、植物學、心理學、教育學、昆蟲學、遺傳學、數學、邏輯、物理、生理學等。其書十分難讀。學者或批評他的著作：「重要的部分不新穎，新穎的部分不重要。」但他所創導的一般語意學（General Semantics）卻獲得了極大的迴響。徐教授著了一本「語意學概要」，闡述其理論。

徐教授認為：人與人之所以互相誤解，基於三大障礙——語意學中的說法。第一是放射思考（Projective thinking）。放射思考之所以為害，由於我們沒有注意到一個命題（Proposition）和命題方程式（Propositional function）的分別。

我們說：「草是綠色的。」這不是命題，是命題方程式。因為沒有標明：是「池塘生春草」的春草，是「江南秋盡草木凋」的秋草？還是「草枯鷹眼疾」的冬草？說了等於沒有說。

「人孰不欲富貴？」這一句話只是一個命題方程式。趙匡胤所說的人，指的是「聖人」、還是

「賢人」？是「小人」，還是「己所不欲，勿施於人的君子人」？所以，是未知數。是不正確的。

第二重障礙是推論思考。以推論（inference）代替觀察，造成誤解。我們一個同事曾任駐多哥大使的張平群先生收養了一個黑女孩。這位小女孩唸小學六年級時，坐公共汽車，在車上碰到一個老美。老美向她說英語，她可只會說中國話。他認為黑人應該是美國人！

我退休後不久，為治腎臟癌把左腎整個切除了。醫院為我申請到一份殘障手冊。當時因為點數夠，僱用了一個外勞。一位同仁來我家，看到外勞，他說：「你怎麼可以僱外勞？」

我說：「我有殘障手冊。」

他說：「你哪兒弄來的殘障手冊？」

他這種以推論代替觀察的態度，非常不合理。

由他推論的態度，我們可以也「推論」得到：其人一定常常造假，所以認為人都像他。認為：「人都是會造假的。」也就是宋太祖說的：「人熟不欲富貴。」

第三是定義思考（Definition Thinking）。

我們一位同仁鄧備殷大使，他是廣東人，但他出生四川，住在北平，六歲時隨父親來台。外交部人事處認為他既是「廣東人」，一定能操「廣東話」。第一次外放，即把他派去駐香港辦事處。殊不知鄧君能說四川話，能說北平話，甚至閩南語。至於廣東話，卻還不到幼稚園的程度。

這便是定義思考引出的錯誤！

我平生經過，有好些奇異特出的事。例如：我小時，我們家田連阡陌，家財萬貫。經過八年中日抗戰，再經國共內戰，我們家竟一貧如洗。大陸變色後，兩個弟弟不得上大學。甚至我三妹的兒子都不能上大學。尚幸三妹的兒子聰慧過人，後來准許他讀大學了，他花三年功夫，不但讀完了大學，而且拿到博士學位。再經留學。現今在加拿大一所大學任教授。

我們兄弟姊妹十二人，我是唯一一個跑到台灣來的。自立更生讀完了大學，考進外交部。由薦任科員，一直爬到特任代表。也算是一個奇蹟。

我十六歲時考進福建邵武的陸軍衛生勤務訓練所第三分所，學軍醫。只讀了一年，因為抗戰勝利，分所結束。同學們都領到一張結業證書，派下部隊工作。我幸運之至，竟和另七位同學被派到首都陸海空軍總醫院。因為我前期醫學考試成績都是滿分，教官們，也就是醫院的院長和以次的醫師們，認為我「孺子可教」，把我派到病房任住院醫師。其餘的同學，包括後來也考上台大的江凌和陳鈞！一共七人。或任護理員，或任病理化驗員。十七歲的大孩子在三總任醫官？沒人相信。但是事實！

我讀大四時，一篇中篇小說拿到中華文藝獎金委員會一千四百五十元稿費。那是四十一年冬。我四十二年最後一個學期所繳學、雜、宿舍各費總共才八十五元。

對許多人來說，這都是「奇蹟」。難以相信。卻都是事實。

民國六十二年十二月，我在波札那任一等秘書，眼看中波邦交日趨衰退，心裡很急，卻又無回天之術。波札那是我任駐約堡副領事時經營的。在波國還是英國殖民地時便開始和他們一些領袖打交道。兩年之後，他們獨立，我爭取到他們的邀請函，邀請我們派特使參加他們的獨立慶典。他們的總統卡瑪、副總統馬西瑞、外交部長恩瓦哥、總統府秘書長莫槐，都是我的布衣之交。他們秘密的告訴我說：「希望你們有一些積極的、正面的行動。否則，來年三四月他們召開黨代表大會時，可能提出與中共建交的議案。與中共建交，便不得不和你們終止外交關係了。」我立刻寫了一封信給非洲司副司長洪健雄告急，洪健雄呈給司長丁懋時，丁呈給次長楊西崑。楊西崑看了信，大罵：「混蛋，波札那政府難道是他開的，他怎麼能說來年三四月間可能斷交！」

大使劉新玉是楊西崑的愛將。他對劉有信心。對我沒信心。甚至連檢討一下的意願都沒有！

次年三月二十一日，波外次召見劉大使，宣布與我斷交，限他四十八小時離境。劉大使拖到四月一日，帶了老婆兒子離波京去南斐約堡。也帶走了四月份全月的經費——他把四月份的公費全用光了！我以臨時代辦名義收拾爛攤子。六月才回到台北。我去見楊西崑。他向我道歉——算起來，這是第三次了——傷害已成，道歉何益。他道歉的目的，我想：不過是想封住我的嘴！

那一年，我在約旦作了五年代表，請求調部辦事，以便回到台灣，能和幾年未見剛學成回國到國泰醫院任住院醫師的女兒團聚。回到台灣，部次長的原意要我接任亞西司長，但現任司長凌楚珣因癌症已到末期，部長朱撫松先生已准他再延期半年後退休，日期尚未到，要我暫在亞西司行走，當凌司長赴醫院接受化療時代理司務。

一天，中南美司的一等秘書回部辦事孫正銓，特地到我辦公室問我：「聽說您是犯了什麼過錯調部的，能否說給我們聽聽，犯了什麼錯？」

我還沒來得及回答，適逢司中資深同事蔣本深先生來找我。他對孫員說：「劉代表是回來接任亞西司長的，你胡說什麼？」

孫君尷尬地走了。

數月之後，凌司長退休，我接任司長。孫君來我辦公室道賀並致歉，我一笑置之。

有一天，幾個老朋友聚會。我拿出手寫的唐詩宋詞之類，共十五本十二行稿紙本，超過一千首。我手戴著女兒送給我的運動手錶——可以計時，計運動量、甚至心電圖。因為我宿患心律不整。還可衛星定位——我對老友們說：「隨便拿哪一本書，只要唸第一句，而後，我把手錶放在那首詩上、或詞上，我便能背出全文。」

試驗了幾次，大家都覺得好驚奇，信以為真。

有一位非常精靈的A君，他唸了一句蘇東坡的詞，而後把手錶放在別首詞上。可我還照樣背出原來的哪一首詞。

他試了三次，才破解了我的「把戲」。因為，這些詩詞，我都背得滾瓜爛熟。我若說真話，可能沒人信。我用手錶作幌子，他們只信手錶。

為什麼如此呢？

我在南京總醫院工作時，同學江凌，找來中央大學一位研究生補習中文。有一次，這位家教教他吳偉業的〈圓圓曲〉，七言古詩，一共七十八句，五百四十六字。他教了三天，每天兩小時，我旁聽了三天。偷聽。他教完了，我也背熟了。

我對他說：「您教得真好，吳梅村真了不起。『哭罷君親再相見。』下面緊接『相見初經田竇家。』『爭蛾眉匹馬還。』下面緊接『蛾眉馬上傳呼進。』起、存、轉、合，不比〈長恨歌〉差！」

他說：「你讀過這首詩？」

我說：「您不是教了三天嗎？我也偷聽了三天！您教得仔細，解說得好，所以，我就偷背誦了。」

他要我背背看。我背了一遍，一字不差。他驚訝得合不攏嘴來，而且，不相信我從來沒讀過這一首詩！

我對他說：「袁子才說：『書到今生讀已遲！』我可能前世讀過吧！」

直到今天，我仍能將〈圓圓曲〉背得滾瓜爛熟。

還有：我寫《論語的故事》一書，只花了四個月功夫。我從十八歲開始，患心律不整。也不知看了多少醫生。從國內到國外。從南斐到中美。從泰國到約旦。一直看不好。發病多在深夜一兩點鐘，通常要五六個小時才能恢復正常。每當半夜發病之時，我立即起床到書房看書寫書，一邊喝冰水，忘記心跳。若心生驚慌，心跳會更快呢！我的《外交生涯四十年》等書都是在這種情形下完成的。我寫《大學的故事》，只花了兩個星期——但別人不相信。

還好，小女在榮總任腫瘤科主治醫師之時，帶我去看心臟內科主治大夫陳適安，天天服藥，才能保持經年不發病。才能活到，今年都快九十歲了。

「人熟不欲富貴！」趙匡胤以自己為標的來度量他人！孔夫子說他的學生：「柴也愚，參也魯、師也辟，由也喭。」人各有不同，豈能以一概全？

老同學陳明生說：「夏蟲不可與語冰！你說出了事實就是。何必要人盡信！」

說得很好。

所以，我只是抱著誠信寫我所知道的事實。信不信由你。

第六篇

附錄

史大衛正傳

史大衛是在國外唸的大學，所以有個洋文名字，David Shih。他任我國駐某國大使館參事代辦之時，便以「大使」自居，要求館中同仁、司機、女傭一律稱他為「閣下」（Votre Excellence）。他說：「你們若不尊敬我，我如何能得到駐在國官員的看重？」說得振振有詞。館裡同仁，其實只有三等秘書老張和委任主事老李兩人。他們當面叫史大衛為「大使」背地裡叫他「死大胃」。（因為他很能吃喝），或「死大使」。後來又加了個綽號「偽大使」。

我在南斐駐約翰尼斯堡總領事館任副領事時，第一次和他打交道。

有一天，我突然收到一封電文。發電的人赫然是史大衛。電文中略說：某月某日，適值星期六，將陪同某大員於中午十二時抵達約堡機場。次日離約堡。素聞南斐盛產鑽石，希望能於不到一整天的時間內，為他「大力安排」，選購一顆一克拉左右的鑽石。

我和史大衛在部中雖曾見過，他是留學生進部的「黑官」薦派專員。我是高考進部的薦任科員。既不同司，平常也少來往。我那時年輕好強。雖然南斐的商店星期六下午一時起打烊，要到星期一上午九點以後才開門。但我還是說服了當時金山（即約堡）最有名的凱珠•魯利珠寶店，派一名店員，於星期六下午兩三點鐘之時到我們總領事官邸，攜帶三四顆一克拉左右的鑽石，給史大衛挑選。為了敲釘轉腳，我特地先付給那位店員五鍰南斐幣小費，作為他來回的車資和星期六加班的補償。我當時只想表現能力，卻沒考慮到：第一，萬一史大衛只看不買，我如何個收場？第二，或者他買了之後反悔，要我為他退貨，我又當如何？卻沒想到還有個第三。（其實，我使了一點手段，一克拉鑽石，在大珠寶店是微不足道的買賣，我對那位經理說：事情若辦成，我會為他們介紹外交領事人員照顧他們的生意。所以他們才會同意。）

史大衛陪同那位長官按時抵埠。中午在總領事官邸午餐。三點鐘之時，凱珠•魯利公司的店夥拿來五顆一克拉大小的鑽石，史大衛挑了一顆。價錢說定是七百斐鍰。但當史大衛以美金支票付賬時，店員堅持一塊斐幣以美金一元四角五分計算。而當時的官定匯率，是一比一點四美元。他說買價和賣價不同。為了替史大衛省錢，我慨然開了一張七百斐鍰的支票給店員，而請史大衛以一比一點四的兌換率開一張九八〇美元的支票給我。等於我為他節省了三十五美元之多。那是當時國內同仁兩個月的薪水。

總以為自己作了一件得意的事，沒想到，第二年史大衛再度陪同那位長官途經約堡之時，他竟在那位長官面前狠狠的告了我一狀。他說：「第一，根據台灣珠寶店的估價，那顆鑽石只值五百美元。第二，那一位店夥究竟是那間公司的，大有疑問。（其實，他有收到凱•魯公司的發票和保單，卻一字不提。）第三，為什麼美金支票要開給我，而非凱•魯公司？（若然，他必須按一比一點四五的匯率開一張一〇一五元的支票，而非九八〇。）顯見這裡頭有文章。」

那位長官一向護短，聽了史大衛這番謬論之後，竟然大為光火，向當時總領事陳公氣勢洶洶的痛罵我無恥！陳公長者，對我知之甚深。堅決表示其中一定有誤會。但絕不相信我會有欺騙行為。第二天，陳公陪同史大衛去凱・魯公司查詢，當然也帶了鑽石、保單和收據。公司總經理凱珠先生親自接待、查對。證明了那顆鑽石確是該公司的貨品，成色、重量、清晰度完全相符。而且證明所付的貨款確是七百斐鍰無誤。凱珠先生並說：「現在鑽石已漲價，若你們要退回鑽石，我們願將貨款七百鍰全數退還。」

史大衛覺得沒有上當，大為高興，不但未退貨，而且又買了一顆。

事後，陳公向那位寶貝長官解說，那位「混蛋」連屁也沒放一個。

有了這次慘痛經驗之後，我覺得自己長大了不少。其後有人託買鑽石，我一律回絕。對於史大衛，也有了較深的認識。

五年之後，他調到A國作一等秘書代辦，我湊巧被派到在B國任一等秘書兼理領事事務。A國交通不便，出入都要先到B國，再搭國際航線的飛機轉往其他國家。大使以為我和史大衛既是舊識，一定有交情。是以每次他過境B國，大使總是命我去機場接送。我雖曾上過他一次當，只怪自己年青不懂事，我對史大衛並沒心存芥蒂。所以每次也都是接送如儀。而史大衛居然以長官的姿態自居，認為我去接送他，是理所當然。更想不到的是，我又吃了他的虧。

有一次他過境，正值週末。我的內弟阿忠從台灣來探望我們，大使有應酬，我們招待阿忠，順便也請史大衛到家裡吃飯。席間，阿忠說起已為我在忠孝東路四段凌雲大廈訂了一個五十建坪的房子，每坪單價約合台幣一萬四千元。依照當時的匯率，只合美金三百元多一點。想不到史大衛聽了阿忠的一番建築公司的廣告言詞之後，居然也大有興趣。堅持要阿忠回國後也為他訂一戶。而且當場交給阿忠一千五百美元作為訂購費。還說：他個把月後將返國述職，當可自己辦理過戶手續。阿忠滿口答應了，我要阻止也來不及。事情就這樣決定了。

兩個月後，史大衛到了台灣。他親自到現場去觀察，認為自己受了騙。當時，忠孝東路只開闢到敦化南路。再向東，還是一片荒蕪。連馬路都沒有。史大衛堅持要阿忠向建築公司退購。但公司要沒收兩萬台幣的訂購金。史大衛卻不肯認這筆賬。而經手的卻是阿忠。不得已，阿忠和我只好合夥，硬起頭皮來接手，再買一戶。

事情這樣了結了，我們自認倒霉。誰知史大衛回程經過B國時，還向我們大使告了我一狀，說我和阿忠花言巧語欺騙他，要他買房子，騙取佣金。他還振振有詞的說：「要不然，退購為什麼不要賠定金？」

我和內人真是氣極了。

（十幾年後，我和阿忠把那個單位賣掉了，一共賺進差不多五百萬。也算老天有眼，給我們一點補償吧。）

論理，我已經吃了他兩次虧，應該不至第三次上當。而俗語說：事不過三，我竟第三次又受了他的欺！

史大衛在朝中有人的情況下，雖然他是沒有經過高考的「黑官」，仍然能升任「參事代辦」。館員也由三秘老張一人，增加了一名委任主事老李。也就是在這個時候，老張老李背地裡稱史大衛為「死大使」，或者「偽大使」。

也是合當有事。A國打內仗，史大衛首先溜回國內渡假，館務由張秘書暫代。張秘書單身一人，而且精通當地語文，問題不大。可以暫留A國京城。李主事一家連老母親一共五口，在華僑友人的安排協助之下，逃難到B國。大使要我照料。我把他們安排暫住在我們同一棟公寓裡。四房，兩廳，租金比旅館便宜甚多，而且論週付租，隨時可退租。

李主事住下才一週，史大衛由台北回來，他沒有立即去A國，也沒訂旅館，就住在老李的公寓中。老李的太太是內人的遠房表親。有時，我們不能不略盡地主之誼，邀請老李一家人到我們家中便餐。我們也不好意思把史大衛一人置之不理，為了顧及老李的面子，所以也約史大衛一起。而每次吃飯，史大衛總以「主客」自居。以「長官」的態度蒞臨。雖然我們家進門要脫鞋，換拖鞋進房間，史大衛卻從不吃這一套。照樣穿著他的瑞士Bally踐踏在我們新買的天津地毯上。B國炎熱，家家都用冷氣。通常門窗緊閉，最忌吸煙。但史大衛卻雪茄不離嘴，把我們家弄得烏煙瘴氣。每次吃完飯，他離開之後，我們總要打開門窗透好幾個小時，以除去煙臭味。還有就是，史大衛自視甚高，目無餘子。每次吃飯時，他總是不停的大吹法螺，完全不把我們這些「後生晚輩」放在眼裡。所以，請他吃飯，實在是一件痛苦的事。

還有就是他愛借錢，三十五十的向我拿。而還錢既不痛快，又常常忘記借了多少。甚至還有故意賴帳、佔小便宜的習慣。我前前後後也吃了一些小虧。

有一天傍晚，史大衛來訪，而且帶了一盒巧克力糖。使我們大為驚訝。他來我們家吃飯多次，從未帶過任何禮物。這次居然帶了禮物來，我想，一定有目的。果然，史大衛說：「A國內戰已結束，他日內要回去，擬在B國買一批食品帶去。但他的私人支票在B國的銀行不能立即兌現。是以請我開一張美金一千元的私人支票，蓋上我們大使館的圖章，交給他，他可向我們有長久來往的那間銀行換取本地幣，馬上可拿到錢，以作購物之用。再由他開一張相同數目的美金支票給我，由我寄到我在紐約的戶頭裡歸墊。我一向面皮薄，不好意思推辭，只得照辦。誰知史大衛給我的私人支票，一個月之後，因「存款不足」，給退了回來！還有：他送的那盒巧克力，打開後才發現：不但有「哈」味，而且少了一塊。應該是「吃剩的」東西。過了期的食品。

我收到銀行退回來的史大衛的支票時，心裡實在氣極了。我沒告訴內人，卻報告了大使。大使也覺得很詫異。同意由大使館致函史大衛，附上支票影本，請他另開一張支票寄下，以清手續。

兩週後，史大衛回了我一封信，大罵我不該將這等「小事」小題大作報告大使。信中並沒附支票。卻說：B京某街某商店有曹白魚、豆豉鯪魚等中國南貨海味，請各買多少寄下，全部費用若干，示知後即連同原先的一千美元開具一張他們大使館的支票寄下奉趙。

我收到他的信後完全沒理會他。心想，大不了一千美元泡湯！再要我替他服務、替他墊款，免談。大約又過了一個多月，史大衛終於以他們大使館的名義寄給我一千美元。既沒道歉，甚至連一句客氣話都沒有。

上了他三次當之後，我立下決心，不再和他來往。誰知天不從人願，我還是和他扯上了關係，而這次是奉部令，要躲都不行！

史大衛乃是部中一位空降長官所提拔，由科長外放，任一秘代辦，升參事代辦，終於升到了簡任大使。B國附近C國，即將獨立。我和該國的政要打交道，出錢出力，拉攏他們，深得他們的信任。不但要到了他們獨立慶典邀請我國派特使的邀請函，甚至我還同他們的自治政府的總理擬妥了建交公報。

部方訓令：由於我們大使在聯合國開會，派史大衛前往C國參加獨立慶典。並令我陪同前往。由B國京城開車往C國，只須四個小時。這一天，史大衛趁班機到B國。中午十二時左右抵達。午餐之後，我陪他坐大使館二號車於一點半左右出發。五點二十分即抵達C京。在旅邸略事休息，於七時到獨立廳參加C國總理的獨立酒會。晚上十時五十分回旅社休息。次日從早到晚，一直馬不停蹄的參加慶典。緊接著晚上是State Ball（舞會）。夜深十二時左右才回到旅社。

次日一早，我已約好十點見總理。我陪同史大衛前往。寒暄之後，我拿出早和總理商定好的建交公報，由他和史大衛代表兩國政府簽署。於是大功告成。我們離開C國返回B國。當天下午，史大衛搭班機回A國。我送他到機場。

一切經過都很順利。但，似乎他認為都是他的成就、他的功勞，根本與我無關。臨到要登機，他只說「一回到A國便會將全情電部」。沒有對我說過一個「謝」字。

一個月後，我收到部中一位同事的信，附寄來史大衛的呈部電。電文如次：

部長鈞鑒：職應邀參加C國獨立慶典，×月×日抵C京。當晚參加獨立酒會。次日全日參加慶典。晚參加慶祝舞會。曾分訪總理、副總理、司法部長。致贈二數資助執政黨鞏固其地位。第三日晨赴總理官邸，簽訂由職早經備就之建交公報……職史大衛。

電報中連我的名字都沒有。而且，我們在C國停留時間十分有限，除了參加慶典外，根本沒時間作任何活動。而史大衛竟能「分訪總理、副總理、司法部長……」等人。還有辦法送上「二數」，資助執政黨。總理副總理等全天候都在慶典場所，如何能「受訪」？我看了之後，只覺好笑。卻也不得不佩服他「無孔不入」的偷國家的錢的「怪招」。

此事之後，我想，我不可能再會有機緣和史大衛打交道吧。誰知道那一年我在部內任司長時，又和他扯上關係。

原來部中改朝換代，史大衛在失去靠山之後，沒有升上特任大使。一氣之下，自請退休。改營貿易。商場和官場自然不同。以史大衛那種小氣、奸詐、而又目無餘子的德性，實在不適宜作生意。不到十年，據說他多年來的「宦囊」次第賠光，史大衛真是又悔、又怒。他原就貪吃，而且酷愛雪茄，雖然身體最胖的只是一個大肚子，血壓卻很高。膽固醇尤其高的離譜。經商失敗的打擊，使他一病不起。前後不到一個月，便一命嗚呼。

老長官陳公，現在已是退休的大使，他一直以為我和史大衛頗有交情，打電話給我。要我為史大衛寫一篇「生平事略」，以備開弔時分發之用。老長官吩咐，無法推辭。何況我回部辦事三年中，已寫過好幾篇生平事略。總不能說不會寫吧？

為了蒐集史大衛的平生言行，我先約他的老館員老張吃午飯。我把陳大使的吩咐告訴他，請他提供一點正面的資料。老張默想了好幾分鐘，而後說：「長官，真抱歉。我所能想到的，只有負面的，卻沒有一件是正面的。」

「那就說一點負面的吧！」我只得說。

老張說：「我剛進部時，此公已頗有名氣。當時外交部同仁相聚閒聊」，常常提到部中有三寶：一位『死寶』，一位『活寶』，一位『陰陽寶』。『死寶』、『活寶』且不說，所謂『陰陽寶』，指的便是史大衛。雖然他們三位各有所長，各有『寶味』，但『陰陽寶』似乎特別突出。他是三寶中年紀最輕、官位也最小的一位。不管晴天雨天，終日架著一付淡色的太陽眼鏡，走路扭扭捏捏，陰陽怪氣。見了同事也不打招呼。平日似乎很少說話，上班時穿著一雙漏空鞋。因為有香港腳！真差勁！」

「但史大衛運氣特佳，他拜了一位曾經作過總領事的人事處T處長為乾爹，進部不久，即奉命以專員兼代科長，又一年，居然外放為駐某國大使館一等秘書代辦。」

「命令一發表，許多同仁都大吃一驚。」

「其時，史大衛尚未結婚。有一位熱心同事K幫辦的夫人，在某銀行任襄理。她手下有一位行員張小姐，年輕貌美。尚待字閨中。於是K幫辦夫人便把張小姐介紹給史大衛。兩個人『郎才女貌』，一見鍾情。不到三天，便打得火熱。一週之後，即議及婚嫁。女方家長要求史大衛買一只鑽戒，先行文定，十天內結婚——那是民國四十年代後期，鑽石戒指可是稀有『珍品』。」

「史大衛慨然承諾，到珠寶店選了一只大約三十分大小的鑽戒，經由K幫辦夫人交給張小姐。」

「誰知第二天，張小姐親自到部中來找史大衛。她對史大衛說：她的父母認為鑽石太小了一點，希望能換一只稍微大一點的。」

「史大衛二話不說，接過戒指，說一定會換一只半個克拉以上的，張小姐高高興興的走了。

「一天，沒有消息。兩天，也沒有消息。三天，還沒有消息。第四天，張小姐實在按耐不住，再到部裡來找史大衛。同仁告訴她說：『史秘書昨天晚上搭飛機出國赴任去了！』。」

「那位張小姐聽了，楞在當地。眼看到手的『良緣』竟泡了湯！原本有一位交了一年多的男朋友，也是外交部的一位同事——一位小科員，史大衛走了，那位老朋友當然不可能吃回頭草。張小姐眼看兩頭落空，差一點想走上絕路。當時台北的一家八卦雜誌，曾大登特登其事。那位K幫辦和夫人氣得個半死！」

我說：「這種八卦太超過了，我不能寫在史大衛的『生平事略』中。還有沒有別的資料？」

「當然還有！」老張說。他眼睛睜得大大的，十分興奮的樣子，他繼續說：

「那一年，我們駐L國的大使調部升任次長，繼任人選尚在選拔之中。而我駐L國大使館只有一位三秘和一位委任主事，部方——實際上就是他的後臺老闆Y次長——特別派史大衛兼代駐L大使館館務一個月。據說這次不合理的安排是由他在部中的乾爹所策劃的。」

「史大衛到了L國，發現官邸有各式洋酒——白蘭地、威士忌、琴、雪醴、香檳和飯後酒，超過一百瓶。還有十來箱丹麥啤酒。更有香菇、銀耳、金針、火腿、板鴨、臘腸等南貨一大堆。館中用的餐具是法國Christofle銀刀叉，英國Wedgwood碗、盤、杯、碟。還有全套一百多件奧地利Riedel水晶玻璃酒杯。

「差不多一個月後，新大使到任。發現館中只有幾瓶紅酒和白酒。刀叉是不鏽鋼的。瓷器是大同的。水晶玻璃杯全換成了一般玻璃的。而史大衛居然未受到任何處分，而且還升了參事代辦。

「竟然有這種無恥的行為!?」我可真大吃一驚。「一個人無恥居然到這種程度。而還有長官支持。」

老張說：「當然有長官支持。長官每一次來視察我們館，我們的公積金便少了一千五百美元。當然是死大使送了大禮。所謂公積金，都是不法的收入。美其名曰公積金，其實是死大使的私房錢。我們館員只能看看！這都是過去的事了。我們來說一點後來的吧。」他喝了幾口湯，吃了幾筷子菜，繼續說：

「例如，我們館中原有土人司機一人，因為受不了『偽大史』的刻薄、嘮叨，辭職走路。『偽大史』即自己開車。但每月的薪水單上，仍列有司機。而且有人簽字領錢。每次駐在國政府或外交團宴客，看到我們『大使』禮服畢挺，滿頭大汗的停車、泊車，真有一點倒胃口！又如洋雇員受不了他的辱罵，受不了他的性騷擾——他常說那位洋小姐愛上了他呢——也不辭而別。而雇員的工作，一大半由我分擔，一小半由他自己作。當然，外交部每月發下的雇員薪水還是有人照領不誤。還有就是女傭人，一年之中換好幾個。因為『死大史』說：她們太懶，她們偷東西，她們沒禮貌，她們不稱他為『閣下』！」

「還有呢？」我繼續問。

「以上所說是對人的。至於對事。第一，他最會報假帳。買一條輪胎要兩份收據。這個月報正本，下個月報副本。還有餐館宴客的單據，他有一整本。而且號碼相連的。好像那家餐館只作他一個人的生意：單據從一號、二號、三號、也許到十幾號，中間一個號碼都不脫。記得老李曾用四六句子把我們『大使』的種種德行寫了一篇長信報告部內的長官。裡面說：『帳屬子虛，居然化零為整。員亦烏有，無非以少報多！』寫得真好。」

歇了一口氣，老張又說：「其次，他有神經病。他疑心別人偷看他的私信，偷看他的呈部公文。甚至懷疑別人偷他的錢，偷他的東西。而這些，實際上都是他自己的『專長』。他還認為鄰居洋婆子對他有意思呢！」

「由於疑心，所以館裡大小圖章都由他親自保管。我兼辦領事業務。每辦好一個簽證，要呈給他先過目，把簽證費繳上，他驗明一切無誤後，才從保險庫裡拿出簽證專用的圖章來，蓋在簽證的下角。還要再端詳一分鐘左右，才把原本還給我。而後，他再將圖章和規費收回他的保險庫中。」

「他這麼仔細啊？」我說。

「不是仔細，他疑心重。」老張連忙解釋，「他誰也不信任。他又懷疑我們在他返國述職或赴他國休假時『偷』開他的座車。每次動身前，他一定告誡。不可動用公車。除了由司機接送他兩個兒子上下學之外，車子一定要放車庫裡！真是莫名其妙。」

「你不是說他沒司機嗎？」我忽然發現老張前後語不一致的漏洞。

「他是沒有司機。但卻有一個親戚，好像是『偽大使』的親姪子，從大陸逃出來，替他照應家事，洗衣、作飯，有時也送兩個『公子』上下學。」

「還有呢？」我問。

「還有，當然有。他生財有道。駐在國管制進口豪華汽車，關稅為百分之二百。偽大使利用外交特權，進口法拉利或保時捷。兩年之後賣出，可賺上一兩萬美元。」

「那你們是不是可以也有樣學樣？」

老張一臉不屑，說：「第一，我和我太太都認為這種不義之財，不要也罷。第二，他早立下規定：同人只能買當地拼湊的福特或日本車。」

我聽了，只有搖頭的分。正要準備結束，老張忽然想起了什麼，他接著說：「對了，我差點忘了。內人還為他取了一個外號：『貨郎中』。」

「什麼是貨郎中？」我不懂。

「貨郎中，是從前到鄉村叫賣洋貨的小販。他們一身背著的是各色各樣的貨品。擔子上擔的，頭上戴的，肩上背的，手上提的，都是。」

「哪，同史大衛有什麼關係？」我問。

「當然有囉。您還記得吧，民國五十年代初，我們同仁外放，都領頭等機票的錢。可偽大使卻把頭等機票錢拿了，經過旅行社的一道手續，頭等票變成了經濟票。差額便由偽大使存庫了。可經濟艙的旅客攜帶的行李有限，是以，偽大使把不超重的行李託運，而後將隨身行李帶進座艙中。他下機時，我們倆口子都在機場迎接。只見他脖子上掛了兩個照相機，左手提了行李袋，右手拿了一大包機場買的免稅貨品。背後還背著一個旅行背包。」

「內人看了，覺得真難為他。我們趕快上前接過他手中的提包，背上的背包等。內人輕輕對我說：『好重！』。」

「他那一付狼狽相，內人說：『不像貨郎中嗎？』所以，我們還暗地裡叫他『貨郎中』呢！」

外交部最早給調差的同仁眷屬發頭等票的錢。因為有同仁作假，後來只發頭等票。想不到史大衛仍然能想到辦法，領頭等機票，坐經濟艙，拿差額。

一頓飯吃完了，我回到辦公室，執筆寫道：

史大衛一生刻苦從公，雖雇員與司機之工作，人不堪其苦，而史君有時自己承擔，毫無怨言。

史君於理財方面，尤有獨到之處。常能開源節流。一錢作數錢之用。辦事之細心，更為同仁所稱道。即使是簽發一個簽證，收取一則規費，也是一絲不苟，再三核對，嚴防出錯。對於公物，更為愛惜。館中公車，除必要之公務外，定必停放車庫中，妥為保護。

身為外交官，史君又注重禮節，講究衣著，日常稱謂，均按外交禮節行事。安排宴會，停放車輛，也都井井有序，絕不濫權。

次日，我又邀老李同進午餐。也順便請他提供一點史大衛的平生行事的資料。

「『死大使』每次請吃飯，一定有一道菜，那就是『白切雞』。」。老李說。恰好我們點了白斬雞（蔥油肥雞）。

「好菜呀。」我說，挾起一片雞腿肉，送進嘴裡。

「長官，可不是這樣的貴妃雞呀！」

「那是什麼雞？」

「什麼雞？那可不能叫雞，我們叫它『湯渣子』。您知道，在A國，土雞多的是。當然，超級市場中也有開剝乾淨的飼料雞，冷凍的。但我們都愛買土雞吃。『現殺現煮，又甜又補』。『死大使』也不例外。只是他先把土雞燉汁，自己喝掉進補。熬過湯的雞，加上味精、醬油、蔥花、薑絲，卻拿來待客。美其名曰「白切雞」。我們通常買湯肉煲湯，我們喝湯，煲過湯的牛肉，我們都是拿來餵狗。『死大使』自己喝湯，卻把雞湯渣子待客，他簡直把客人當狗看待呀！」

老李說的口沫横飛，胸中似乎仍有一股不平之氣。他那一口廣東國語，越說越傳神。

「還有呢？」

「他最小氣，人送他的茶葉呀、肉鬆呀、罐頭呀、農耕隊種的蔬菜呀，冬瓜呀！他自己吃不了，尤其後來他兩個兒子送去美國讀書之後——卻又捨不得給人。等到罐頭過期啦，茶葉發霉啦、蔬菜腐爛啦，他才肯拿出來分給我們，還要賣一份人情。真是他媽的暴殄天物，拿鹹魚放生，死活都搞不清楚。」老李連三字經都出口了。

「這我知道。」我說。我就吃過他發霉的巧克力糖。

「一枝鉛筆，用到只有兩寸左右了，我向『死大使』請求換一枝新的。『死大使』交給我一個原子筆的筆套，安在鉛筆後面，要我再用一兩個月。公文紙，館中的其他文具，『死大使』都是嚴格控制，只有他的兩個兒子，要怎麼個用法就怎麼個用法……」

我岔開他的話：「那他好不好喝酒？」

「很少喝酒。可是抽雪茄抽得很厲害。」老李說。

「這我也知道。」我說。「醫生說他是肺癌引起許多併發症而去世的。未許不是吸煙太多的後果。」想起他到我們家吃飯時不停的吸雪茄，把我家弄得烏煙瘴氣，心裡真不舒服。

「我聽說他是一半受氣氣死的！」老李神秘兮兮的說。「他的兩個兒子都是美國出生的，都有美國的公民紙。後來又在美國讀書。大兒子討了個美國婆，老二娶了個雜色女人（註：即是黑白混血種。）他們都是標準的BANANA（註：香蕉，也就是具有中國人的面孔膚色，而一肚子都是美國人思想的華裔美國人。）

「原來他還有兩個兒子。」我說。

「長官不知道呀！聽說他有一次帶了大兒子持用中華民國外交護照回國。由於他兒子正到了服兵役的年齡，十八歲，差一點出不了國。他拿出兒子另一本美國護照，堅持要領事事務處替他兒子辦理雙重國籍，幾經困難，總算辦成了。那一位承辦的科員，可被他害慘了。考績被拉到乙等還不算，還被外放到蠻荒之國去工作！」

「他兩個兒子現在在作什麼?」我問。

「不知道。據說有一個在電子公司工作。另外一個小的,不知幹什麼。」

歇了一會,老李繼續說:

「據說死大使最疼小兒子,他在國內的外國銀行,用他小兒子的名字開戶頭。Off Shore Banking,可以逃漏稅。美金戶頭,當然。因為存款中的一大部分被他那小兒子給挪用了,死大使氣得發昏,這才一病不起。」

「不是說他生意賠了本嗎?說是被人騙了呢!」

「生意賠本?」老李一臉充血,眼睛睜得大大的,「他那種膽小多疑,比精怪還要精的人,作生意怎麼會賠本?誰騙得了他?我曾說他:『狐性多疑,飲弓影而成疴。鼠行少膽,聞蟻聲而驚夢。』他的錢是被兒子給A去了!」

「那他太太呢?」我想:他有兒子,當然有太太。

「太太?不知道。我們從來沒見過。但官邸有一位L女士。既像管家,又像女主人。雖然從沒見過他太太,而每個月的館長夫人津貼,卻是照領不誤。」

我說:「我有一天在一個宴會中遇見監察委員王博士,他是有名的小兒科醫生。他對我說:『你們有些大使真怪,C大使,太太在美國,大使官邸中卻住著一位K小姐。S大使,要求外交部不要發給他老婆外交護照。不要他太太赴任所。而他的官舍中也有一位女士在!』S大使,他指的便是死大使。」

一餐飯吃了差不多兩個鐘頭。我繼續為史大衛寫生平事略。

先生為人精細，好客而不貪杯。每有嘉賓，常親自下廚烹調。尤以白切雞一道名菜，為中外友人所稱道。先生為人，仔細謹慎，節用愛物。一絲一縷，一粥一飯，常念來處不易，物力維難。而又教子有方，人所欽羨。兩位公子負笈美國，學有專長，均獲學士學位。現在美國某某大電腦公司擔任要職。

再過了兩天，我又找到王科長到家中便飯、小酌。王科長曾繼老張之後，在史大衛手下擔任過二等秘書。王科長十分惜言，幾乎不願多說一個字。但我使出渾身解數，旁敲側擊，仍然榨取到不少資料。

第一，他到任的第一天，發現大使館居然沒有水，老李正忙著指揮大使館的工友從大約一百公尺外的「大使官邸」運水來沖廁所，「大使」說大使館是租的房子，屋齡太高，水管漏水嚴重，屋主不肯修理，只好暫把水管關掉。老李卻說是水費未繳，管線被剪斷。要恢復供水，得先繳罰金。還要交一筆重新裝管費用。

第二，史大衛的兩個兒子得到父親去世的消息後，同一天趕到台北。經過調查研究，發現史大衛留下的只有債務，並無遺產，兩人第二天又匆匆忙忙的搭飛機趕回美國。說是所服務的公司不准假。連公祭都不肯參加。

第三，史大衛的太太身體不好，電話她在台北的堂弟協助為史大衛辦後事。花了一筆錢。

第四，史大衛雖曾有過一些錢，但疑心太重，不肯買房地產。幾個現錢，全抓在手頭上。最後為地下投資公司的高利所誘，投了進去。開頭幾個月頗吃了點甜頭。後來公司惡性倒閉，史大衛血本無歸，損失慘重。

第五，王科長認為平生的奇恥大辱，便是經常受到「死大使」的刻薄。例如：寫一封簡短的英文信，「死大使」也要把他叫到辦公室去欺凌一番。「你說你是台大外文系畢業的？我看不像，怎麼台大的高材生連一封短短的英文信都寫不出來！」諸如此類。

飯後，我續撰「史大衛先生生平事略」：

雖則公司請假不易，兩位公子於得悉噩耗之後，仍然間關萬里，返國奔喪。史夫人體弱多病，常住美國，不能遠行，再三囑託其在臺灣堂弟，經營後事。妻賢子孝，夫復何憾。

史君一向努力從公，對於公文，史君尤其認真。雖小小一張便條，短短一封英文信，史君常不厭其煩，與同事反覆推敲，務使盡善盡美……

然後，我又把史大衛的出生年月、籍貫、學歷、和經歷，安排入文中。總算勉強湊了一千字的「謊話」交差。實在連自己看了都會臉紅。

「事略」寫好了，我還不放心，恐有遺漏。特別找到繼史大衛任大使、現在也調回部任司長的Y

大使，希望能從他口中獲得一點正面的資料。

那一天，我約了Y司長和H司長兩人一同到沾美西餐廳吃午飯。我一提起史大衛，Y司長立即接口說：「此公是我生平僅見的怪人！」

我接口問：「如何個怪法？」

「第一天，」Y司長說：「我和內人住進大使官舍，發現官舍中只有兩張老舊的雙人床。最簡單的那一種。被單毯子倒是新的。是大衛離館後，代理館務的秘書買的。用公費，當然。而後，客廳中沒有沙發，廚房中也只有一張一個腳的小圓桌，勉強可坐四個人用餐。台灣路邊小攤使用的那一種。還有三張歪東倒西的破椅子！」

「怎麼如此寒酸呢？部方不是開館有開辦費，每年有購置費發下來的嗎？」

「秘書告訴我說：官舍的家具，都是史大衛自費購買的。他要離開了，當然要先賣掉。」

「那他很慷慨囉，假私濟公囉？」我說。

「可不是老兄所想像的。」Y司長說。「台灣的紅木鑲貝殼的傢俱在當地身價甚高。史大衛利用免稅特權，每年進口一貨櫃的紅木沙發、餐桌椅、和迷你酒吧台、書架等。擺在官舍中作樣子。第二年進口另一套，把舊的賣掉，可大賺一筆！」

「哇！」H司長接口說：「此公可真有做生意的頭腦。」

「更妙的是，」Y司長說：「第二天一早，我和內人起床吃早點，傭人告訴我們說：『沒有刀叉。』我們到廚房打開流理台的櫥子和抽屜，東找西找，只找到四、五把刀，三、四把叉。上面不是刻有『中華航空公司』字樣，便是別家航空公司的名字。原來都是搭飛機時A來的！」

H司長又說：「我聽說史君還有個『無孔不入』的外號。據說他利用外交職豁免權，每兩年進口一部駐在國課稅百分之兩、三百的豪華汽車，像法拉利、保時捷，兩年之後賣出，可大賺一筆。此公在買賣汽車上，著實賺了不少錢。」

「這我知道。」我說：「我聽他的館員說過。」

Y司長問。「那他的館員呢？」H司長接著說：「史大衛為人十分刻薄，他每兩年賣車可撈一筆，卻不許他的館員學樣。他對館員們說：『館長的座車，外交部給的，是賓士二八〇，你們買車，只能買普通車，不可比賓士二八〇更貴的車！』一句話，便斷了館員的路。」

原來果然如此。一如他的館員對我說過的。

但史大衛這些「輝煌的作為」，我當然不可能把它們列入「史大衛先生生平事略」中，只好當成遺珠了。

而就在「史大衛先生生平事略」剛脫稿之時，一位航空公司的副總經理來找我洽公。我告訴他正忙著為史大衛寫「生平事略」。

「史大衛？」他很驚奇的問我。

「你認識？」

「當然認識！每次他搭我們的飛機，一定會提出兩個要求！」

「什麼要求？」

「第一，他會要求升等。經濟艙票，升商務艙都不行，他一定要求升頭等。還要說：『這是國家的體面！』我不相信國家發給他的是經濟位票！第二，他的行李一定超重。而且一定超過很多。要我們不收過重費。這還不算，他的女傭也要我們為她升等。真是好差勁！」

我聽了，差一點氣昏過去。怪不得人稱史大衛「無孔不入」！真丟外交部的臉。

但，我也只能嘆口氣而已。

同他一起來訪的退休大使羅先生說：「說起史大衛，他還有一樣幾乎可以登入金氏紀錄的紀錄。」

「什麼紀錄？」我問。

羅大使說：「退休後我在檔案資料處幫忙審查舊檔案。我檢查『控案』檔卷時，發現有史某的控案多達七宗。他的長官告他。他的部下告他。農耕隊告他。華僑告他。他的前任告他。他的後任告他，甚至於他的房東還告他。真是嘆為觀止！」

我只能搖搖頭。一個人不得人緣，至於斯極，實在可悲！

羅大使補充說：「小時讀《昔時賢文》，其中說：『平生不作皺眉事，世上應無切齒人！』無風不起浪嘛！他一定是太刻薄別人，別人才會告他。」

說得也是。

開弔之日，我在頗為無奈的情況下，還是去史大衛的靈堂鞠了三躬。離開之時在殯儀館大門口碰見了王科長和老張、老李。他們三人人手一份精印的「史大衛先生生平事略」，斜著眼光看我。眼光裡似乎有一把尖刀，直刺得我心疼意亂。

我「哎喲」一聲驚叫。他們三個齊聲問：「長官怎麼哪？」

我說：「人死不記恨。你們三個人的眼光中，有仇刀，有恨刀，還有不能原諒我在不得已的情況下寫謊言的尖刀！刀刀都刺在我心上啦！刺得我好疼！」

「長官寫小說的功夫，久聞大名，果然不錯。」老張心平氣和，微笑的說。在他的微笑裡，我還是找到一絲抗議的意味。「人死不記恨，說得也是。我們來三鞠躬，也就是把從前的老賬一筆勾消。我跟了他六年。六年都被他踐踏在腳底下。六年之中，我的考績總是在六十九分到七十五分之間盤旋！」

「他給我考績乙等、丙等，我都不放在心上。」老李說。「他總認為我偷看他的信、報假帳。他媽的，天知道是誰在偷拆別人的信，經常報假帳呢！他的交際費帳單全是假的。他偷印製的某中國餐館的發票，從一號到若干百十號。他每報幾張，號碼都是相連的。難道那一家中國餐館只作他一個人的生意？而我們會計處也不查核，真奇怪！」

王科長沒有說話，只靜靜的聽著。但我從他的眼神變化中，仍然看出他內心有不平，有無奈。

我走進座車，向他們三個揮手說再見。

汽車緩緩的離開了殯儀館。

我閉上眼睛，眼前飄浮出史大衛的「遺照」：他左肩高，右肩低，相差一兩寸。所以走起路來總是斜斜的。尖嘴、寡鼻、鼠眼、高顴。臉上皮包骨頭，沒有四兩肉。終日架著一副墨鏡。一副標準的刻薄小人像。然而，人死不記恨。願他早登天國。願他的靈魂得到平安。

後記：

一、本文中的各個情節，都是有可能發生、而未必一定會發生、或曾經發生過。只能說：純屬虛構。讀者幸勿「對號入座」。

二、本文情節大部分取材自河中文化出版社印行的《漫輕短篇小說集》謹向河中李社長安榮致意。

三、一位好朋友李泉嘯先生說：「都說：『歷史都是假的，只有名字是真的。小說都是真的，只有名字是假的』。」。我的回答是《紅樓夢》中的那一副對聯：「假作真時真亦假，無為有處有還無。」

四、或質問我：「外交官買賣進口名貴轎車，完全合法。何必吹皺一池春水？」說得也是。只是，若一個大使館裡的同事，上下交征利，專門進口保時捷、法拉利、瑪莎拉蒂等，使大使館被駐在國冠以「豪華轎車代理商」的名義時，是否使國家蒙羞？史大衛只許自己進口豪華轎車，而不許同仁學樣，可能便是基於這個說法。

Do人物40　PC0467

外交生涯四十年
——外交幹將劉瑛回憶錄

作　　者／劉　瑛
責任編輯／辛秉學
圖文排版／楊家齊
封面設計／王嵩賀

出版策劃／獨立作家
發 行 人／宋政坤
法律顧問／毛國樑　律師
製作發行／秀威資訊科技股份有限公司
地址：114 台北市內湖區瑞光路76巷65號1樓
電話：+886-2-2796-3638　傳真：+886-2-2796-1377
服務信箱：service@showwe.com.tw
展售門市／國家書店【松江門市】
地址：104 台北市中山區松江路209號1樓
電話：+886-2-2518-0207　傳真：+886-2-2518-0778
網路訂購／秀威網路書店：https://store.showwe.tw
國家網路書店：https://www.govbooks.com.tw

出版日期／2015年10月　BOD一版　**定價**／420元

獨立作家
Independent Author
寫自己的故事，唱自己的歌

外交生涯四十年：外交幹將劉瑛回憶錄 / 劉瑛
著. -- 一版. -- 臺北市：獨立作家, 2015.10
面；　公分. -- (Do人物；40)
BOD版
ISBN 978-986-92064-7-1(平裝)

1. 劉瑛 2. 外交人員 3. 回憶錄

783.3886　　104014269

國家圖書館出版品預行編目

讀者回函卡

感謝您購買本書，為提升服務品質，請填妥以下資料，將讀者回函卡直接寄回或傳真本公司，收到您的寶貴意見後，我們會收藏記錄及檢討，謝謝！
如您需要了解本公司最新出版書目、購書優惠或企劃活動，歡迎您上網查詢或下載相關資料：http:// www.showwe.com.tw

您購買的書名：________________

出生日期：________年________月________日

學歷：□高中（含）以下　□大專　□研究所（含）以上

職業：□製造業　□金融業　□資訊業　□軍警　□傳播業　□自由業

□服務業　□公務員　□教職　□學生　□家管　□其它____

購書地點：□網路書店　□實體書店　□書展　□郵購　□贈閱　□其他

您從何得知本書的消息？

□網路書店　□實體書店　□網路搜尋　□電子報　□書訊　□雜誌

□傳播媒體　□親友推薦　□網站推薦　□部落格　□其他________

您對本書的評價：（請填代號　1.非常滿意　2.滿意　3.尚可　4.再改進）

封面設計____　版面編排____　內容____　文／譯筆____　價格____

讀完書後您覺得：

□很有收穫　□有收穫　□收穫不多　□沒收穫

對我們的建議：________________

請貼
郵票

11466
台北市內湖區瑞光路 76 巷 65 號 1 樓
獨立作家讀者服務部 收

（請沿線對折寄回，謝謝！）

姓　　名：＿＿＿＿＿＿＿＿　年齡：＿＿＿＿　性別：□女　□男

郵遞區號：□□□□□

地　　址：＿＿＿＿＿＿＿＿＿＿＿＿＿＿＿＿

聯絡電話：(日)＿＿＿＿＿＿＿＿＿＿(夜)＿＿＿＿＿＿＿＿＿＿

E-mail：＿＿＿＿＿＿＿＿＿＿＿＿＿＿＿＿